JAHRBUCH DES GESAMTVERBANDES MODERNE FREMDSPRACHEN
8/9 für 2017/18 (2020)

Die Neueren Sprachen

Eine neue Lehrplangeneration?

Im Auftrag des Präsidiums des GMF
herausgegeben von Anka Bergmann, Jochen Plikat, Konrad Schröder und Katharina Wieland

GMF Gesamtverband© Moderne Fremdsprachen
GMF-Verlag Zwickau

Bisherige Jahrbücher:
1 für 2010: *Die Neueren Sprachen* wiedererstanden – Miszellenheft
2 für 2011: Sprachdidaktische Synergien – der Mehrwert der Mehrsprachigkeit
3 für 2012: Neue Bildungsstandards und Abitur
4 für 2013: Sprachenpolitiken
5/6 für 2014/15: Kompetenzorientierte Evaluation
7 für 2016: Interkulturelle kommunikative Kompetenz
8/9 für 2017/18: Eine neue Lehrplangeneration?

In Vorbereitung:
10 für 2020: Lehrerbildung für Mehrsprachigkeit

GMF-Verlag
GMF-Geschäftsstelle, Werdauer Straße 77, 08060 Zwickau
www.gmf.cc

Druck A[1] / Jahr 2020

Umschlaggestaltung und Layout: thom bahr GRAFIK, Mainz und Harald Thumser, Frankfurt a. Main
Satz: Achim Theiß – Satz & Druck, Grünberg
Druck und Bindung: Drescher. Druck und Dienstleistung, Leonberg

ISBN 978-3-9819123-2-6

Inhaltsverzeichnis

DNS Jb. 8/9 für 2017/18 (2020): 5–6

Geleitwort des geschäftsführenden GMF-Vorstands

In einer Zeit, in der fachdidaktischer Fortschritt auf der sprachenpolitischen Ebene greifbar wird, indem der *Gemeinsame Europäische Referenzrahmen für Fremdsprachen,* 18 Jahre nach seiner Erstpublikation, mit einem *Companion Volume* eine Ergänzung und Weiterentwicklung erfährt, erblicken in vielen Bundesländern auch neue Lehrpläne für die modernen Fremdsprachen das Licht der Welt. Kritisch zu hinterfragen bleibt, ob diese Lehrpläne konzeptionell wirklich so neu sind, wie sie vorgeben zu sein, und ob sich mit den so genannten neuen Lehrplänen die curriculare Kluft zwischen einzelnen Bundesländern, vornehmlich auf einer geographischen Nord-Süd-Linie, schließt oder eher noch vergrößert.

Obgleich bereits in den Vorgängerlehrplänen die Handlungsorientierung eine *conditio-sine-qua-non* jeden Inhalts war, muss sich nun jeder einzelne Punkt im Lehrplan hinsichtlich seiner Kompetenzorientierung hinterfragen lassen – man denke an Berlin – und im Zweifelsfall einer Neuorientierung unterziehen. Willkommen in der tapferen neuen Welt der kompromisslosen Kompetenzorientierung!

In dieser neuen Welt scheint es zunächst *output*-orientiert wenig relevant zu sein, ob man die schulische (Fremdsprachen-)Bildung auf Kerncurricula basieren lässt, deren Detailumsetzung in der Hand der jeweiligen Fachschaften und des Schulcurriculums (oder ersatzweise des Schulbuch-publizierenden Verlags) liegt, oder ob man mit Detaillehrplänen die didaktische Kreativität der jeweiligen Lehrkräfte an den einzelnen Schulen in ein engeres Korsett schnürt, dafür aber zum Wohle fächerübergreifenden Lehrens die Fachlehrpläne mit Hyperlinks untereinander vernetzt bzw. Hyperlinks zur Illustration möglicher Aufgabentypologien verwendet, wie dies etwa in Bayern der Fall ist. Die Abkehr von der gedruckten Lehrplanvariante eröffnet vielfältige Vernetzungsmöglichkeiten und sogar kurzfristige Schwenks – Beispiel Bayern – vom achtjährigen zurück zum neunjährigen Gymnasium. Hier wurde der in langer Vorbereitung erarbeitete G8-Lehrplan für kurze Zeit ab Jahrgangsstufe sieben vom Netz genommen, um dann, schnell überarbeitet, als G9-Lehrplan zurückzukehren.

In einer solchen Umbruchszeit sollte 2018 ein GMF-Bundeskongress für Orientierung, kritisches Betrachten und neue bzw. zusätzliche Perspektiven sorgen. An der PH Karlsruhe hatte man sich bereit erklärt, einen derartigen Kongress durchzuführen, nicht ahnend, dass sich im Zeitraum zwischen Zusage und Kongressbeginn aus diversen Gründen die Größe des Planungsteams massiv verändern würde: Am Ende der Entwicklung blieb eine Person übrig, die dann auch noch von der Hochschulleitung die Nachricht erhielt, dass sie unmittelbar nach dem Kongress keine Bleibe mehr an der Hochschule haben sollte – die Vertretung der Professur werde beendet. Aus diesem Grund entschied das GMF Präsidium schweren Herzens, den Kongress – vier Wochen vor Kongresseröffnung – abzusagen, da eine korrekte Durchführung nicht gewährleistet werden konnte. Dabei hatten alle damaligen Mitgliedsverbände des GMF das ihnen Mögliche zur Planung beigetragen, viele Referenten hatten sich bereits intensiv auf den Kongress vorbereitet, und die zahlreichen loyal kooperierenden Verlage hatten viel Zeit und erhebliche Mittel in die Kongressplanung investiert. An dieser Stelle sei noch einmal den genannten Betroffenen dafür gedankt, dass sie Verständnis für die Entscheidung der Verbandsspitze zeigten und materielle Ausfälle nicht zu Lasten des GMF geltend machten.

Dennoch hat die Kongressabsage auch Schwachstellen des GMF deutlich werden lassen, darunter seine zu komplexe und damit zu „ungelenke“ Organisationsstruktur, aber auch die zu weitreichende Abhängigkeit vom nicht immer kalkulierbaren Wohlwollen verbandsfremder lokaler Instanzen. Vor diesem Hintergrund wurde 2019 eine umfangreiche Satzungsänderung beschlossen, mit deren Inkrafttreten im Jahr 2020 gerechnet wird.

Uns bleibt, allen Beteiligten im GMF für die sicherlich nicht immer unkontroverse Zusammenarbeit während der letzten beiden – schwierigen – Jahre zu danken und diesen Dank *wholeheartedly* auf die Herausgeber und Beitragenden des vorliegenden Jahrbuchs auszudehnen.

Mario Oesterreicher im Namen des geschäftsführenden Vorstands

DNS Jb. 8/9 für 2017/18 (2020): 7–10

Anka Bergmann, Jochen Plikat, Konrad Schröder, Katharina Wieland

Einleitung der Herausgeber

„Lehrplanung entsteht, wenn nicht mehr selbstverständlich ist, was gelehrt werden soll" (Hopmann 1998: 10). Politische Entwicklungen, demographische Veränderungen, wissenschaftliche Erkenntnisse, Diskussionen von Wert- und Moralvorstellungen, Umweltkatastrophen: Sie alle sind Ursachen für ein beständiges Hinterfragen der Inhalte und Konzeption schulischer Bildung. Neues kommt hinzu, Altes wird verworfen – oder auch in neuem Gewand wieder aufgegriffen. In jüngster Zeit ist dies u. a. die Umsetzung der UN-Behindertenrechtskonvention, welche dazu führte, dass Inklusion in Lehrpläne eingeschrieben wurde. Digitale Medienbildung ist in aller Munde und hat ebenfalls Eingang in bildungspolitische Dokumente gefunden. Klimaschutz und Umweltfragen werden – wieder, immer noch und auch aktuell verstärkt – in neuen Lehrplänen verankert.

Allein für das Fach Französisch wurden seit 2015 in elf der 16 Bundesländer neue Lehrpläne an den verschiedenen Schulformen in der Sekundarstufe I und II eingeführt. Neben den bisher genannten drei Beispielen für fächerübergreifende Anstöße für Lehrplanüberarbeitungen lassen sich darin fachspezifische Neuerungen beobachten. Dies sind weniger konkrete Inhaltsvorgaben, deren Wegfall aus Lehrplänen im Zuge der Kompetenzorientierung schon vielfach kritisch diskutiert wurde.[1] Ein Fachspezifikum der fremdsprachlichen Lehrpläne jüngster Zeit, welches den demographischen und damit auch sprachlichen Veränderungen der deutschen Gesellschaft Rechnung trägt, wissenschaftliche Erkenntnisse und zugleich europapolitische Forderungen aufgreift, ist das – wenn auch immer noch zögerliche – Einbeziehen mehrsprachigkeitsdidaktischer und sprachvernetzender Ansätze in viele neue Fremdsprachenlehrpläne. Ein Beispiel hierfür ist der neue Rahmenlehrplan für die Sekundarstufe I in Berlin und Brandenburg (Senatsverwaltung 2017), welcher für alle modernen Fremdsprachen gemeinsam gilt und somit auch eine stärkere Verzahnung der Schulfremdsprachen anstrebt (vgl. Junghanns/Schinschke in diesem Band). In Hamburg ist bereits seit 2011 ein Bildungsplan für Herkunftssprachen für Grundschule und Sekundarstufe I (LI Hamburg 2011a und b) in Kraft, welcher die gesellschaftliche Mehrsprachigkeit stärker in die schulische Bildung einbezieht, auch in drei weiteren Bundesländern gibt es staatliche Vorgaben für den Herkunftssprachenunterricht (vgl. Bergmann/Böhmer in diesem Band)

Klar ist jedoch, dass die Wirkung der besten Lehrpläne ins Leere läuft, wenn die zeitlichen und personellen Ressourcen reduziert werden, die zu ihrer Umsetzung erforderlich sind. So macht eine zunehmende Zahl von Bundesländern von der Möglichkeit Gebrauch, die Belegpflicht für zwei Fremdsprachen bis zum Abitur abzuschaffen. Dies ist beispielsweise in Bremen und Sachsen bereits heute der Fall. Solche Vorgaben sorgen

[1] Vgl. hierzu verschiedene Aufsätze im Sammelband von Bausch/Burwitz-Melzer/Königs/Krumm (2009), u. a. Bredella, Hallet, Königs, Küster, Leupold, Quetz.

unweigerlich dafür, dass die Zahl der Schüler, die in der Oberstufe eine zweite Fremdsprache weiterlernen, massiv zurückgeht. Gleichzeitig führen sie häufig dazu, dass Grund- und Leistungskurse nicht zustande kommen. Dann können auch jene Schüler die betroffene Fremdsprache in der Oberstufe nicht weiter belegen, die dies gerne tun würden.

Eines der wichtigsten Leitziele für die Sprachbildung in Europa lautet bekanntlich, dass alle Bürgerinnen und Bürger Europas „drei Gemeinschaftssprachen beherrschen" sollen (Europäische Kommission 1995: 62). Kürzungen in den Fremdsprachen wirken diesem Ziel direkt entgegen und lassen die oft vollmundig formulierten Zielvorgaben in alten und neuen Lehrplänen hohl klingen.

Im Schnitt gelten Lehrpläne in Deutschland sieben Jahre, ein relativ kurzer Zeitraum also, um neben all den anderen Einflussfaktoren schulischen Handelns Wirkung zu entfalten, vor allem wenn man Wirkung im Sinne eines Anschubs zum Wandel begreifen möchte. So merkt Hopmann (1998: 179) – auch im Hinblick auf konkurrierende Interessenslagen bei der Lehrplanerstellung und die notwendige Einigung auf einen *common sense* – kritisch an: „Eine Folge […] ist, daß Lehrpläne Instrumente der Stabilitätssicherung sind, nicht des Wandels. In der Lehrplänen eigenen Rhetorik der Innovation wird leicht übersehen, daß die faktischen Veränderungsmargen gering sind."

Historisch gesehen haben diese beiden Faktoren – Wandel und Stabilitätssicherung – das Entstehen und Wirken von Lehrplänen immer bestimmt, wie Konrad Schröder in seinem Beitrag „Zur Entwicklungsgeschichte neusprachlicher Lehrpläne, Schwerpunkt Gymnasium" ausführt. Der Artikel bietet einen Überblick über rund 200 Jahre Lehrplangeschichte in Deutschland, von den Anfängen des staatlichen Schulwesens bis heute. Er skizziert die Abfolge unterschiedlicher Lehrplantypen und reflektiert deren bildungsideologische Grundlagen und Ideologieanfälligkeit. Damit verbunden warnt Schröder vor einer zunehmenden Lehrplanhörigkeit in der Lehrerschaft: Lehrpläne sind als kultusministerielle Willensbekundungen und landeshoheitliche Top-down-Dokumente mindestens ebenso sehr Ausdruck einer jeweils „gewollten" Bildungspolitik, wie sie fachliche und administrative Hilfestellungen sind. Sie garantieren Gleichförmigkeit und Vergleichbarkeit im Bildungswesen, bedürfen aber einer kritischen Begleitung durch die Lehrerschaft, auch durch entsprechende *Bottom up*-Aktionen. Schröder bedauert die Tatsache, dass Lehrplan- und Lehrwerkkritik – anders als im letzten Viertel des 20. Jahrhunderts – in der Ersten Phase der Lehrerausbildung vielerorts keine Rolle mehr spielen und der Vermittlung blinder Rezeptologie Platz gemacht haben.

Christine Junghanns und Andrea Schinschke widmen ihren Beitrag dem Rahmenlehrplan für Moderne Fremdsprachen in der Sekundarstufe I, der seit dem Schuljahr 2017/18 in Berlin und Brandenburg gültig ist. Neu an diesem Rahmenlehrplan sind u. a. die gemeinsame Repräsentation der Fremdsprachen sowie konkrete Vorgaben für die überfachliche Kompetenzentwicklung mit Schwerpunkten auf der Sprach- und Medienbildung. Das Konzept eines Rahmenlehrplans, der Gemeinsamkeiten in vielerlei Hinsicht nutzen und ausbauen will, ist ein Novum, das dazu auffordert, auf das Einzelfach bezogene Konzepte zu überdenken, das aber gleichzeitig die Berücksichtigung der Anforderungen der Einzelsprache erschwert. Der Beitrag beleuchtet aus Sicht der Autorinnen, die bei der Implementierung involviert waren, Vor- und Nachteile des neuen Rahmenlehrplans.

Michael Maier unterzieht diesen neuen Rahmenlehrplan vor dem Hintergrund seiner Erfahrungen in der Berliner Russischlehrerausbildung einer kritischen Betrachtung. Er verweist auf zwei grundlegende Probleme im Umgang mit diesem output-orientierten Instrument, die bei Referendaren besonders deutlich werden. Kritisch sieht er insbesondere die Offenheit und Unbestimmtheit der inhaltlichen Vorgaben sowie deren fehlende Verbindung zu den geforderten Kompetenzbereichen. In dieser Form kann der Rahmenlehrplan aber nicht als Handlungsanleitung für die Unterrichtsplanung fungieren. Der Autor sieht im Zuge der Implementierung der Lehrplanvorgaben schulinterne Curricula als notwendiges Korrektiv, das eine Handlungsanleitung mit der notwendigen kompensatorischen Wirkung sein kann, um vor allem dem Bildungsauftrag der Schulen gerecht zu werden.

Der Beitrag von Anka Bergmann und Jule Böhmer geht der Frage nach, auf welche Weise die Lehrpläne für Russisch die veränderten Bedingungen des Unterrichts abbilden, der häufig von Herkunftssprechern und Fremdsprachenlernern gemeinsam besucht wird. Die Autorinnen zeigen, dass Perspektiven auf Mehrsprachigkeit bildungspolitisch bislang in erster Linie mit den mitgebrachten Sprachkompetenzen der Schüler verknüpft werden und weniger als mögliches Ziel für alle Schüler, zu dem der schulische (Fremd-) Sprachenunterricht beitragen kann. Sie plädieren dafür, die spezifischen Lernvoraussetzungen der Schüler als Grundlage für die Differenzierung von Lernzielen zu berücksichtigen. Die herkunftssprachlichen Lehrpläne bieten hierfür sehr gute Ansatzpunkte.

Das Lernen am gemeinsamen Gegenstand nach Feuser (2016) bildet die Klammer für die auch im Zeitalter von Inklusion immer noch ungewöhnliche Verbindung von gymnasialem Französischunterricht und dem Unterricht für Lernende mit dem Förderschwerpunkt „Geistige Entwicklung". Oliver Pfützner und Kristian Raum stellen exemplarisch anhand eines in Dresden durchgeführten gemeinsamen Projektes einer Gymnasialklasse mit einer Förderschulklasse vor, welche Möglichkeiten die sächsischen Lehrpläne für beide Schultypen im Hinblick auf eine inklusive Unterrichtsgestaltung ermöglichen. Hierbei geht es vor allem um die Frage, welche neuen Perspektiven durch das Zusammenbringen der beiden Lehrpläne entstehen können und welches Potenzial die schulübergreifende Zusammenarbeit für die Inklusion bieten kann.

Im Rahmen der freien Beiträge stellt Alfred Holzbrecher seine Überlegungen zur Förderung der interkulturellen Kompetenz im Fremdsprachenunterricht vor. Er vertritt die Position, dass die Fotografie die Wahrnehmung der Lernenden entschleunigen kann. In einer von rasanten Bildfolgen dominierten Medienwelt könne dies ein wichtiger Beitrag zur Förderung der so genannten *visual literacy* sein. Anhand von Aufgabenbeispielen stellt er dar, wie die bewusste Wahrnehmung, aber auch die bewusste Herstellung von Bildern starke Anlässe zu bedeutsamer Kommunikation im Fremdsprachenunterricht schaffen können.

Ulrike Shahar-Büchsel und Verena La Mela geben in ihrem Beitrag einen Überblick über den Stand des Fachs Chinesisch an deutschen Schulen. Trotz der schon jetzt enormen und stetig wachsenden internationalen Bedeutung Chinas lernen aktuell nur 0,1 % der deutschen Schüler diese Sprache. Hierdurch wird nach Einschätzung der Autorinnen nicht nur die Gelegenheit verpasst, eine distante und daher zunächst schwer zugängliche Sprache zu lernen. Auch im Bereich des interkulturellen Lernens biete das Fach Chinesisch ein großes Potenzial, das bislang weitgehend ungenutzt bleibe. Das sei umso bedauerlicher, als Schüler, die sich auf das Fach eingelassen haben, es in Befragungen oft als sehr große persönliche Bereicherung darstellten.

Christiane Fäcke beschäftigt sich in ihrem Beitrag mit mehrsprachigen Gedichten und Liedern. Sie sieht in solchen Texten nicht nur eine Möglichkeit, die Schüler an mehrsprachige und mehrkulturelle Lebenswirklichkeiten heranzuführen. Vielmehr können diese Texte Ausgangspunkte für Reflexionen zur Mehrsprachigkeit sein – auch in Bezug auf deren bewussten Einsatz als literarisches Stilmittel.

In der Rubrik fremdsprachenpolitische Entwicklungen wird über die Tagung *Welche Zielsetzungen sind für Französisch, Spanisch, Russisch & Co. (noch) zeitgemäß? Zu Perspektiven der weiteren Schulfremdsprachen im Zeitalter von* Global English *und Digitalisierung* an der Fakultät Sprach-, Literatur- und Kulturwissenschaften der Technischen Universität Dresden im April 2019 berichtet. Das Jahrbuch endet mit einer Präsentation der 2013 gegründeten Matthias-Kramer-Gesellschaft, die sich der Erforschung der Geschichte des Fremdsprachenerwerbs und der Mehrsprachigkeit in Deutschland und Europa annimmt. Sie führt Jahrestagungen durch und verfügt über eine eigene Schriftenreihe.

Bibliographie

Bausch, Karl-Richard; Burwitz-Melzer, Eva; Königs, Frank G.; u. a. (Hrsg.) (2009): *Fremdsprachenunterricht im Spannungsfeld von Inhaltsorientierung und Kompetenzbestimmung.* Tübingen: Narr (Arbeitspapiere der 29. Frühjahrskonferenz zur Erforschung des Fremdsprachenunterrichts).

Europäische Kommission (1995): *Weißbuch zur allgemeinen und beruflichen Bildung: Lehren und Lernen – Auf dem Weg zur kognitiven Gesellschaft.* Online: http://europa.eu/documents/comm/white_papers/pdf/com95_590_de.pdf.

Feuser, Georg (2016): „Zur endlosen Geschichte der Verweigerung uneingeschränkter Teilhabe an Bildung – durch die Geistigbehindert-Macher und Kolonisatoren". In: Fischer, Erhard u. a. (Hrsg.), S. 31–73.

Hopmann, Stefan (1998): „Der Lehrplan als Maßstab öffentlicher Bildung". In: Oelkers, Jürgen; Osterwalder, Fritz; Rhyn, Heinz (Hrsg.): *Bildung, Öffentlichkeit und Demokratie.* Weinheim u. a., Beltz, S. 165–188.

Landesinstitut für Lehrerbildung und Schulentwicklung (Hrsg.) (2011a): Bildungsplan Stadtteilschule Jahrgangsstufe 5–11. Herkunftssprachen. Online: https://www.hamburg.de/contentblob/2395112/590c1152ee35242ba3b6023e4c0be9ce/data/hks-sts.pdf.

Landesinstitut für Lehrerbildung und Schulentwicklung (Hrsg.) (2011b): Bildungsplan Gynmanisum. Sekundarstufe I. Herkunftssprachen. Online: https://li.hamburg.de/contentblob/3850340/0abb665748 5b55a7bcb4dc6a39b264cb/data/download-pdf-rp-herkunftsspr-unterricht-gym.pdf

Senatsverwaltung für Bildung, Jugend und Familie (Hrsg.) (2017): Rahmenlehrplan 1–10. Teil C. Moderne Fremdsprachen. Online: https://bildungsserver.berlin-brandenburg.de/fileadmin/bbb/unterricht/rahmenlehrplaene/Rahmenlehrplanprojekt/amtliche_Fassung/Teil_C_Mod_Fremdsprachen_2015_11_16_web.pdf.

DNS Jb. 8/9 für 2017/18 (2020): 11–29

Konrad Schröder

Zur Entwicklungsgeschichte neusprachlicher Lehrpläne, Schwerpunkt Gymnasium

„Ein guter Lehrer braucht keinen bis ins Kleinste vorgegebenen Lehrplan."

(Franz-Joseph Zapp, Bayerisches Staatsministerium für Unterricht und Kultus, Vorsitzender des Fachverbands Moderne Fremdsprachen FMF, um 1980, im Gespräch mit dem Verfasser)

„Das steht nun mal im Lehrplan. Das ist vorgegeben. Da können wir nichts machen. Das haben wir nicht von uns aus getan."

(Herausgeber eines bayerischen Englischlehrwerks, 2018, im Gespräch mit dem Verfasser)

Zusammenfassung Deutsch

Der Beitrag zeichnet die Entwicklungsgeschichte des neusprachlichen Lehrplans in Deutschland bzw. Westdeutschland (Schwerpunkt Gymnasium) von den Anfängen des staatlichen Schulwesens bis in die Gegenwart nach. Dabei wird auch die Tendenz einer falschen Ehrfurcht der heutigen Lehrerschaft vor Lehrplan-Vorgaben thematisiert. Sie wird hervorgerufen durch den Erlasscharakter der Lehrpläne und den Durchsetzungswillen der Kultusbehörden einerseits sowie durch Defizite in der Lehrerausbildung andererseits: Angehende Lehrer erwerben in der Ersten Ausbildungsphase nur noch selten eine fachdidaktisch reflektierte ideologiekritische Sicht auf ihre Unterrichtsfächer; die Ideologiegeschichte der Fächer und deren politische Verstrickungen sind nicht mehr Teil der Ausbildung. Damit aber werden wesentliche Bereiche bestehender Praxis nicht mehr hinlänglich reflektiert. Die Zweite Ausbildungsphase ist vielerorts zu einer schnellen Einübung in ein bestehendes System verkümmert; die durchaus vorhandenen Wege einer kritischen Begleitung und möglichen Partizipation an fachlicher Schulentwicklung im Sinne eines *Bottom-up*-Verfahrens werden nicht aufgezeigt. Das ist auch insofern schade, als eine im Umgang mit ihren Fächern nicht mehr mündige, auf methodologische Rezeptologie fixierte Lehrerschaft die nachwachsende Generation nur schwer zu Mündigkeit und Kritikfähigkeit führen kann.

Zusammenfassung Englisch

The article gives an overall picture of the development of FLT curricula (grammar school / Gymnasium) from the beginnings of the German state school system to the present decade. A critical view is taken of the passive way in which the majority of teachers in Germany tend to react to syllabi as documents of both educational management and political powerplay: Instead of turning to a professional discourse about assets and weak points they show awe and submissiveness, believing that the legal character of syllabi and the way in which they are pushed through at least in some of the federal states leaves no space for criticism. This behaviour also mirrors deficiencies in the field of teacher training (First and Second Phase): Whereas teacher trainees at university do not – or no longer – learn how to didactically judge syllabi in order to discover their strong points and weaknesses, the second, "practical" phase of in-service-training has in many places degenerated into a quick and ineffective initiation into a well-cemented system. Young teachers are no longer shown the possibilities of becoming a critical friend and participating in subject-oriented school development (*bottom-up-design*). This is a pity, since blinded teachers acting as mere heralds of state authority and relying on prefabricated methodology most of the time can hardly inspire the young generation to become emancipated and take responsibility.

1. Die (falsche) Ehrfurcht vor dem Lehrplan

Neusprachliche Lehrpläne gibt es seit dem frühen 17. Jahrhundert, nicht als qualitätssichernde Instrumente einer omnipotenten Schulaufsicht, sondern im Rahmen fachdidaktischer Räsonnements zum schulischen Umgang mit der neuen und noch ungewohnten Mehrsprachigkeit Europas. Sie sind eine Folgeerscheinung von Renaissance und Reformation, die Latein als internationale Sprache immer mehr in Frage stellte. Johann Amos Comenius (1592-1670) hat sich in seinen Werken mit Lehrplanfragen befasst und auch mit der Vermittlung der modernen Sprachen, und er hat Gedanken geäußert, die heute noch unsere Aufmerksamkeit verdienen.[1] Spätere Schulleute von Rang und auch Prinzenerzieher sind mit Projektskizzen und Erziehungstagebüchern in seine Fußstapfen getreten.[2]

Die Lehrplanhoheit in den Lateinschulen und Gymnasien des 17. und 18. Jahrhundert lag im Wesentlichen bei den Kirchen. Im katholischen Bereich stellten die Schulorden, vor allem die Jesuiten, die Piaristen, und – im weiblichen Bildungsbereich – die Englischen Fräulein (Virgines Anglicanae) Lehrpläne auf; bei den Protestanten die Konsistorien und Paedagogiarchen bzw. örtliche Gremien aus Kirchenräten und Schuldirektoren. Sie diskutierten die von den einzelnen Schulleitungen vorgelegten Lehrplanentwürfe und setzten sie in Kraft. Dabei nahmen nicht selten auch die jeweiligen Landesfürsten mit ihren Räten Einfluss – die Feudalherren erwiesen sich als starke Befürworter neusprachlicher Bildung, nicht zuletzt aus politischen Gründen. Der Adel als weisungsbefugte gesellschaftliche, militärische und landesentwickelnde Institution mit internationaler Vernetzung benötigte moderne Fremdsprachen, und auch wissenschaftliches und künstlerisches Mäzenatentum machten Sprachkenntnisse unabdingbar: Französisch, Italienisch, Spanisch, und manchmal auch Niederländisch, Englisch oder Polnisch – von den sonstigen Sprachen der Untertanen ganz zu schweigen.

[1] Eine Fundgrube ist in diesem Zusammenhang das 1643–1647 in Elbing (Elbląg, Polen) entstandene Werk *Linguarum methodus novissima. fundamentis didacticis solide superstructa.* Kapitel 4 handelt von Übereinstimmungen und Unterschieden zwischen Sprachen sowie von systematischen und kommunikativen Vorzügen und Konkurrenzen. Kapitel 6 diskutiert neben Fragen des Spracherwerbs und der Lehrmethode auch Probleme der Sprachenwahl und der Sprachenpolitik (vgl. Comenius 1657).

[2] Entsprechendes Material bietet Schröder (1989–1999), passim.

Lehrpläne waren im Zeitalter des aufgeklärten Spätfeudalismus Gegenstand eines erstaunlich breit geführten gesellschaftlichen Diskurses, sogar über Konfessionsgrenzen hinweg. Und sie wurden, zumal in den protestantischen Gebieten, wo ihr Wirkungsbereich angesichts fehlender internationaler Ordensstrukturen geographisch begrenzter war, auch immer wieder novelliert. Ein neuer Rektor schuf in vielen Fällen an „seiner" Schule einen neuen Lehrplan, zumal dann, wenn es galt, die Schule zu „heben" und gegenüber den Nachbarschulen zu stärken. Der Lehrplan war ein offenes, anpassungsfähiges Instrument, ein Garant schulischer Vielfalt und ein Begleiter schulischer Entwicklung in einem insgesamt schwierigen Umfeld, das bestimmt war durch eine geringere Planbarkeit des Lebens, nicht kalkulierbare Schwankungen der Schülerzahl, prekäre Dienst- und Besoldungsverhältnisse und eine weitgehend fehlende Alterssicherung, sofern man nicht Ordensmitglied war oder in den Genuss eines Emeritengehalts kam.

Der mit dem Zeitalter der Aufklärung einhergehende Glaube an die Möglichkeit eines Erziehungsstaates verhalf in Deutschland der Idee eines allumfassenden staatlichen Schulwesens zum Durchbruch. Die Aufhebung des Jesuitenordens 1773, die geistigen Auswirkungen der Französischen Revolution von 1789 und die Säkularisierung der Jahre 1803–1806 mit der schleichenden Abschaffung der „Schulorden" wirkten als Katalysatoren. Fortan war die Regelschule in den deutschen Ländern eine staatliche Veranstaltung. Sie war einer staatlichen Schulaufsicht unterstellt, die zunächst bei den Innenministerien angesiedelt war. Später schufen spezielle Kultusbehörden die formalen und inhaltlichen Normierungen und bestimmten das Prüfungswesen. Die Entwicklung des Gymnasiums zum Flaggschiff des neuen Systems wurde eingeleitet durch die Einführung des Abiturientenexamens in Preußen 1788, zunächst zur Feststellung der Universitätsreife und als Stipendienprüfung, sowie durch den Erlass über das Abiturientenexamen vom 25.06.1812. Bereits 1810 war mit einem Erlass betreffend das *Examen pro facultate docendi* die Lehrerbildung nachhaltig auf eine neue Basis gestellt worden: Es gab nun ein Staatsexamen für das gymnasiale Lehramt als Vorbild für alle weiteren Lehramtsexamina im staatlich kontrollierten System. „Der absolute Staat hatte [...] damit begonnen, zu reglementieren, was unter der Herrschaft der Kirche in vielen Kirchen- und Schulordnungen vorbereitet war" (Blättner 1960: 122). Die übrigen deutschen Staaten folgten dem preußischen Beispiel und schufen mit der Zeit parallele Regelungen.

Von nun an waren Lehrpläne ministerielle Verlautbarungen. Sie waren Stoffpläne mit Erlasscharakter. Dies ermöglichte eine weitreichende Standardisierung und schulaufsichtliche Überprüfbarkeit der Lehrerschaft. So waren jederzeit unangekündigte Unterrichtsbesuche durch reisende Oberschulräte möglich. Mit den neuen Maßnahmen wurde die Entscheidung über Inhalte und Verfahrensweisen aus den Kollegien hinausverlegt. Über die Stoffe und die Art und Weise ihrer Behandlung wurde jetzt hinter den strategisch und ideologisch – und mitunter auch fachlich – undurchsichtigen Mauern eines weit entfernten Ministeriums entschieden. Das System funktionierte nur noch, modern ausgedrückt, *top-down*. Die Lehrerschaft war Erfüllungsgehilfe einer Kultusbürokratie geworden, deren fachliche und politische Ideologie sie zu repräsentieren hatte. An didaktischen Entscheidungen war sie nicht mehr beteiligt. Allerdings wurde dieser Mangel in der vordemokratischen Ära des absoluten Staates weniger empfunden als das vielleicht heute der Fall wäre – würde man nur in den Kollegien mehr darüber nachdenken.

Die Lehrer wurden zu bloßen Methodikern degradiert und sie sind es trotz der Liberalisierungstendenzen der Weimarer Republik und der Jahre nach 1968 bis heute geblieben.[3] Die didaktischen Bezüge wurden und werden in den ministeriellen Kommissionen diskutiert, die aber sind mehrheitlich mit Lehrern besetzt, solchen von innerhalb und außerhalb der ministerialen Mauern, und auch sie empfinden sich als Methodiker. Deshalb sind didaktische Entscheidungen in Lehrplankommissionen oft ohne Fundament und anfechtbar.

Warum sind Lehrplankommissionen nicht mehrheitlich oder zu gleichen Teilen mit Didaktikern besetzt, Experten, die zunächst einmal auf der Basis schulischer und fachdidaktischer Theorien das *Was* und *Warum* angemessen diskutieren? Die Antwort ist in historischer Perspektive einfach: Fachdidaktiker, und eben auch Lehrer als Fachdidaktiker, waren im bildungspolitisch allmächtigen, immer noch obrigkeitlichen Staat nicht erwünscht. Denn das Wirken von Fachdidaktikern, die Lehrpläne zu hinterfragen im Stande waren, hätte das Machtmonopol der Ministerien ausgehöhlt. Auch die Fachdidaktiker der Jahre nach 1970 hatten in den Kultusministerien nur wenige Freunde – aber sie hatten sie.

1810 wurde die Universität Berlin gegründet, später Humboldt-Universität genannt. Sie war eine Reform-Universität mit Vorbild-Funktion, die erste „moderne" Universität, an der die Theologische Fakultät nicht mehr automatisch die höchstwertige wissenschaftliche Instanz war, und dazu eine Universität ohne propädeutische „Artistenfakultät" (an englischen Universitäten ist der Begriff *Faculty of Arts* noch erhalten). Die Rolle der geistigen Führerschaft übernahm die aufgewertete Philosophische Fakultät, an der „in Einsamkeit und Freiheit" geforscht werden sollte. Wozu das geführt hat und weiter führt, gerade auch im Lehrberuf, wird heute breit diskutiert. Schon die 68er-Bewegung war angetreten, um den Ideologiegehalt der idealistischen Formel „Einsamkeit und Freiheit" zu „enttarnen": Die Neuhumanisten der Humboldt-Ära hatten, dem positivistischen Geist der Zeit folgend, die kritische Frage nach der Beziehung zwischen Forschung und gesellschaftlichem Nutzen nicht mehr gestellt. Für das „utilitaristische 18. Jahrhundert" (der Begriff wird im 19. Jahrhundert diffamierend gebraucht) war die Frage nach dem Nutzen wissenschaftlicher Betätigung – wie es damals hieß „für das Menschengeschlecht" – konstitutiv gewesen. Nun blieb das in der Frage enthaltene ethische Problem unbearbeitet, und die Heroen der Wissenschaft (und alle, die sich dafür hielten) konnten mit ansehnlicher staatlicher Unterstützung ihre Orchideengärten anlegen. Sie tun es bis heute.

Dennoch sollte die nach Berliner Vorbild reformierte deutsche Universität (etwa: Breslau 1811, Bonn 1818, München 1826) mit ihrer philosophischen Fakultät auch einen erfahrbaren praktischen Nutzen stiften, denn sie kostete schließlich Geld. Da bot es sich an, sie zur Ausbildungsstätte der Gymnasiallehrer zu machen. Das war insofern einfach, als das Gymnasium der Jahre nach 1812 als neunjährige „Gelehrtenschule" antrat; es inkor-

[3] Es verwundert nicht, dass die Fachdidaktiken an den Universitäten und Pädagogischen Hochschulen der DDR stets als Dozenturen und Lehrstühle für Fachmethodik ausgebracht waren. In der Lehrerschaft und der Lehrerbildung der DDR ging es um bloße Umsetzung, um konsequente und effiziente Verwirklichung jener bildungs- und fachpolitischen Ideen, die die Parteigremien und staatlichen Bildungsinstitutionen, und hier besonders die Akademie der Pädagogischen Wissenschaften der DDR, vorgegeben hatten. Letztere waren die didaktischen Instanzen. Angesichts der Festlegung der Bildungspolitik der DDR auf „Parteilichkeit" war die Aufteilung konsequent. In einem pluralistisch-demokratischen System jedoch wäre sie es nicht gewesen.

porierte als Oberstufe die überflüssig gewordene Artistenfakultät. Einziger offizieller Zweck des Gymnasiums war die Vorbereitung der Jünglinge (nur sie durften Abitur machen) auf die Universität. Aus der Universität als Lehrerbildungsstätte kamen in der Folgezeit die Lehrer der wissenschaftsbasierten Fächer des Gymnasiums, wo sie ihre Schüler für die Universität vorbereiteten: ein zirkulärer Betrieb, der solange einigermaßen funktionierte, wie das Gymnasium „Gelehrtenschule" blieb. Damit aber war es spätestens mit der Schulreform von 1901 vorbei.

An den Universitäten, deren Lehre nun „frei" war von staatlichem Zugriff, wurden die Lehramtskandidaten wissenschaftlich ausgebildet; jede Form von Berufspropädeutik wurde von den philosophischen Fakultäten zurückgewiesen. Ein Referendariat gab es zunächst nicht; es wurde in den 1820er Jahren hinzugefügt, als staatliche Antwort auf die akademische Freiheit und im Sinne einer zunächst einjährigen, später dann zweijährigen praktischen Einübung in das etablierte System. Im Zweiphasenmodell der Lehrerbildung folgte nun im schlimmsten Fall auf eine praxisblinde Theorie eine theorieblinde Praxis. Erst 150 Jahre und mehrere Katastrophen später (1871, 1914, 1919, 1933, 1945) versuchte man, den falschen Theorie-Praxis-Gegensatz in neuen Studien- und Ausbildungsordnungen aufzulösen und dabei nachzutragen, was fehlte: Es begann das Zeitalter der Fachdidaktiken als einer das *Was*, *Wie* und *Warum* der betroffenen Fächer in Vergangenheit und Gegenwart reflektierenden, „hinterfragenden" Instanz. Leider sind die Fachdidaktiken, auch weil sie von den Universitäten immer noch als artfremd angefeindet wurden, nicht flächendeckend zu einem zentralen Bereich der Lehrerausbildung geworden. Und mancherorts ist ihnen der kritische Geist auch wieder abhandengekommen, dort nämlich, wo modische *Turns* und systemfreundliche Rezeptologie das eigentliche fachdidaktische Aufgabenfeld überwuchert oder gar ersetzt haben.

Für Lehrerinnen und Lehrer in einem auf Konformität angelegten, nicht hinlänglich durchschaubaren System wird der Lehrplan jenseits der Fähigkeiten, die sie aus der Ausbildung herübergerettet haben, zur einzigen Referenz, die dann nicht mehr hinterfragt wird. „Das steht im Lehrplan" wird zum Killerargument, und eine solche Haltung ist aus verschiedenen Gründen kritikwürdig, um nicht zu sagen traurig:

1. Sie passt nicht zum angestammten Selbstverständnis der Lehrerschaft, als wissenschaftlich ausgebildete Instanz Mittler zwischen (fachlicher, didaktischer) Wissenschaft und den Lernenden zu sein. Und sie passt auch nicht zur Verankerung der Berufsgruppe im Höheren Dienst.
2. Sie offenbart die ererbte Unmündigkeit gegenüber zentralen ministeriellen Vorgaben. Da aber nur mündige Lehrerinnen und Lehrer ihre Schüler zu jener Mündigkeit führen können, die in aller Regel in den Lehrplan-Präambeln als allgemeines Erziehungsziel gefordert wird, leidet die erzieherische Glaubwürdigkeit.
3. Sie ignoriert die Tatsache, dass Lehrpläne alles andere als langlebig sind, und dass am Nachbarort, wenn er in einem anderen Bundesland liegt, schon wieder ganz andere Lehrpläne gelten, trotz aller KMK-Versuche, zu mehr Einheitlichkeit zu gelangen. Dies zeigt, dass auch Lehrpläne nicht sakrosankt sind.

Für die frühen Didaktiker an den Universitäten und Pädagogischen Hochschulen der 1970er und 1980er Jahre waren Lehrplan- und Lehrwerkkritik Standardveranstaltungen, auch in der Lehrerfortbildung – durchaus zum Missfallen mancher Schulbuchverlage und Kultusbehörden, die mit den Argumenten konterten, man müsse ein Lehrbuch durchunterrichtet bzw. einen Lehrplan erfüllt haben, um sie beurteilen zu können: fadenscheinige Argumentationen zur Zementierung bestehender Machtstrukturen. Dabei war damals schon allen am pädagogischen Prozess Beteiligten klar, dass Schulreform *Top-down-* und *Bottom-up*-Verfahren kombinieren muss, um erfolgreich zu sein. Und dazu gehört eine die Lehrerschaft in ihrem Denken und Handeln emanzipierende Aus- und Fortbildung, die in den Kollegien die kritische Auseinandersetzung mit den ministeriellen Vorgaben und darauf abgestimmten Lehrwerk-Angeboten fördert, zum Wohle des Berufsstandes und des Unterrichts.

2. Von den Anfängen neusprachlicher Lehrpläne

Die frühesten staatlichen Lehrpläne für Französisch, damals erste moderne Fremdsprache, wurden nach 1820 erlassen.[4] Zu jenem Zeitpunkt war das Fach in Preußen weitgehend verboten, eine Reaktion auf den Sieg über Napoleon (Waterloo 1815). Die Lehrplantexte umfassten nur wenige Paragraphen und waren alles andere als fachlich bzw. methodisch explizit, wie auch das nachstehende Beispiel für die Gymnasien des Großherzogtums Hessen aus der Zeit um 1831 zeigt (§ 13 des Gesamtlehrplans). Dort wurde das Fach dreistündig über acht Jahre unterrichtet und hatte damit deutlich größeres Gewicht als anderenorts. Der großherzoglich-hessische Lehrplan erscheint aus heutiger Sicht im Vergleich zu anderen zeitgenössischen Planungen recht ausgeglichen: die Aussprache, Sprechübungen, das ganzheitliche Lernen von Floskeln und Phrasen (im Gegensatz zum konstruierenden Lateinunterricht) spielen eine Rolle. In der Syntax wird ein kontrastiver Ansatz zugrunde gelegt, und der weiterführende Unterricht ist, 50 Jahre vor Viëtor, einsprachig. Zumindest bis zur Mittleren Reife spielen auch berufspropädeutische Zielsetzungen eine Rolle, ein Zeichen dafür, dass das Gymnasium trotz aller schönen Theorie im Grunde niemals ausschließlich wissenschaftspropädeutisch gearbeitet hat.

„[...] VIII. und VII. Klasse: 3 Stunden. Den Anfang des Unterrichts machen Leseübungen, bei denen vorzüglich auf richtige, scharf akzentuierende Aussprache Rücksicht genommen, und womit die Übungen im Sprechen und Übersetzen und das Auswendiglernen von Wörtern und Phrasen unmittelbar verbunden wird. – An die Stelle der Leseübungen treten auf der folgenden Stufe Übersetzungen aus dem Französischen in das Deutsche und umgekehrt, die Sprechübungen dauern fort, die allgemeinen Flexionsformen werden in der Form von Regeln zum Bewusstsein gebracht, Wörter und Phrasen fortgehend auswendig gelernt.

[4] Im vorliegenden Beitrag wurde für die ältere Zeit Material mitverwendet, das ausführlicher in meinem Artikel „Vom Regulativ zum Rahmenplan: Versuch einer Entwicklungsgeschichte des neusprachlichen Lehrplans“ (*Die Neueren Sprachen* 81:1 (1982): 5–29) diskutiert worden ist. – Die Lehrpläne des Dritten Reiches sind, da nicht zielführend, nicht behandelt. Man vergleiche hierzu die Darstellung bei Lehberger (1986). Der Text der Englisch-Sektion der „reichseinheitlichen Lehrpläne“ von 1938 ist bei Zapp/Schröder (1983: 77–125) abgedruckt. Auch die Lehrpläne der DDR mussten aus Platzgründen ausgespart bleiben. Vgl. dazu – unter Beteiligung von Zeitzeugen – Finkenstaedt/Schröder (1992) sowie Schröder (1992). Vgl. auch als didaktisch ernst zu nehmende Darstellung einer am Lehrplanwerk der DDR beteiligten Gruppe Neuner u. a. (1973).

VI. und V. Klasse: 3 Stunden. [...] Die allgemeinen Regeln der Syntax werden erklärt, Briefe und Geschäftsaufsätze in das Französische übersetzt, zur Lektüre dienen leicht geschriebene Werke in Prosa [...].

IV. und III. Klasse: 3 Stunden. Die Satzlehre wird systematisch entwickelt, besonders die Unterschiede der französischen Sprache von der deutschen in syntaktischer und topischer Hinsicht nicht bloß aufgezeichnet, sondern auch erklärt. – An die Stelle der Übersetzungen treten freie Kompositionen aus der Sphäre des Geschäftsstils. Der Unterricht und jede Unterhaltung bewegt sich in französischer Sprache. Gelesen werden schwere Prosaiker und leichtere poetische Werke [...].

II. und I. Klasse: 3 Stunden. Synonymik. Verslehre. Freie Kompositionen in höherem Stil, die Lesung schwerer Prosaiker und Dichter. [...]" (Thiersch 1838: 116)

Manche methodischen Standards wirken heute recht seltsam; die inhaltlichen Festlegungen bleiben, trotz Stoffplan-Charakter, global. In der Formulierung „freie Kompositionen in höherem Stil" klingen Glanz und Elend anspruchsvoller schriftlicher Sprachpraxis am Gymnasium während der nächsten 150 Jahre an, vom fremdsprachlichen Aufsatz der Kaiserzeit über die Nacherzählung des 20. Jahrhunderts bis hin zur Themenaufgabe im Gefolge der KMK-Vereinbarung von 1972 (vgl. Kultusministerkonferenz 1972, Kultusministerkonferenz 1977). Gelten für die Komposition die kulturellen Standards der Zielsprachenländer oder die am Lateinischen und Deutschen orientierten Stilvorstellungen deutscher Studienräte?

Was die englische und italienische Sprache angeht, die privatim angeboten werden konnten, so bestimmte der Lehrplan nur summarisch (§ 14): „Der Unterricht [...] wird [...] nach denselben Grundsätzen wie in der französischen erteilt." (Thiersch, ebd.)

Mitunter wurden in den frühen Lehrplänen auch nur Zielangaben für die Abschlussprüfungen gemacht, so in der „Vorläufigen Instruktion für die an den Höheren Bürger- und Realschulen anzuordnenden Entlassungsprüfungen" Preußens, ebenfalls von 1832:

„§ 4 Erfordernisse und Bedingungen für die Erteilung des Zeugnisses der Reife – [...] A. In Hinsicht auf Sprachen: [...] c) Im Französischen muss ein Brief oder ein Aufsatz über ein angemessenes Thema richtig geschrieben, eine in Rücksicht auf Inhalt und Sprache nicht zu schwierige Stelle eines Dichters oder Prosaikers mit Geläufigkeit übersetzt, ferner richtige Aussprache und einige Fertigkeit im Sprechen nachgewiesen werden können. Auch wird Bekanntschaft mit dem Entwicklungsgange der französischen Literatur und den wichtigsten Schriftstellern der französischen Nation gefordert" (Neigebaur 1835: 346 f.).

Es folgen in den Paragraphen 8 und 9 die konkreten Angaben zur schriftlichen und mündlichen Prüfung. Die Ausrichtung praktisch des gesamten Unterrichts im Sinne eines *teaching to the test* wird von der Schulbehörde schon vor fast zweihundert Jahren billigend in Kauf genommen. An dieser ministeriellen Grundeinstellung hat sich nichts geändert.

3. Die weitere Entwicklung bis zu den Richertschen Richtlinien des Jahres 1925

Im weiteren Verlauf des 19. Jahrhunderts erhielten die Lehrpläne eine festgefügte Form, und sie wurden deutlich umfangreicher. Apodiktische Formulierungen unterstrichen ihren Erlasscharakter. Lehrpläne begründeten und argumentierten nicht – dies war ihr größter Fehler. Genannt wurden die Ziele des Unterrichts, die Stoffe und Bildungsinhalte, die zu verfolgenden Methoden, mitunter auch die Stoffverteilung. Als Stoffpläne waren sie in hohem Maße kanonbildend, und schulische Kanonbildungen sind bis heute wandlungsresistent, auch weil sich die Materialienproduktion auf die stofflichen Vorgaben einlassen muss. Im Bereich der Schulentwicklung wirkten die Lehrpläne insgesamt konservativ; da aber die Schule der Jahre vor 1914 angetreten war, das im 19. Jahrhundert politisch Erreichte zu wahren (die Vormachtstellung des Bildungsbürgertums, die Dominanz einer geisteswissenschaftlich ausgerichteten, zweckfreien Formalbildung, die Einheit der Nation unter preußischer Führung), wurden konservative Ansätze allgemein begrüßt.

Die aus heutiger Sicht rückgewandte Ideologie trug das Schulsystem, einte sie doch die tonangebenden Akteure des insgesamt als positiv empfundenen Zeitalters, die Schulbehörde, das Gros der Lehrerschaft und die Eltern der Schüler, dazu die wirtschaftlich und gesellschaftlich aufstrebenden neuen (klein)bürgerlichen Eliten. Man teilte – andersals heute – die gleichen Werte, und deshalb konnte Schule erfolgreich funktionieren. Positionierungen allerdings wurden nicht hinterfragt. Über das Schulwesen vollzog sich der von allen Beteiligten gewünschte soziale Aufstieg der nächsten Generation, und das Lehramt selbst war der wohl bedeutsamste Aufsteigerberuf des Zeitalters, vom Kleinbürgertum zum Bürgertum und hinein in die Akademikerschicht, zunächst für die Männer, später für die Frauen. Die kleinbürgerliche Herkunft der meisten Lehrer und später auch Lehrerinnen bestimmte ihren Aufstiegswillen, ihr Engagement, ihre Opferbereitschaft, aber auch ihren Umgang mit der Obrigkeit und damit ihre Haltung zu Lehrplänen.

Bis zum Ersten Weltkrieg waren in den Ländern des Deutschen Reiches umfangreiche Lehrplanwerke erschienen. Die preußischen Gymnasial-Lehrpläne von 1882, 1892 und 1901 spiegeln das schrittweise Abrücken von altphilologischer Methodik und literarhistorischer Betrachtungsweise zu Gunsten eines direkteren, auch reale kommunikative Verwertungszusammenhänge und landeskundliches Wissen (im Sinne einer Institutionenkunde) berücksichtigenden Unterrichts. Mit seinem Pamphlet „Der Sprachunterricht muss umkehren“, erschienen 1882 (^{2}1886, ^{3}1905), hatte der Marburger Anglist Wilhelm Viëtor zunächst unter dem Pseudonym *Quousque Tandem* die Schattenseiten des zeitgenössischen neusprachlichen Unterrichts angeprangert, seine Abhängigkeit von altphilologischen Sichtweisen auf Sprache, seine mündliche Insuffizienz, seine inhaltliche Lebensferne. Viëtor war Mädchenschullehrer gewesen. Mit seinem Weckruf hatte er eine bis 1908 währende Kontroverse in der Lehrerschaft losgetreten, eine *querelle des anciens et des modernes*, und die Ministerien hatten die Aufgabe, in neuen Lehrplänen Stellung zu beziehen. Sie taten es im Sinne eines Kompromisses, der die gesamte Lehrerschaft unabhängig von ihrer Kommunikationskompetenz zufrieden stellen sollte: die „gemäßigt direkte Methode“ war geboren, mit ihrer weitgehend unkommunikativen Einsprachigkeit (schulische Pseudo-Kommunikation), ihrem Hang zu traditioneller Formalgrammatik und ihrem Beharren auf der Übersetzung als Übungsform. Der Ansatz wirkte bis über die „kommunikative Wende“ des ausgehenden 20. Jahrhunderts hinaus nach. Das zeigt die Tatsache, dass bestimmte Kernfragen des Fremdsprachenlernens nach wie vor kaum gestellt werden:

- Wie funktioniert die zu lernende Sprache in einer gegebenen Situation kommunikativ?
- Wie leistet sie auf ihre spezifische Weise das, was andere Sprachen (etwa die Muttersprache bzw. Herkunftssprache oder eine schon gelernte Sprache) auf andere Weise leisten?
- Wie funktioniert natürliche Kommunikation, bei der die fragende Lehrkraft nicht schon vorher die „richtige" Antwort kennt?
- Wie werden bestimmte kommunikative Intentionen und Strategien realisiert?
- Wie beeinflussen Kultur und Kulturgeschichte des Zielsprachenraumes die alltagskommunikativen Abläufe?

Manche Kultusverwaltungen sperren sich gegen derartige Fragestellungen, vermutlich weil die Herrschaft schulischer Formalgrammatik als Rückgrat des Unterrichts dadurch untergraben wird. Dabei ist die schulgrammatische Unterweisung in ihrer derzeitigen Gestalt eine aus dem neuhumanistischen Lateinunterricht mit seinen ganz anderen Zielsetzungen (Konstruktion und Dekonstruktion von Satzperioden, Entschlüsselung antiker Texte, öffentliches Deklamieren) stammende Übung, weitgehend ohne alltagskommunikativen Wert. Sie basiert auf einem Regelwerk, das mit seinen Wenn-Dann-Regeln mehr an ein Kochbuch erinnert als an ein Instrument zur Vermittlung von Sprachbewusstheit und Sprachlernkompetenz.

Die Weimarer Republik schuf den politischen Raum für einen zuvor unbekannten Pluralismus der Bildungsanschauungen. Sie reichten von der trotzigen Bestätigung der altetablierten neuhumanistisch-nationalen Werteordnung bis hin zu Forderungen nach einer grundlegenden Revision des Lehrkanons, neuen demokratischen Lernformen, einer stärker selbstbestimmten Lehrerschaft und der Öffnung des Systems für neue Schülerschichten. Die 1920er Jahre sind die Geburtsstunde des Spanisch- und des Russischunterrichts in Deutschland, aber auch der Gesamtschule und neuer Wege zum Abitur. Englisch spielt eine viel größere Rolle als vorher und ist in fünf Ländern auch erste Fremdsprache. Neue Lehrpläne, die einen veränderten Wertekanon transportieren sollten, mussten geschaffen werden, und dabei war den handelnden Ministerien klar, dass diesmal nicht mehr alle am Bildungsprozess beteiligten Kräfte würden zufrieden gestellt werden können.

Hauptwerk der Lehrplan-Literatur der zwanziger Jahre sind die von Ministerialrat Hans Richert (1869–1940) bearbeiteten *Richtlinien für die Lehrpläne der höheren Schulen Preußens*, die „Richertschen Richtlinien". Dem Lehrplan wurde weit über Preußen hinaus Beachtung geschenkt, er erreichte bis 1931 acht Auflagen. Die Vorgabe huldigte nicht mehr dem Geist der Befreiungskriege, der Nationwerdung, dem Ansatz einer nur formalen, nicht-utilitaristischen Geistesbildung, und auch nicht einer positivistischen Wissensanhäufung, wie sie in den 1880er Jahren mit der Institutionenkunde für den neusprachlichen Unterricht vorgegeben worden war. Dies macht schon die Präambel des fremdsprachlichen Kapitels deutlich:

„Der neusprachliche Unterricht [...] erstrebt das Ziel, die Schüler aufgrund einer allseitig gefestigten Sprachkenntnis durch das Schrifttum einzuführen in die Kultur- und Geisteswelt der fremden Völker.

Die Einführung in die fremde Geisteswelt soll kein bloßes Wissen von kulturellen Einzeltatsachen und -zusammenhängen erstreben; es handelt sich vielmehr darum, das im fremden Kulturganzen, besonders in der Sprache und dem Schrifttum wirkende Leben verstehen zu lehren und für die innere Bildung des Schülers nutzbar zu machen; insbesondere soll dieser durch den Vergleich des fremden mit dem deutschen Wesen zu einem vertieften Verständnis für die Eigenart seines Volkes geführt werden. [...]

Im Gebrauch der Sprache muss der Schüler so weit gefördert werden, dass er imstande ist, einen ihm geläufigen einfachen Sach- oder Gedankenzusammenhang in einer seiner Altersstufe entsprechenden Art mündlich oder schriftlich auszudrücken." [...] (Richert 1925: 214 f.)

Die neue, kulturpropädeutische Ausrichtung der Lehrpläne war eine Konsequenz politischer Gegebenheiten. In den 1920er Jahren standen sich zwei Lager gegenüber, die nach Wegen suchten, wie Deutschland die Traumata und die Schmach des Ersten Weltkriegs überwinden könnte: ein eher rechtes, das die Besinnung Deutschlands auf sich selbst und seine angestammten kulturellen Werte zum politischen Ziel erhob, um sich so von den als problematisch empfundenen Nachbarkulturen abzusetzen, und ein eher linkes, das die kulturelle Öffnung Deutschlands hin zu den als gleichwertig und nachahmungswürdig betrachteten Nachbarkulturen forderte. Gleichzeitig deutet die Präambel allerdings darauf hin, dass die angestammte Zweiteilung des Unterrichts in eine „bloße" Sprachpraxis und die höheren „eigentlichen" Bildungsziele beibehalten werden sollte – eine fragwürdige didaktische Strukturierung, deren Wurzeln auch wieder im neuhumanistischen Lateinunterricht lagen: *per aspera ad astra* – erst Grammatik, dann Klassikerlektüre. Zwischen den hochgesteckten kulturkundlichen Zielsetzungen und den eher im mittleren Bereich angesiedelten sprachpraktischen Fertigkeiten besteht eine deutliche Diskrepanz: War es überhaupt möglich, mit den vorhandenen Sprachkenntnissen in eine anspruchsvolle kulturkundliche Analyse – in der Fremdsprache – einzusteigen?

Die kulturkundliche Terminologie des Lehrplans entstammt der holistischen Psychologie des Zeitalters (Motto: Das Ganze ist etwas anderes als die Summe der Teile). Die ganzheitliche Betrachtungsweise hatte inzwischen den Fakten sammelnden, additiv agierenden Positivismus der Jahre vor 1914 abgelöst. Das Bemühen, Phänomene in ihrer Gestalt, ihrem Wesen, ihren lebendigen Daseinsformen, ihrem Langzeitwirken zu ergründen und zu erkennen, prägte inzwischen die geisteswissenschaftlichen Disziplinen, so beispielsweise auch die damals neue und revolutionäre Pädagogik Rudolf Steiners. Allerdings erwies sich die Terminologie der neuen Richtung von Anfang an als extrem anfällig für Fehlinterpretation und politische Perversion, und auch die Vordenker, die die Terminologie schufen, und ihre Fahnenträger waren mitunter nicht frei von rassistischen Sichtweisen. Dies gilt leider auch für Rudolf Steiner selbst. Die „Einführung in die fremde Geisteswelt" wird in den Richertschen Richtlinien zur Einführung in „das im fremden Kulturganzen [...] wirkende Leben"; da ist von innerer Bildung die Rede, von fremdem und deutschem Wesen, und von einem vertieften Verständnis für die Eigenart des eigenen Volkes, wobei Sprache und Volk, der romantischen Tradition folgend, vorschnell gleichgesetzt werden.

Richerts Ansatz mit seiner wesenskundlich-schwammigen Terminologie, die in Lehrerkreisen auf fruchtbaren Boden fiel, wurde nach der Machtergreifung der Nationalsozialisten 1933 im Sinne einer Rassenkunde und Volkslebenslehre „weiterentwickelt".

Einen deutlichen Fortschritt brachten die sprachpraxisbezogenen methodischen Grundsätze des Lehrplans: Die Phonetik blieb nicht länger auf der Ebene des Einzellautes stehen; die Lehrkräfte wurden auf das damals neue Medium der Sprachplatte hingewiesen. Besonderer Wert wurde auf die Sprechübungen gelegt. Die grammatische Kontrolle, liebstes Kind des überkommenen Fremdsprachenunterrichts (weil nämlich Grammatikfehler wie im Lateinunterricht als schwere Fehler galten, was aber unter kommunikativen Auspizien meist nicht zutrifft), sollte soweit eingeschränkt werden, dass die Sprechfreude nicht geschmälert würde. Die grammatische Unterweisung sollte der kognitiven Stützung des Sprachlernprozesses dienen. Richerts Ansatz in der Grammatik war daher kontrastiv, und auch der Gedanke der Vorbereitung des späteren Erwerbs weiterer Fremdsprachen ist im Lehrplan ausformuliert, ebenso wie der Hinweis auf bestimmte universelle Erscheinungen in den Bereichen von Sprachstruktur und Sprachfunktion. Ähnlich „moderne" Züge tragen die Richtlinien im Bereich der Wortschatzarbeit.

Weltfremd hingegen wirkt auf den heutigen Leser der Abschnitt über die „philosophische Vertiefung" des Fremdsprachenunterrichts:

„Schon die in das Wesen der sprachlichen Erscheinungen eindringende grammatische Betrachtung, zumal die vergleichende, ist eine Übung im philosophischen Denken, an der psychologische wie logische Erwägungen in gleichem Maße beteiligt sind. Eine sprachphilosophische Betrachtung kann über die einzelnen Gesetzlichkeiten hinaus noch weiter nach den inneren Triebkräften des Sprachlebens fragen. Philosophische Erörterungen aller Art schließen sich an jede gehaltvolle Lektüre an [...]. Dabei kann die besondere Lebensnähe des englischen Denkens für die Bildung der Schüler ebenso fruchtbar gemacht werden wie die Abstraktionskraft des französischen. Endlich stellt die Würdigung von Grundzügen und Höhepunkten des fremden Geisteslebens, im Gegenbilde zu solchen des deutschen Geisteslebens, der philosophisch vertieften Betrachtung eine nicht leichte, aber lohnende Aufgabe." (Richert 1925: 226)

Die Frage nach dem „Wesen der sprachlichen Erscheinungen", nach den „inneren Triebkräften des Sprachlebens" mit sich anschließenden „philosophischen Erörterungen aller Art" führte die aus dem Neuhumanismus ererbte Überschätzung der geistigen Fähigkeiten von Oberstufenschülern fort und steigerte sie ins Maßlose. Angesichts der völlig unzureichenden Hintergrundkenntnisse der Schülerinnen und Schüler, und notwendigerweise vieler ihrer Lehrer, auch weil sie Deutschland nie verlassen hatten, es sei denn, um an einer der Fronten des Ersten Weltkriegs zu kämpfen, konnten derartige Ansätze nur zu impressionistisch formulierten Pseudo-Wahrheiten, zu Klischeebildung und zu Schwarz-Weiß-Malerei führen. Schon im Lehrplantext selbst ist erschreckend summarisch von der „besonderen Lebensnähe des englischen Denkens" und von der „Abstraktionskraft" entsprechender französischer Texte die Rede; die „Würdigung von Grundzügen und Höhepunkten des fremden Geisteslebens" setzt entweder eine durch jahrelange Studien gewonnene wissenschaftliche Kenntnis des zu behandelnden Gegenstandes voraus, oder aber die Geborgenheit einer alle einenden und alles erklärenden Ideologie. Diese Ideologie sollten kaum ein Jahrzehnt später die Nationalsozialisten liefern.

Richert selbst war Mitglied der Deutschnationalen Volkspartei (DNVP), einer nationalkonservativen Partei der Weimarer Republik, die nach 1928 zunehmend nationalsozialistische Positionen unterstützte. Die Partei löste sich 1933 auf; ihre Reichstagsabgeordneten schlossen sich der NSDAP-Fraktion an. Hätten seine Richtlinien eine interkulturelle anstelle einer kulturkundlichen Basis gehabt und auf die Übernahme gestaltpsychologischer Positionen und Diktion verzichtet, und hätte es das Dritte Reich nicht gegeben, wären sie vermutlich trotz einer gewissen Hinneigung zu deutsch-idealistischem Denken jahrzehntelang aktuell geblieben. Doch Lehrpläne spiegeln in vielfältiger Weise den Zeitgeist, und daher sind sie oft vergänglicher, als es den Autorinnen und Autoren lieb ist. Das gilt auch für manche Lehrplanung aus der Zeit nach 1945.

4. Die Lehrpläne der Zeit nach 1945

Die universitäre Neuphilologie in Westdeutschland nach 1945 entwickelte sich in bewusstem, ja plakativem Gegensatz zur Kulturkunde und ihren nationalsozialistischen Perversionen. Das hatte nicht nur etwas mit politischer Einsicht zu tun, sondern auch mit Biographien, wie am besten wohl das Beispiel des in den 1950er Jahren gefeierten Germanisten Wolfgang Kayser zeigt.[5] Dabei erlag die scheinbar unpolitisch gewordene Neuphilologie ästhetischem Formalismus oder aber einer bloßen linguistischen Formanalyse: Sie frönte, losgelöst von gesellschaftlichen Bezügen (und peinlichen persönlichen Fragen), dem Glauben an die Möglichkeit einer ideologiefreien geisteswissenschaftlichen Forschung, aus dem sie dann 1968 unsanft erweckt wurde.

Im Gegensatz dazu knüpfen die Nachkriegslehrpläne, besonders die des Gymnasiums, an die Weimarer Tradition an. Darin offenbart sich zum einen das angestammte traditionsorientierte Denken innerhalb der Schulform, zum anderen aber auch die Kommunikationslosigkeit und zunehmende Entfremdung zwischen Schule und Hochschule. In den Lehrplanrichtlinien Englisch für die Gymnasien des Landes Schleswig-Holstein von 1955 heißt es in diesem Kontext:

> „[...] Im englischen Unterricht soll der Schüler an die Kultur der Angelsachsen so herangeführt werden, dass er ein in den Grundlinien klares Bild von den Wesenszügen der Engländer und Amerikaner gewinnt. Dieses Ziel kann nur erreicht werden, wenn wertvolles Schrifttum aus früherer und gegenwärtiger Zeit im Medium der anderen Sprache erlebt und verstanden worden ist. [...]
>
> [Die Spracharbeit], das Einfühlen in die Lebensformen des anderen Volkes, die Verbindung und der Umgang mit seinen Menschen haben ihren hohen Stellenwert, stehen aber [...] im Dienste der höheren Absicht, Zugang zu den überzeitlichen humanen Werten zu schaffen, die sich in den großen Sprachwerken der angelsächsischen Dichter, Schriftsteller und Redner offenbaren." (Kultusministerium Schleswig-Holstein 1955: 103)

Die Oberstufe „vertieft" und „erweitert" das „in der Mittelstufe gewonnene Verständnis des kulturellen, sozialen, politischen und wirtschaftlichen Leben Englands und Amerikas", was immer das bedeuten mag. Im Übrigen aber rückt „die Dichtung [...] immer mehr in den Mittelpunkt der Arbeit. Auf Grund der erworbenen Sprachkenntnisse soll der Schüler nunmehr im Stande sein, einen unmittelbaren Zugang zu den überzeitlichen Werken angelsächsischer Zunge zu bekommen, so dass er sie verstehend und wertend erleben kann." (ebd.: 119)

Insgesamt bietet der Lehrplan den zeittypischen Verschnitt aus leerformelhafter idealistisch-gymnasialer Ideologie des 19. Jahrhunderts, kulturkundlichen Akzentsetzungen der 1920er Jahre und eingestreuten moderneren Aspekten (Einbezug Amerikas, soziale, politische und wirtschaftliche Gesichtspunkte). Die Sprachpraxis steht – in alter, fragwür-

---

[5] Der Autor des Grundlagenwerkes *Das sprachliche Kunstwerk* (1948 und öfters), durch das die „werkimmanente Interpretation" zur prägenden Methode der zeitgenössischen Literaturwissenschaft in Deutschland wurde, war linientreues SA- (seit 1933) und NSDAP-Mitglied (seit 1937) gewesen.

diger Tradition – im Dienste der Anbahnung eines Zugangs zu überzeitlichen humanen Werten, und dieser „verstehende und wertende" Zugang, der ein „Erleben" zum Ziel haben soll (Erleben ist ein pädagogischer Schlüsselbegriff der 1920er Jahre), vollzieht sich, wie für die 50er Jahre typisch, über die literarische Interpretation, welcher Gestalt auch immer.

Man kann den damaligen Lehrplänen zu Gute halten, dass sie sich in ihren teilweise unbeholfenen Formulierungen doch zumindest Gedanken um die allgemeinbildende Funktion des Fremdsprachenunterrichts machten, auch wenn sie die Sprachpraxis, wie im vorliegenden Fall, in fragwürdiger Weise abwerteten. Im Zeitalter standardorientierter Kompetenzen ist es eher umgekehrt: Man muss die Lehrplan- und Lehrwerkautoren mancherorts darauf hinweisen, dass Fremdsprachenunterricht auch allgemeine und fächerübergreifende Erziehungsziele zu verfolgen hat. Sie sind im allgemeinen Teil der Bildungsstandards benannt und ranggleich zu verfolgen, auch wenn sie nicht in psychometrisch überformte Tasks und Abschlussprüfungen gegossen werden können.

Andere Nachkriegslehrpläne argumentieren ähnlich. So weisen die „Richtlinien für den Unterricht in den Neuen Sprachen an Gymnasien – Englisch" des Landes Nordrhein-Westfalen von 1952 als „kulturkundliche" (sic!) Zielsetzung aus:

„Durch das Schrifttum soll der Schüler in das Geistes- und Kulturleben des englischen und amerikanischen Volkes eingeführt werden [...]. Dabei sollen ihm insbesondere diejenigen Schöpfungen, die als geformte und formende Bestandteile der abendländischen Tradition auf unser deutsches Geistesleben Einfluss gehabt haben, sowie die Beiträge der anglo-amerikanischen Welt zur Kultur der Menschheit zum Bewusstsein gebracht werden." (Kultusministerium Nordrhein-Westfalen 1952: 5)

Sprache und Volk werden in den meisten Planungen auf naive Weise verknüpft, und wenn vom Wirken des Geistes die Rede ist, wird der Stil pathetisch. Kulturkundliche Diktion und holistische Begrifflichkeit sind allenthalben manifest, so beispielsweise auch in den vergleichsweise nüchternen „Lehrplänen für die Gymnasien Baden-Württembergs" von 1957, wo es heißt, dass der Schüler „auf der Oberstufe [...] zu vertiefter Besinnung über das Wesen sprachlicher Erscheinungen gelangen" soll. (Kultusministerium Baden-Württemberg 1957: 230)

„Vertiefung" und „Besinnung" sind schulische Unwörter. Vertiefung ist eine aus dem Neuhumanismus stammende, falsche Metapher, denn es geht beim Lernprozess und bei der Einsichtgewinnung nicht um Vertiefung, sondern um Vernetzung. Was verbarg sich also hinter einer „vertieften Besinnung über das Wesen" der Sprache? Wer die Schule damals besucht und ein Jahrzehnt später in ihr unterrichtet hat, weiß aus Erfahrung, dass mit der hochtrabenden Floskel nur die Wiederholung der Formalgrammatik aus der Unter- und Mittelstufe gemeint sein konnte, denn das war die traurige Realität des Oberstufenunterrichts. Gemessen an derartiger Realität aber waren die sprachbezogenen Formulierungen der Lehrpläne nichts weiter als heiße Luft. Und heiße Luft gab es viel. So etwa auch in den „Bildungsplänen für die allgemeinbildenden Schulen im Lande Hessen", ebenfalls von 1957. Hier wurde gefordert:

„Höchstes Ziel des Unterrichts in der ersten Fremdsprache ist die Erschließung der Geisteswelt der diese Sprache sprechenden Völker aus dem großen Schrifttum. [...] Die Dichtung dieser Völker ist reich an Sinnbildern von großer Feinheit der Empfindung und Kraft der Sprache. Sie nicht nur für das

Sprachstudium, sondern für das eigene innere Leben der Schüler fruchtbar zu machen, ist eine der krönenden Aufgaben des fremdsprachlichen Unterrichts." (Kultusministerium Hessen 1957: 523)

Relativ frei von ministeriellem Belcanto sind die bayerischen „Lehrpläne für Höhere Schulen" von 1964. Sie formulieren in der Präambel des neusprachlichen Teils:

„Die wirtschaftlichen, politischen und kulturellen Probleme der Völker wachsen über die nationalen Grenzen hinaus und verlangen, dass auch die Jugend sich damit auseinandersetzt. Der Weg hierzu führt über die gründliche Beherrschung der lebenden Fremdsprachen, besonders des Englischen und Französischen.

Das Erlernen der fremden Sprache eröffnet [...] den Zugang zum anderen Volk. In der Auseinandersetzung mit den Lebenserscheinungen und den Leistungen der Völker des angelsächsischen und des romanischen Sprachraums soll der Schüler seinen Gesichtskreis erweitern und zu einer Geisteshaltung finden, die frei ist von Vorurteilen und ihn aufgeschlossen macht für die Begegnung mit Menschen und Ideen anderer Völker. Dadurch wird auch sein Verhältnis zur Muttersprache und zur deutschen Kultur kritisch geläutert.

So muss der neusprachliche Unterricht vor allem zwei Ziele verfolgen:

Gründliche Kenntnis der fremden Sprache und Sicherheit in ihrem mündlichen und schriftlichen Gebrauch;

sachlich fundiertes Verständnis für die Völker des angelsächsischen und romanischen Sprachraums [...]." (Kultusministerium Bayern 1964: 365)

Es fällt auf, dass der Text nach vorne gewandt und auf das praktische Leben der Schülerinnen und Schüler bezogen ist. Die Diktion ist sachlich und im Ganzen frei von kulturkundlicher Terminologie und der Tendenz zur Wesensschau. Allerdings werden Sprache und Volk einmal mehr in zu enger Verknüpfung gesehen. Auch die Feststellung, dass die Probleme der Völker über die nationalen Grenzen hinauswachsen, verdient in historischer Perspektive ein Ausrufezeichen: Mittlerweile ist das politische Europa, die EWG, sieben Jahre alt.

5. 1968 und die Folgen: Vom Rahmenplan zu den Lehrplänen der kompetenzorientierten Epoche

Die Kulturrevolution von 1968 hat vieles erschüttert, nicht nur die Sexualmoral, sondern auch den naiven Glauben an Amerika als *great good spirit to make the world safe for democracy.* Sie hat den Umgang mit der nationalen Vergangenheit verändert, mit den eigenen, in vielen Fällen nationalsozialistisch geprägten Eltern, mit einer verlogenen Politik zu beiden Seiten des Atlantik im Zeitalter des atomaren Overkill, und mit einer Schule, die die Ideologien, auf denen sie basierte, nicht problematisieren wollte, einer Schule im Übrigen, in der die „Nazis" noch nicht ausgestorben waren, sondern – entnazifiziert und *re-educated* – immer noch unterrichteten. Die Referendare und jungen Lehrer der Zeit waren allergisch gegen idealistische und unreflektierte Formulierungen in den Lehrplänen und Studienseminaren. Sie stellten die Frage nach dem *Was* und dem *Warum*, wo bisher nur über das *Wie* gesprochen worden war, und forderten eine didaktische Ausrichtung sowohl des Universitätsstudiums als auch des Vorbereitungsdienstes, eine berufspropädeutische, wissenschaftliche Ausbildung eben, die diesen Namen auch verdiente. Fachdidaktiken entstanden als eigenständige Disziplinen, als eine zunächst wenig organisierte, aber in wenigen Jahren außerordentlich erfolgreiche – in vielen Fällen durchaus politische, zumindest aber fachpolitische – *Grassroots*-Bewegung, die von den Reformkräften unterschiedlicher Couleur akzeptiert und bald auch gefördert wurde. Zum ersten Mal in der Geschichte der deutschen Schule gab es eine breite *Bottom-up*-Bewegung, die die Kraft haben konnte, das verkrustete Gymnasium, an dem zwei Weltkriege ideologisch vorbereitet worden waren, von innen heraus zu reformieren, und die sich für neue, vielversprechende, alternative Schulformen, etwa die Gesamtschule, stark machte.

Lehrpläne waren nicht die Lieblingslektüre der jungen Lehrer von 1968, es sei denn, um sie in einem Akt von jugendlicher Rebellion wortgewaltig zu zerfetzen. Einige der jungen Lehrer machten angesichts der Bildungsoffensiven der Folgejahre sehr schnell Karriere – als Fachdidaktiker an Universitäten und Pädagogischen Hochschulen. Sie hätten es weit von sich gewiesen, als Methodiker angesprochen zu werden. Innerhalb der jungen Disziplin der Fremdsprachendidaktik wurde Lehrplankritik zu einer Standardveranstaltung, in der es darum ging, zeitgenössisch formuliert, zu „hinterfragen", zu „entlarven", aber immer auch: Alternativen aufzuzeigen. Die Fachdidaktiker der 68er-Generation befassten sich fast durchgängig auch mit historischen Themen, vor allem mit Ideen-, Sozial- und Ideologiegeschichte der Schule und ihrer Fächer, und daher waren sie standpunktorientierter als viele Fachdidaktiker und Sprachlehrforscher heute. Rezeptologien waren unter ihrer Würde; so etwas schrieb man nicht, und man publizierte es auch nicht.

Helmut Heuer (1977: 127) wandte sich gegen den „chronischen Modernitätsrückstand der Lehrpläne" und forderte eine „permanente Lehrplanrevision". Gleichzeitig setzte sich die an den Hochschulen in den 1970er Jahren etablierte Fachdidaktik für einen Neuansatz in der Lehrplankonstruktion ein. Man verstand sich als wissenschaftsbasierter Partner der Ministerien, was aber in den Ministerien, besonders den konservativen, teilweise anders gesehen wurde: Die „Lehrplanhoheit" (ein in den siebziger Jahren gerne gebrauchter Begriff) sollte bei den politischen Instanzen bleiben. Die Kultusbürokratie hatte ohnehin eine Schwäche für die allgemeine Erziehungswissenschaft als Partner, die scheinbar auf alle Schul- und Bildungsfragen eine Antwort hatte und dabei stets argumentieren konnte, dass sie nicht von Fachinteressen geleitet sei. Gerade die vielen, teilweise widerstreitenden Fachdidaktiken aber und die mit ihnen korrespondierenden monolingualen Fachverbände galten in den Ministerien als bloße Interessenvertretungen. Die Allianz von Bildungsbürokraten und Erziehungswissenschaftlern hält bis heute an; sie ist für beide Seiten profitabel, führt aber infolge der relativen Fachferne der Erziehungswissenschaftler auch zu Fehleinschätzungen und -entscheidungen, wenn es um konkrete Schulfächer geht. Und um die geht es meist.

Die Auseinandersetzungen führten zu zwei Neuentwicklungen im Bereich der Lehrplanung, dem „Rahmenplan"/der „Rahmenrichtlinie" und dem „Curricularen Lehrplan". Erstere wurden eher in den sozial-liberalen Ländern angestrebt, die letztgenannte Form dort, wo CDU/CSU das Sagen hatten. Bei beiden Entwicklungen stand nicht mehr der Stoff im Mittelpunkt, sondern die zu erwerbenden Fertigkeiten im kognitiven, affektiven und performativen (sprachpraktischen) Bereich. Den Lernzielen, die nach Richtzielen (relativ abstrakt formulierten, weitreichenden Zielsetzungen), Grobzielen (Lernzielen mittlerer Reichweite) und Feinzielen (konkreten Einzelzielsetzungen, formuliert mit dem

Ziel unmittelbarer „Operationalisierbarkeit“) hierarchisiert waren, wurden Inhalte bzw. Themen, Verfahren und Formen der Leistungsmessung zugeordnet. Dabei wurde den Lehrenden gerade im Bereich der Themen und Verfahren teilweise recht freie Hand gelassen. Inzwischen glaubte man – mit deutscher Gründlichkeit – an das Prinzip des exemplarischen Lernens. Selbst Namen wie Shakespeare wurden vielerorts aus den Inhaltslisten gestrichen: In der Literatur und der Landeskunde war die kanonlose Zeit angebrochen. Hinter dem Neuansatz standen der Gedanke, dass ein Konsens über einen Kanon von „Bildungsgütern“ in der pluralistischen Gesellschaft nicht zu erreichen sei, und die – überfällige – Einsicht, dass mündige Lehrkräfte über didaktische Freiräume verfügen sollten, wenn man von ihnen fordert, Lernende zur Mündigkeit zu führen.

Die Curricularen Lehrpläne entpuppten sich als Fehlentwicklung. Im Bestreben, mehr zu vermitteln als einen bloßen Rahmen, nämlich Unterrichtsbedingungen, Verhaltensdispositionen und Lernabläufe zumindest in Tabellenform einzubeziehen, waren sie zu feingliedrig, in Teilen redundant, zu umfangreich und zu schwer lesbar, was dazu führte, dass sie jenseits der Studienseminare und bestimmter Kommissionen gar nicht gelesen wurden. Sie wurden Anfang der 1990er Jahre zurückgezogen.

Rahmenpläne bzw. -richtlinien gibt es bis heute. Ihre Funktionalität hat der nordrhein-westfälische Ministerialrat Rainer Brockmeyer (1977: 197) wie folgt beschrieben:

> Der Begriff Rahmenrichtlinien hat sich „als geeignet erwiesen, die Abgrenzung der in staatlicher Verantwortung getroffenen Regeln für Schule und Unterricht von den der Schulpraxis freigegebenen Gestaltungsräumen zu verdeutlichen. Eine solche Abgrenzung erwies sich als erforderlich, um die für die Schulpraxis in immer stärkerem Maße geforderte Freiheit der Unterrichtsgestaltung auszugleichen mit der in der schulaufsichtlichen Verantwortung des Staates wahrgenommenen Sicherung gleichwertiger schulischer Lernangebote. Die Konsensbildung über die im Begriff der Rahmenrichtlinien zum Ausdruck kommende Vorgabeverantwortung des Staates gegenüber der Schulpraxis ist insofern von mindestens drei Faktoren bestimmt:
>
> (1) von der Spannung zwischen gesellschaftlich und schulaufsichtlich notwendigen Normierungen einerseits und aus pädagogischen Gründen beanspruchten Freiräumen in Erziehungs- und Unterrichtsprozessen andererseits,
>
> (2) von der Spannung zwischen einer die Kontinuität von Unterricht fördernden Stabilität von Lernzielen und Inhalten einerseits und dem Bedürfnis einer zukunftsorientierten Motivation zur Veränderung andererseits,
>
> (3) von der Spannung zwischen einem zunehmenden Interesse der Öffentlichkeit an schulischen Fragen und den Partizipationsansprüchen der jeweils Beteiligten einerseits und der sich verstärkenden Tendenz zur Ausweitung rechtlicher und somit allgemein gültiger Regelungen in immer mehr Bereichen des Schulwesens andererseits.“

Zu Beginn des neuen Jahrhunderts sorgten die Ergebnisse von Vergleichsuntersuchungen wie PISA (OECD-basiert) oder DESI (Deutschland-spezifisch) für Verunsicherung im Bildungswesen: Deutschland schnitt, u. a. auch im Bereich des Fremdsprachenunterrichts (Englisch), deutlich schlechter ab als von den Kultusbehörden und der breiteren Öffentlichkeit aufgrund eines verklärten Selbstbildes erwartet. Zugleich zeigte sich, dass die Qualitätsunterschiede innerhalb der Bundesländer gravierend waren. Die Befunde führten zur Festlegung länderübergreifender Bildungsstandards durch die Kultusministerkonferenz. Zunächst erschienen Bildungsstandards für den Mittleren Schulabschluss, u. a. für die Fächer Deutsch und 1. Fremdsprache (Englisch/Französisch) (Kultusministerkonferenz 2003), später dann solche für die Allgemeine Hochschulreife (Kultusministerkonferenz 2012, vgl. auch Tesch u.a. 2017), u.a. für Deutsch, Englisch und Französisch. Die neuen Festlegungen waren nicht mehr an Lernzielen orientiert, sondern an Kompetenzen. Kompetenzen sind präziser formulierbar, hierarchisierbar und zumindest teilweise psychometrisch quantifizierbar. Die KMK-Bildungsstandards von 2012 nennen fünf Kernkompetenzen: Funktionale kommunikative Kompetenz, Interkulturelle kommunikative Kompetenz, Text- und Medienkompetenz, Sprachbewusstheit und Sprachlernkompetenz. Die beiden letztgenannten flankieren und durchdringen als „transversale Kompetenzen" die drei erstgenannten. Von besonderem Interesse ist auch, dass im Bereich der Funktionalen kommunikativen Kompetenz das „Verfügen über [...] kommunikative Strategien" neben das „Verfügen über sprachliche Mittel" getreten ist. Dies ist angesichts des wenig befriedigenden Zustands der Grammatikunterrichts ein großer Fortschritt.

Bildungsstandards für bestimmte Zielpunkte der Ausbildungsgänge (Mittlerer Schulabschluss, Abitur) legen Lehrpläne nahe, die von diesen Festlegungen aus rückwärts geschrieben sind („backward planning"). Die Grundfrage ist dabei: In welcher Reihenfolge müssen welche Kompetenzen in welchen Jahrgangsstufen nachprüfbar erworben werden, um die für die Zielpunkte vorgegebenen Kompetenzen zuverlässig zu erreichen? Problematisch wird es, wenn ein „geringerer" Bildungsabschluss mit Bildungsstandards versehen wird, bevor der für einen Teil der Schülerschaft folgende „höherwertige" Bildungsabschluss als Zielpunkt entsprechend ausgearbeitet ist. Genau das ist aber in Deutschland geschehen: Die Bildungsstandards für den Mittleren Schulabschluss sind acht Jahre vor den Abitur-bezogenen Standards erschienen. Beide Standardsetzungen betreffen via *backward planning* (auch) die Sekundarstufe I, und angesichts des Zweiten Bildungsweges nicht nur die des Gymnasiums. Ein folgenreiches Missverständnis einiger Kulturbehörden (auch des Bayerischen Kultusministeriums und des diesem angeschlossenen Staatsinstituts ISB) ist es, davon auszugehen, dass die älteren Bildungsstandards von 2003 der Sekundarstufe I zugrunde zu legen sind, während die „Abiturstandards" für die Sekundarstufe II gelten. Dem ist nicht so. Für alle zum Abitur führenden Bildungsgänge gelten die Bildungsstandards von 2012, und zwar ohne Einschränkungen und ohne Weglassen von Teilen, deren Tragweite man vielleicht nicht verstanden hat oder nicht verstehen will. Das Gebot des *backward planning* greift bereits für Klasse 5, und nicht erst für Klasse 11. Im Übrigen sind die Bildungsstandards von 2012 denen von 2003 nicht zuletzt in ihrer kommunikativen und bewusstheitsbildenden Fokussierung didaktisch deutlich überlegen.

Kompetenzorientierte Lehrpläne können die Form eines Rahmenplans haben oder aber in die Richtung eines klassischen Lehrplans gehen, der den Kompetenzen Inhalte und Aufgabenformate zuordnet und auf diese Weise deutlicher kanonisierend wirkt. Dabei können die Einzelpositionen des Lehrplans didaktisch aus einer Theorie des jeweiligen Faches hergeleitet werden. Dies empfiehlt sich besonders für die Kompetenzbereiche Interkulturelle kommunikative Kompetenz, Sprachbewusstheit und Sprachlernkompetenz, die für die Lehrerschaft neu und ungewohnt sind.

Die Bildungsstandards von 2012 sind fremdsprachendidaktisch ein deutlicher Schritt nach vorn, wenn man sie denn in den Kultusbehörden der Länder versteht und ernst nimmt. Sie sind die Grundlage einer neuen Lehrplangeneration. Leider aber sind in den entsprechenden Planungen derzeit Missverständnisse und Fehleinschätzungen an der Tagesordnung, besonders im funktionalen Umgang mit Sprache, in der Weise, wie Grammatik betrieben wird, auf dem Feld der kommunikativen Strategien und deren Einbindung in den Unterricht sowie in den transversalen Bereichen, etwa, was einen sprachenvergleichenden Ansatz angeht. Manche Landesinstitute haben offenbar Angst, die neuen Bereiche präzise umzusetzen, oder ihre Mitarbeiter schätzen als ehemalige Lehrerinnen und Lehrer deren Tragweite nicht hoch genug ein. Eklatante Konstruktionsfehler sind die Folge.

Es ist der Qualität des deutschen Schulwesens nicht zuträglich, wenn gerade die überfälligen innovativen Ansätze der Standards von 2012 von den Länderbehörden nicht mit der erforderlichen Sorgfalt behandelt werden. Dort, wo in den Lehrplanungen Inhalte und Verfahrensweisen vorgegeben werden, ist deren Ableitung in vielen Fällen unzureichend. Man hat es nicht selten mit gesellschaftskritischen Kanonrelikten zu tun, die auf die Zeit nach 1968 zurückgehen und damals Bestandteil jenes „Kryptokanon" waren, der auf die „Zerschlagung" des „bürgerlichen" Kanons folgte: Sie machen aus einem themenreichen, kommunikativ orientierten Sprachen- und Kulturenunterricht besonders in der Oberstufe ein fachfremdes Propädeutikum in Soziologie, Sozialpsychologie, Ökologie, Medienwissenschaften usw., dargeboten von ratlosen Lehrkräften, die diese Fächer in der Regel nicht studiert haben. Die eigentlichen Themenfelder eines zeitgemäßen fremdsprachlichen Unterrichts einschließlich seiner kulturellen Komponenten bleiben dabei auf der Strecke.

Die kontinuierliche Erhöhung der Lehrdeputate, der Aufgaben und Verantwortlichkeiten wird leider auch die kommenden Jahre im Lehramt prägen, was den hier geforderten mündigen Umgang mit Lehrplänen erheblich erschwert. Dabei sind die Konsequenzen des just diagnostizierten, neuen, ausufernden Lehrermangels noch nicht eingerechnet. Die schleichende Versklavung der Lehrerschaft wird ebenso anhalten wie die lange Tradition des Schönredens durch die Ministerien. Dennoch, und so absurd dies vielleicht klingen mag: der Weg in die Freiheit führt über mehr didaktische Reflexion, über mitbestimmendes Engagement, über *Bottom-up*-Bewegungen, über Verbands- und Gewerkschaftsarbeit. Ein *Weiter so* kann es nicht geben, denn dann funktioniert Schule irgendwann gar nicht mehr, trotz aller schönen Digitalisierung, und das ist dann der Anfang vom Ende der Gesellschaftsordnung.

Bibliographie

Blättner, Fritz (1960): *Das Gymnasium. Aufgaben der höheren Schule in Geschichte und Gegenwart.* Heidelberg: Quelle & Meyer.

Brockmeyer, Rainer (1977): „Rahmenrichtlinien". In: Schröder, Konrad; Finkenstaedt, Thomas (Hrsg.): *Reallexikon der Englischen Fachdidaktik.* Darmstadt: Wissenschaftliche Buchgesellschaft, S. 196–199.

Comenius, Johann Amos (1657): *Opera didactica omnia. Variis hucusque occasionibus scripta, diversisque locis edita: Nunc autem non tantum in unum, ut simul sint, collecta, sed et ultimo conatu in systema unum mechanice constructum, redacta.* Band 2: *Ea comprehendens quae ab anno 1642 ad 1650 scripta et edita fuere […]. II. Methodus linguarum novissima, fundamentis didacticis solide superstructa […].* Amsterdam: Auf Kosten von Laurentius de Geer, Druck von Christophorus Cunradus und Gabriel a Roy.

Finkenstaedt, Thomas; Schröder, Konrad (Hrsg.) (1992): *Zu Grundfragen des Fremdsprachenunterrichts und seiner Didaktik in aktueller und historischer Sicht. Kolloquium anlässlich des 65. Geburtstags von Walter Apelt, Ordentlicher Professor für Methodik des Englischunterrichts an der Brandenburgischen Landeshochschule zu Potsdam, am 18. September 1990.* Augsburg: Universität.

Kultusministerium Baden-Württemberg (1957): „Lehrplan für die Gymnasien". In: *Kultus und Unterricht*, S. 72 ff.

Kultusministerium Bayern (1964): „Lehrpläne für Höhere Schulen in Bayern". In: *Amtsblatt.* 16, S. 341 ff., besonders S. 365–379.

Kultusministerium Hessen (1957): „Bildungspläne für die allgemeinbildenden Schulen im Lande Hessen. II. Das Bildungsgut. D. Das Bildungsgut des Gymnasiums". In: *Amtsblatt*, Sondernummer 4, S. 523–545.

Kultusministerium Nordrhein-Westfalen (1952): „Richtlinien für den Unterricht [in den Neuen Sprachen] an Gymnasien". In: *Amtsblatt.* 10, S. 130 ff.

Kultusministerium Schleswig-Holstein (1955): „Lehrplanrichtlinien für die Gymnasien". In: *Amtsblatt.* 24, S. 291 ff.

Kultusministerkonferenz (1972): *Vereinbarung zur Neugestaltung der Gymnasialen Oberstufe in der Sekundarstufe II. Beschluss der Kultusministerkonferenz vom 7. Juli 1972.* Neuwied: Luchterhand.

Kultusministerkonferenz (1977): *Empfehlungen zur Arbeit in der gymnasialen Oberstufe gemäß Vereinbarung zur Neugestaltung der Gymnasialen Oberstufe in der Sekundarstufe II. Beschluss der Kultusministerkonferenz vom 7. Juli 1972. Beschluss der Kultusministerkonferenz vom 2. Dezember 1977.* Neuwied: Luchterhand.

Kultusministerkonferenz (2003): „Bildungsstandards für die erste Fremdsprache (Englisch / Französisch) für den Mittleren Schulabschluss. Beschluss vom 4.12.2003". Online: https://www.kmk.org/fileadmin/Dateien/veroeffentlichungen_beschluesse/2003/2003_12_04-BS-erste-Fremdsprache.pdf.

Kultusministerkonferenz (2012): „Bildungsstandards für die fortgeführte Fremdsprache (Englisch / Französisch) für die Allgemeine Hochschulreife. Beschluss vom 18.10.2012". Online: https://www.kmk.org/fileadmin/Dateien/veroeffentlichungen_beschluesse/2012/2012_10_18-Bildungsstandards-Fortgef-FS-Abi.pdf.

Lehberger, Reiner (1986): *Englischunterricht im Nationalsozialismus.* Tübingen: Stauffenburg-Verlag.

Neigebaur, Johann Ferdinand (1835): *Die preußischen Gymnasien und Höheren Bürgerschulen. Eine Zusammenstellung der Verordnungen, welche den höheren Unterricht an diesen Anstalten umfassen.* Berlin, Posen, Bromberg: Ernst Siegfried Mittler.

Neuner, Gerhart u. a. (1973): *Allgemeinbildung, Lehrplanwerk, Unterricht. Eine Interpretation des Lehrplanwerks der sozialistischen Schule der DDR unter dem Gesichtspunkt der Gestaltung eines wissenschaftlichen und parteilichen Unterrichts.* Berlin: Volk und Wissen.

Richert, Hans (Hrsg.) (1925): *Richtlinien für die Lehrpläne der Höheren Schulen Preußens.* Berlin: Weidmann.

Schröder, Konrad (1982): „Vom Regulativ zum Rahmenplan: Versuch einer Entwicklungsgeschichte des neusprachlichen Lehrplans". In: *Die Neueren Sprachen* 81 (1), S. 5–29.

Schröder, Konrad (Hrsg.) (1992): *Situation und Probleme des Fremdsprachenunterrichts und der Fremdsprachenlehrerausbildung in den Neuen Bundesländern. Anspruch – Wirklichkeit – Entwicklungsmöglichkeiten. Kolloquium zu Kahle (Thüringen) vom 12. bis 14. Dezember 1991.* Augsburg: Universität.

Tesch, Bernd; von Hammerstein, Xenia; Stanat, Petra; Rossa, Henning (Hrsg.) (2017): *Bildungsstandards aktuell: Englisch / Französisch in der Sekundarstufe II.* Braunschweig: Westermanngruppe.

Thiersch, Friedrich (1838): Über den gegenwärtigen Zustand des *öffentlichen Unterrichts in den westlichen Staaten von Deutschland, in Holland, Frankreich und Belgien.* Band 3. Stuttgart, Tübingen: J. G. Cotta.

Viëtor, Wilhelm (1984): *Der Sprachunterricht muss umkehren: Ein Pamphlet aus dem 19. Jahrhundert neu gelesen.* Wilhelm Viëtor; Konrad Schröder (Hrsg.). München: Hueber.

Zapp, Franz-Josef; Schröder, Konrad (Hrsg.) (1983): *Deutsche Lehrpläne für den Fremdsprachenunterricht 1900–1970. Ein Lesebuch.* Augsburg: Universität.

DNS Jb. 8/9 für 2017/18 (2020): 30–42

Christine Junghanns, Andrea Schinschke

One for all? Ein gemeinsamer Rahmenlehrplan für alle modernen Fremdsprachen in den Jahrgangsstufen 1–10

Zusammenfassung Deutsch

Seit dem Schuljahr 2017/18 ist in Berlin und Brandenburg ein bildungsgangübergreifender Rahmenlehrplan für die Jahrgangsstufen 1–10 in Kraft. Diesem Plan liegt ein für alle Fächer einheitliches Konzept zur Beschreibung der Kompetenzentwicklung zugrunde. Für die Fremdsprachen gilt ein gemeinsamer Plan für alle Sprachen unabhängig von deren Lernbeginn. Die Vor- und Nachteile dieses Ansatzes wollen wir in unserem Beitrag erläutern.

Zusammenfassung Englisch

At the beginning of the 2017/18 school year the two German federal states of Berlin and Brandenburg implemented a curriculum for all school types covering years 1 to 10. In this curriculum, all school subjects share a common concept of how to describe the development of competencies. This curriculum is relevant for all modern foreign languages, no matterwhat year students started learning the foreign language. In our paper, we will discuss the advantages and disadvantages of this "one for all" approach.

1. Der Plan in seiner Gesamtkonzeption

Aufgrund der Erfahrung mit der Entwicklung und Implementierung früherer Rahmenlehrpläne möchten wir den Fokus des folgenden Beitrags auf das unserer Meinung nach wirklich Neue dieses Plans speziell für den Fremdsprachenunterricht setzen und auch unsere Erkenntnisse aus der Implementierung einfließen lassen. Am Ende werden die speziellen Herausforderungen an die Lehrkräfte, die mit diesem Plan arbeiten, beleuchtet.

Der neue Rahmenplan ist nicht nur ein gemeinsamer Rahmenlehrplan für alle Fremdsprachen, sondern ein Rahmenlehrplan für alle Schulformen, Schulstufen (Jahrgang 1–10), mit einem einheitlichen übergreifenden Konzept für alle Unterrichtsfächer (Teile A und B). Fachspezifische Ausführungen (darunter die zu den modernen Fremdsprachen) sind im Teil C zu finden.

In den fachübergreifenden Teilen A und B werden gemeinsame, für alle Fächer verbindliche Ziele, konzeptionelle Grundsätze und Themen formuliert. So finden sich dort ein Basiscurriculum Sprachbildung, ein Basiscurriculum Medienbildung und eine Auflistung übergreifender Themen, wie zum Beispiel Berufs- und Studienorientierung, Gewaltprävention, Gesundheitsförderung. Ihre Berücksichtigung im Unterricht überschreitet fachliche Grenzen.

Die Beschreibung der anzustrebenden Kompetenzen in den Fächern (Teil C) und in der Sprach- und Medienbildung (Teil B) erfolgte nach einem einheitlichen Niveaustufenkonzept, ähnlich dem GeR. Dieses legt für jede Kompetenz eine Abfolge von acht Niveaustufen (A bis H) zugrunde, so dass die Kompetenzentwicklung von Lernbeginn bis zum Ende der Sekundarstufe I dargestellt wird. Einzelne ausgewählte Niveaustufen kennzeichnen Etappen im Bildungsgang der Schülerinnen und Schüler. So ist die Stufe G das für den Mittleren Schulabschluss erforderliche Niveau, Niveau D ist die Gelenkstelle zwischen Grund- und weiterführender Schule (in Berlin und Brandenburg ist das der Übergang von der sechsten zur siebten Jahrgangsstufe), Niveau H beschreibt die Voraussetzungen für den Eintritt in die gymnasiale Oberstufe.

Jede Niveaustufe präsentiert einen Standard, insofern beschreibt die Abfolge A–H die Vorstellung der Progression im jeweiligen Kompetenzbereich. Die Standards sind Mittel der Diagnose (*wo steht ein Kind?*), der Zielsetzung (*was muss es noch lernen, um z. B. für die Oberstufe vorbereitet zu sein?*) und damit der systematischen Planung des Lernprozesses.

2. Der Fachteil Moderne Fremdsprachen

Für alle modernen Fremdsprachen gilt der Teil C. Es gibt also weder Ausführungen für die Einzelsprachen noch Unterschiede in den Vorgaben, die den Lernbeginn berücksichtigen. Zur Beschreibung der Kompetenzen wurde das Kompetenzmodell aus den Bildungsstandards für Englisch/Französisch (vgl. KMK 2012) übernommen. Für den Rahmenlehrplan 1–10 wurden für jede der darin aufgeführten Kompetenzen die Niveaustufen A–H formuliert. Speziell in den Fremdsprachen sind einzelne Niveaustufen nicht nur in ihrer bildungspolitischen Verankerung ausgewiesen (Niveau G entspricht dem von der KMK vorgegebene Standard für den mittleren Schulabschluss, Niveau F dem von der KMK vorgegebene Standard für den Hauptschulabschluss), sondern, soweit möglich, auch in ihrem Bezug zum GeR (z. B. wird die Niveaustufe D beschrieben als Standard, der an A1 des GeR, vgl. Europarat 2001, orientiert ist).

Für die Sprachmittlung, die Text-Medienkompetenz, die interkulturelle Kompetenz, die Sprachbewusstheit und die Sprachlernkompetenz fehlten (skalierte) Vorgaben des GeR. Hier hat die Rahmenlehrplankommission die Progression in Niveaustufen selbst modelliert. Auf diese Art und Weise sollte die Bedeutung dieser Kompetenzen von Lernbeginn an hervorgehoben werden. Orientierung für die Modellierung boten die Bildungsstandards der Sekundarstufe II (vgl. KMK 2012). Besonders in diesen Kompetenzbereichen entschied man sich gegen eine Vorgabe von acht Niveaustufen. Stattdessen beschrieb man den Lernfortschritt allgemeiner durch zwei bis fünf Standards, die über mehrere Niveaustufen hinweg zielführend sein sollen.

Die Bezugnahme auf den GeR zumindest in den funktionalen kommunikativen Kompetenzen (außer Sprachmittlung) legt den Vergleich zu Vorgaben in anderen Bundesländern nahe. Dieser Vergleich offenbart ein grundsätzliches Problem, mit dem sich die Rahmenlehrplankommission bei der Entstehung des Rahmenlehrplans immer wieder beschäftigen musste, nämlich die bildungspolitische Setzung, welche unabhängig von der Anzahl der Lernjahre gilt: Ist A1 in anderen Bundesländern als Abschlussniveau der vierten Jahrgangsstufe vorgesehen (vgl. KMK 2013), wird es in Berlin-Brandenburg als Niveau des Übergangs zur weiterführenden Schule, also der Jahrgangsstufe 6, ausgewiesen. Die nächsthöhere GeR-Niveaustufe A2 ist das von den KMK Bildungsstandards geforderte Niveau im Hauptschulabschluss, d. h. für die Jahrgangsstufe 9. Je nach Bundesland haben die Lernenden also offiziell unterschiedlich lange Zeit, um von A1 zu A2 zu gelangen – die Anzahl der Unterrichtsstunden bleibt in diesem Vergleich unberücksichtigt. Bildungspolitisch ist diese Setzung nachvollziehbar. Denn es gibt kaum Fächer, die so unterschiedlich und vielfältig im schulischen Angebot verortet sind wie die einzelnen Fremdsprachen. Hier gibt es Unterschiede zwischen den Angeboten der Bundesländer (z. B. in Bezug auf den Beginn des Unterrichts in der ersten und zweiten Fremdsprache), zwischen den Angeboten von Schulen innerhalb ein- und desselben Bundeslandes (z. B. in der Wahl der Einzelsprache und der Sprachenfolge), zwischen den Angeboten innerhalb einer Schule (z. B. durch einen bilingualen und einen „normalen" Zug). Diese Vielfalt wird bildungspolitisch allein durch die Vorgabe von KMK-Abschlussstandards zum Mittleren Schulabschluss und zur Hochschulreife gelenkt Die acht Niveaustufen A bis H des Berlin-Brandenburger Rahmenlehrplans eignen sich potenziell dafür, für verschiedene Schulprofile und individuelle Lernverläufe differenziertere Festlegungen zu treffen.

Sprachenübergreifend sind nicht nur die Beschreibungen der Niveaustufen, sondern auch die zu behandelnden Themenfelder (z. B. Individuum und Lebenswelt) und die ihnen zugeordneten Themen und Inhalten (z. B. Wohnen und Wohnumfeld) und Hinweise zu inhaltlichen Vertiefungsmöglichkeiten (z. B. Wohnqualität, Wohnen auf dem Land und in der Stadt). Die inhaltlichen Vorgaben gelten für alle Fremdsprachen, sind „für alle Jahrgangsstufen und auf allen Niveaustufen anwendbar, da sie je nach Alter und sprachlicher Kompetenz der Schülerinnen und Schüler unterschiedlich umgesetzt werden können" (Senatsverwaltung 2015, Teil C: 33) und erheben den Anspruch, „die Lebenswirklichkeit der Lernenden und die Anwendungsbereiche der Fremdsprache in den Zielsprachenländern auf[zugreifen]" (ebd.).

3. Beschreibung des Entwicklungsprozesses und seiner Auswirkungen auf den Plan

Ein erster Entwurf des Plans und all seiner fachspezifischen Teile C ist 2014/2015 in eine Anhörungsphase gegangen, die sich an die gesamte Öffentlichkeit richtete (zur ausführlichen Darstellung der Anhörungsphase vgl. Angerer 2016) und von dieser auch gut genutzt wurde. Die Auswertung einer *Online*-Befragung und von schriftlichen Rückmeldungen (v. a. von Verbänden und Institutionen) wurde Ausgangspunkt zahlreicher Überarbeitungen des Rahmenlehrplans. Die für die modernen Fremdsprachen folgenreichste Veränderung war die Zuordnung der Niveaustufen des Kompetenzerwerbs zu schulischen Jahrgangsstufen. Diese Zuordnung geschah, weil einer der Rückmelde-

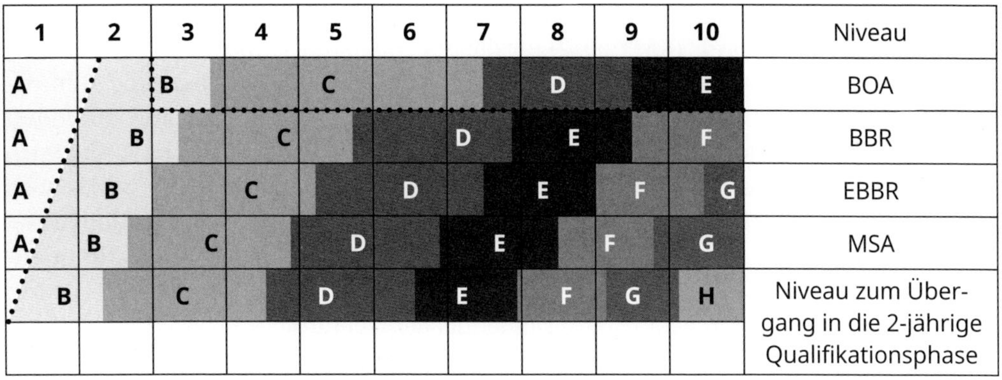

Abb. 1: Die Zuordnung der Niveaustufen zu Jahrgangsstufen im Rahmenlehrplan, Quelle: Senatsverwaltung 2015: 15 [1]

schwerpunkte die Forderung nach „der Untersetzung des Niveaustufenkonzepts im Hinblick auf die Schularten/Bildungsgänge und Leistungsbewertung" (Angerer 2016: 35) war. Die ursprüngliche Offenheit des Plans im Hinblick auf individuelle Lernbiografien verunsicherte Lehrkräfte im Hinblick auf die Leistungsbewertung. Im Sinne eines gemeinsamen Plans wurde deshalb für alle Fächer konzeptionell umgesteuert. Was ursprünglich die Diagnose in einer inklusiven Schule unterstützen sollte, wurde schließlich in seiner Funktion für die Leistungsanforderung und -bewertung gestärkt.

In der Zuordnung der Niveaustufen zu Jahrgangsstufen wurde nach Bildungsabschlüssen differenziert. Die Vielfalt im Lernangebot unterschiedlicher Schularten in zwei Bundesländern führte dazu, dass die Zuordnung von Niveau- zu Jahrgangsstufen nun mehr als sieben Seiten des Rahmenlehrplans einnimmt. Dabei hatte man den Unterricht der ersten Fremdsprache (zumeist Englisch) im Blick. Die weiteren Fremdsprachen wurden dem zugeordnet, d. h. also, dass weder der Beginn des Erwerbs einer zweiten und dritten Fremdsprache noch das Alter der Lernenden oder die tatsächliche Anzahl der Lernjahre oder die besonderen Anforderungen einer „fremderen" Sprache Berücksichtigung fanden. Eine einzige Ausnahme wurde für Chinesisch und Japanisch gemacht, indem diesen Sprachen ein anderes Abschlussniveau für die Sekundarstufe I gewährt wurde.

Die Vorgabe des Plans lautet daher: Der Unterricht in jeder später einsetzenden Fremdsprache hat am Ende des ersten Lernjahres die Lernenden auf das Niveau zu bringen, das auch für den Unterricht in der ersten Fremdsprache als Zielstandard dieser Jahrgangsstufe gilt. Zur Begründung werden zwei miteinander verwobene Argumente vorgebracht: Prinzipiell geht man davon aus, dass die Anforderungen gerechtfertigt sind, da die Schülerinnen und Schüler „in zunehmend höherem Maße auf Lernerfahrungen und Weltwissen zurückgreifen" können (Senatsverwaltung 2015, Teil C: 20). Darauf aufbauend überträgt man die Gültigkeit der KMK Bildungsstandards für die Sekundarstufe I für die erste Fremdsprache auf die weiteren Fremdsprachen (vgl. ebd.).

[1] Zum besseren Verständnis der Tabelle: MSA – Mittlerer Schulabschluss, EBBR – erweiterte Berufsbildungsreife, BBR – Berufsbildungsreife, BOA Berufsorientierter Abschluss

Tatsächlich wirkt sich das vor allem auf den Fremdsprachenunterricht am Gymnasium aus. Die Bildungsstandards (KMK 2012) für die Sekundarstufe II machen keinen Unterschied zwischen erster und zweiter Fremdsprache, dies strahlt natürlich auf die Anforderungen im Fremdsprachenunterricht der Sekundarstufe I am Gymnasium aus, zumindest dort, wo es allen Schülerinnen und Schülern ermöglicht werden soll, sich im Abitur auch in einer anderen außer der ersten Fremdsprache prüfen zu lassen. Der Wunsch nach größtmöglicher Durchlässigkeit zwischen den verschiedenen Bildungsgängen führt dazu, dass sich der Fremdsprachenunterricht grundsätzlich an einheitlichen Standards orientieren muss.

Verständlicherweise hat gerade dieses Ergebnis der Überarbeitung bei den nicht Englisch unterrichtenden Lehrkräften für Aufregung gesorgt. Nicht zuletzt offenbarte sich in den *Online*-Rückmeldungen aber auch ein Problem für den Englischunterricht, vor allem am Gymnasium: Was für die in Jahrgangsstufe 7 einsetzende zweite Fremdsprache bzw. in Jahrgangsstufe 8 oder 9 einsetzende dritte Fremdsprache eine sehr steile Progression darstellt, ist für die erste Fremdsprache offensichtlich eher eine zu flache Progression. Denn die Bindung an die KMK-Vorgaben zwang dazu, das Niveau F – A2 im GeR – für die neunte Jahrgangsstufe, am Gymnasium für die achte Jahrgangsstufe, auszuweisen. Viele Englischlehrkräfte an Gymnasien empfinden das vor allem in den rezeptiven Kompetenzen als Unterforderung ihrer Schülerinnen und Schüler nach sechs Jahren Englischunterricht.[2]

Abschließend kann man sagen, dass mit der Überarbeitung des Rahmenlehrplans die unterschiedlichen Sprachenbeginne zu einem Problem geworden sind. Die wirkliche Herausforderung bei der Rahmenlehrplanerstellung war am Ende nicht der Verzicht auf Rahmenlehrpläne für die Einzelsprachen, sondern der Verzicht auf die Unterscheidung zwischen erster, zweiter und weiterer Fremdsprache, verschärft durch die Orientierung an Englisch als erster Fremdsprache. Über Kurz oder Lang könnte dies eine Gefahr für die Vielfalt im schulischen Fremdsprachenangebot nach sich ziehen. Neben den üblichen Legitimations- und Motivationsschwierigkeiten kommt nun noch das Problem hoher Leistungsanforderungen hinzu.

4. Die Implementierung

Die Implementierung des neuen Rahmenlehrplans erfolgte in einer für alle Fächer gesetzten und gemeinsam realisierten Struktur. Auf diese wollen wir hier nicht näher eingehen, sondern uns auf die während der Implementierungsphase entstandenen fremdsprachenspezifischen Fragestellungen beschränken.

Auf den ersten Blick ergaben sich für alle Beteiligten mit dem neuen Rahmenlehrplan für die Fremdsprachen keine radikalen Neuerungen. Die oben beschriebenen speziellen Herausforderungen für die zweite und dritte Fremdsprache sind in der Theorie für die Lehrkräfte problematisch. Da für diese Fremdsprachen aber keine zentralen Prüfungen, Vergleichsarbeiten, Lernstandserhebungen o. ä. existieren, könnten sie theoretische

[2] Letztendlich offenbart der Plan an dieser Stelle, dass die Leistungsunterschiede zwischen den Schülerinnen und Schülern verschiedener Schulformen größer sind als dies in den bildungspolitischen Vorgaben angenommen wird.

Herausforderungen bleiben. Für größere Unruhe sorgten wahrscheinlich die befürchteten Auswirkungen auf das Sprachenwahlverhalten der Schülerinnen und Schüler.

Die Fremdsprachenverbände wandten sich in einem gemeinsamen Schreiben an das zuständige Ministerium/die Senatsverwaltung. In dem Antwortschreiben wird hervorgehoben, dass die Umsetzung der Anforderungen des neuen Rahmenlehrplans grundsätzlich schulinterne Absprachen erfordert – und dies eben in besonderer Weise im Fachbereich Fremdsprachen. Diese Notwendigkeit ist unserer Meinung nach die größte Herausforderung in der Umsetzung des Rahmenlehrplans.

Die Absprachen müssen auf drei verschiedenen Ebenen erfolgen:

1. In der Einzelsprache müssen Absprachen darüber erfolgen, wie die allgemeinen Vorgaben, d.h. vor allem die allgemeinen Formulierungen der Standards, konkret umgesetzt werden sollen. Denn

   > „die Niveaustufenbeschreibungen [bilden] eine Bandbreite ab. Die Anforderung hinsichtlich des Ausprägungsgrads einer bestimmten Niveaustufe ist letztlich von verschiedenen Faktoren abhängig. Bei den Fremdsprachen ist einer dieser Faktoren z.B. die Anzahl der Lernjahre. Dieser Umstand sollte in den schulinternen Fachplänen [...] seine Berücksichtigung finden".[3]

   Der schulintern abgestimmte Fachplan in einer Einzelsprache sollte also darauf Rücksicht nehmen, ob die Sprache als erste, zweite oder dritte Fremdsprache, bilingual oder z.B. mit einem hohen Anteil an Erstsprachler/innen in den Lerngruppen unterrichtet wird. Diese fachimmanente Arbeit stellte die Lehrkräfte vor hohe Anforderungen, v. a. an den Arbeitsaufwand, da sie letztlich aus einem allgemeinen einen konkreten Plan machen sollten. Häufig wurde unserer Erfahrung nach das Lehrbuch zur Unterstützung und Planungshilfe herangezogen.
2. Zu den nötigen Absprachen gehören weiterhin für jedes Fach, also hier für jede Einzelsprache, Vereinbarungen zur Verknüpfung des Fachplans mit den fachübergreifenden Anforderungen aus dem Teil B des Rahmenlehrplans: Wie werden die Sprachbildung, Medienbildung und die übergreifenden Themen im Einzelfach berücksichtigt? Dieser Punkt lag den Fremdsprachenlehrkräften zunächst einmal nicht nahe, da die Sprach- und Medienbildung bereits fachspezifisch im Fremdsprachenplan verortet sind und die Behandlung übergreifender Themen nicht mit dem fachspezifischen Ziel der interkulturellen kommunikativen Kompetenz kompatibel zu sein schien, die „gerichtet [ist] auf Verstehen und Handeln in Kontexten, in denen die Fremdsprache verwendet wird" (KMK 2012: 19). Die schulaufsichtlich erhobenen Anforderungen an das schulinterne Curriculum jeder Schule lenkten das Augenmerk auf das fachübergreifende Planen und ließen die rein fachliche Auseinandersetzung in den Hintergrund treten.
3. Zwischen den Einzelsprachen müssen Absprachen im Fachbereich Fremdsprachen erfolgen. Dies ist u.a. nötig, um zu einer Arbeitsteilung zwischen den Sprachen zu kommen. Indem der Unterricht der ersten Fremdsprache für Vorentlastung sorgt, ermöglicht er den zweiten und dritten Fremdsprachen in der kürzeren Lernzeit eine schnellere Progression, ohne an die Lernenden einen vermeintlich hohen Leistungs-

---

[3] Aus der Antwort der Senatsverwaltung für Bildung, Jugend und Wissenschaft auf die Anfrage von den Fremdsprachenverbänden: Thomas Duvenek im Auftrag, 23.3.16, http://www.vdf-berlin.de/images/pdf/2016/antwort-senat.pdf.

anspruch zu stellen, der demotivierend wirken könnte. Diese Ebene hat sich in der Implementierung als die anspruchsvollste herausgestellt und dies aus mehreren Gründen:

- Die Lehrkräfte der einzelnen Sprachen haben hier unterschiedliche Bedürfnisse nach Kooperation und Arbeitsteilung.
- Die Lehrkräfte sind stark gefordert mit der Auslegung und Konkretisierung von Standards in Abhängigkeit von den spezifischen Gegebenheiten und der Sprachenfolge an ihrer Schule (s. Punkt 1).
- Die Lehrwerke spielen eine dominante Rolle, in der sprachenübergreifende Planungen und Konzeptionen wenig Platz haben.
- Die wissenschaftliche Forschung, z. B. im Rahmen der Mehrsprachigkeitsdidaktik, liefert wenig Konkretes und in der Praxis schnell Verwendbares.

Die erforderlichen Absprachen sind natürlich zum einen eine große Anforderung an die fremdsprachlichen Fachbereiche. Zum anderen eröffnen sie aber auch die Möglichkeit zum gemeinsamen Gestalten und zu engerer Zusammenarbeit, von der letztendlich auch die erste Fremdsprache profitieren kann.

5. Implementierung mit veranschaulichendem Material

Zu der o. g. Struktur für die Implementierung des neuen Rahmenlehrplans gehört auch die Schaffung eines Portals *RLP online* (https://bildungsserver.berlin-brandenburg.de/rlp-online/startseite/), auf dem Material für die Veranschaulichung des Plans und die Arbeit mit dem Plan zur Verfügung gestellt wird. Für die Fremdsprachen ist dies nun der Ort, an dem die Einzelsprachen berücksichtigt und bedient werden – wenn auch in unterschiedlichem Umfang.[4]

5.1 „Standardillustrierende" Aufgaben

Diese Aufgaben sollen die mit einem Standard erhobenen Anforderungen konkretisieren. Sie verstehen sich nicht als Testaufgaben, deren isolierte, erfolgreiche Bearbeitung das Erreichen des illustrierten Standards belegt, sondern als Veranschaulichung der eher abstrakt formulierten Standards. Dadurch wurde es erforderlich, auch für die neuen Kompetenzbereiche Aufgaben auf Anforderungsniveaus unterhalb der Bildungsstandards für die Allgemeine Hochschulreife zu entwickeln – wodurch übrigens nachträglich manche Ungereimtheit in der Beschreibung der Niveaustufen des Rahmenlehrplans auffällig wurde. Die Aufgabenentwicklung und das Verständnis von Progression haben von dem Arbeitsauftrag zum Füllen dieses Portals in jedem Fall profitiert.

Aber auch die Grenzen eines gemeinsamen, stufenübergreifenden Plans werden schließlich sichtbar in der Entscheidung, zur Illustrierung einer Niveaustufe unterschied-

---

4 Vgl. z. B. für Englisch: https://bildungsserver.berlin-brandenburg.de/rlp-online/c-faecher/englisch/materialien/, für Französisch: https://bildungsserver.berlin-brandenburg.de/rlp-online/c-faecher/franzoesisch/materialien/ usw. für die einzelnen Sprachen.

liche Aufgaben für jüngere Lernende (die eine spezielle Niveaustufe in der Grundschule erreichen) und für ältere Lernende zu entwickeln. Diese Entscheidung betraf v. a. das Fach Französisch, das in Berlin auch als erste Fremdsprache wählbar ist und damit jüngere und ältere Lernende in den unteren Niveaustufen zu bedenken hat. Der Fremdsprachenplan nimmt hier eine spezielle Rolle ein, da seine Vorgaben in der schulischen Realität für Lernende unterschiedlichen Alters gleichermaßen gelten. Der Standard D z. B. kann in der ersten Fremdsprache in der sechsten Jahrgangsstufe, in der zweiten Fremdsprache in der siebten Jahrgangsstufe, in der dritten Fremdsprache in der neunten Jahrgangsstufe als Vorgabe wirksam sein (bei beiden letzteren allerdings nicht als Ziel für die Jahrgangsstufe, sondern als eine Etappe). Erst bei der Konzeption der illustrierenden Aufgaben wurde daran gedacht, auf das Alter der Lernenden Rücksicht zu nehmen.

5.2 Lernaufgaben

Noch stärker im Zentrum der Aufmerksamkeit stehen Fragen der Progression und ihrer systematischen Anbahnung bei der Entwicklung von Lernaufgaben. Die kritische Auseinandersetzung mit der Frage, wie Progression eigentlich genau stattfindet, wird durch den Rahmenlehrplan insofern unterstützt, als dieser die Entwicklung der einzelnen Kompetenzen in kleinen Schritten darstellt.

Lernaufgaben sollen das Voranschreiten in einer Kompetenz bis hin zum Erreichen der avisierten Niveaustufen ermöglichen. Dies ist förderlich „insbesondere für Lernende, die nicht in der Lage sind, zusammenhanglose Übungen zu einem kommunikativen Ganzen zu vernetzen" (Klotz 2018: 24).

Die Entwicklung derartiger Aufgaben, die eine systematische Progression unterstützen, erweist sich als große Herausforderung an alle Beteiligten. Allzu häufig wird davon ausgegangen, dass die sprachliche Aktivität als solche automatisch zu einem Kompetenzzuwachs bei den Lernenden führt. Aktivität wird mit Progression gleichgesetzt. Am Ende einer Reihe von Aktivitäten steht dann das Erreichen der avisierten Niveaustufe, so die Annahme.

Die auf der Grundlage des Rahmenlehrplans konzipierten Lernaufgaben verfolgen den Anspruch, eine Kompetenz systematisch zu fördern, die für eine von Anfang an bekannte Kommunikationssituation benötigt wird. Dafür stellt die Lernaufgabe inhaltliche und sprachliche Bausteine zur Verfügung (vgl. ebd., vgl. auch Caspari 2016).

5.3 Materialien zum Umgang mit den Standards „Verfügen über sprachliche Mittel"

Der Rahmenlehrplan gibt vor, sprachliche Mittel in dienender Funktion zu vermitteln. In den Rückmeldungen der Lehrkräfte wurde häufig der Wunsch nach konkreteren Vorgaben für die Umsetzung dieser Standards in dienender Funktion geäußert. Darüber hinaus wünschte man sich besonders für die erste Fremdsprache verlässliche Vereinbarungen beim Übergang von der Primar- zur Sekundarstufe. So wurden allgemeine Hin-

	Schreiben
	Die Schülerinnen und Schüler können
A **B**	eine Reihe von oft gehörten. gesprochenen und gesehenen Wörtem oder kurzen Sätzen abschreiben
C	eine Reihe von vertrauten Wendungen und kurzen Sätzen unter Verwendung von Vorlagen schreiben
D	mit einfachen vertrauten sprachlichen Mitteln kurze, vorbereitete Texte zu Alltagsthemen verfassen unter Anleitung Schreibprozesse durch das Sammeln von Ideen und Wortmaterial vorbereiten [orientiert an A1 / GeR]
E	mit vertrauten sprachlichen Mitteln kurze zusammenhängende Texte zu Alltagsthemen verfassen und dabei einige elementare Textsortenmerkmale beachten unter Anleitung ihren Schreibprozess vorbereiten und ihre Texte nach ausgewählten Kriterien überarbeiten
F	mit vertrauten sprachlichen Mitteln zusammenhängende Texte zu Allltagsthemen verfassen, dabei elementare Textsortenmerkmale beachten und einfache Mittel der Strukturierung verwenden unter Anleitung ihren Schreibprozess vorbereiten, steuern und ihre Texte überarbeiten [orientiert an A2 / GeRJ
G	zusammenhängende beschreibende, erzählende und einfache argumentierende Texte zu vertrauten Alltagsthemen und zu Themen, die mit eigenen Interessen und bekannten Sachgebieten in Zusammenhang stehen, adressaten- und textsortengerecht verfassen ihren Schreibprozess unter Zuhilfenahme verschiedener Techniken und Hilfsmittel zunehmend selbstständig steuern [orientiert an B1 / GeR]
H	zusammenhängende, auch längere argumentative Texte zu einem breiten Spektrum von vertrauten Themen bzw. Themen, die mit eigenen Interessen oder mit bekannten Sachgebieten in Zusammenhang stehen, adressatengerecht verfassen ihren Schreibprozess unter Zuhilfenahme verschiedener Techniken und Hilfsmittel selbstständig steuern [orientiert an B1+ / GeR]

Abb. 2: Niveaustufen A–H zur Kompetenz Schreiben, Quelle: Senatsverwaltung 2015: 27

weise für die Arbeit an sprachlichen Mitteln[5] und sprachenspezifische Hinweise auf sprachliche Mittel zur Konkretisierung entwickelt[6]. Letztere erläutern, welche sprachlichen Mittel zur Realisierung eines Standards auch mit Blick auf die parallelen Niveaustufen in anderen Kompetenzen sinnvoll sein könnten. Für den Standard D ergibt dies für Spanisch z. B. folgende Aufzählung:

– einfache Sätze bilden, um Personen, Gegenstände, Zustände, Ereignisse und Handlungen aus ihrem Alltag zu benennen und zu beschreiben (Singular-, Pluralbildung, bestimmter und unbestimmter Artikel, geläufige Adjektive und Adverbien, erste Possessivbegleiter (*formas* átonas), Gebrauch der Personalpronomen)
– einfache Verknüpfungen zwischen Aussagen herstellen (z. B. mit *y, o, pero*)
– Aussagen bejahend formulieren (Satzgliedstellung S-P-O) und Aussagen verneinen (einfache Verneinungsformeln, z. B. auch *también, tampoco*)
– erste persönliche Meinungsäußerungen formulieren (z.B. mit *creo que / pienso que* als *chunk*)
– einfache Fragen formulieren (einfache Interrogativpronomen/-begleiter)
– einfache Zeit-, Orts- und Mengenangaben machen (z. B. *ser, estar* und *hay*, einfache Präpositionen, einfache Mengenangaben, einfache Grund- und Ordnungszahlen, z. T. als *chunks*)
– Bitten, Aufforderungen und einfache Wünsche ausdrücken (z. B. Modalverben, feste Redewendungen wie *me gustaría, podría + infinitivo* als *chunks*)
– über Dinge in der Gegenwart (*presente* der Verben auf -ar, -er, -ir und einiger geläufiger unregelmäßiger Verben wie z. B. *tener* oder *ser* sowie auch einiger Reflexiva) reden
– gelernte Wörter und Wendungen so aussprechen, dass sie auch für Muttersprachler, die den Umgang mit Sprechern anderer Sprachen gewöhnt sind, verständlich sind
– gelernte Wörter und Wendungen korrekt schreiben und vorbereitete, kurze Texte zunehmend korrekt verfassen

Abb. 3: Sprachliche Mittel zur Realisierung von Standard D, Spanisch, Quelle: LISUM 2017

6. Fazit und offene Fragen

Der Anspruch eines gemeinsamen Plans für alle Fremdsprachen führte zu einer Vielzahl von Herausforderungen. Grundsätzlich stellt sich die Frage, inwieweit ein Plan, der sich dem Anspruch verschrieben hat, fremdsprachenübergreifend zu wirken, noch fachdidak-

[5] Vgl. https://bildungsserver.berlin-brandenburg.de/fileadmin/bbb/rlp-online/Teil_C/Moderne_Fremdsprachen/Empfehlungen_Sprachliche_Mittel/1_Sprachliche_Mittel_Hinweise_fuer_alle_Fremdsprachen_1_17_10_17_pens.pdf

[6] Vgl. https://bildungsserver.berlin-brandenburg.de/fremdsprachen-materialien/empfehlungen-sprachliche-mittel/

tischen Traditionen und sprachlichen sowie kulturellen Spezifika gerecht werden kann. Konkret stellen sich folgende Anforderungen:

Zum einen muss sich die Einzelsprache verorten in dem sprachenübergreifenden Konzept im Teil C des Plans „Moderne Fremdsprachen". Die in diesem Zusammenhang entstehenden Probleme haben wir oben aufgeführt, sie betreffen v. a.

- die Unterschiede zwischen den Sprachen je nach Sprachlernbeginn, Alter der Lernenden, Anzahl der Lernjahre, Sprachenfolge, Distanz zur Erstsprache und -kultur, Motivation
- die hohen Erwartungen an den aktiven, kompetenzorientierten Umgang mit dem Plan, der nur allgemeine Grundlagen bietet, die fachdidaktisch kompetente Anpassungen an den speziellen Schulkontext erforderlich machen. Ein Teil der Lehrkräfte, v. a. jene ohne fundierte fachdidaktische Ausbildung, dürften eher nach klaren Vorgaben suchen – die sie hier nicht finden. Letztlich werden die Lehrwerke hierdurch wahrscheinlich in ihrer ohnehin schon dominanten Rolle noch bestärkt.

Zum anderen muss sich die Gruppe der modernen Fremdsprachen verorten in dem fächerübergreifenden Anspruch, der sich v. a. im Teil B des Plans niederschlägt. An dieser Stelle sind v. a. Entscheidungen in der Implementierungsphase kritisch zu betrachten, die – dem Anspruch eines gemeinsamen Plans folgend – vor allem anfangs wenig Spielraum für fachspezifische, und das meint hier: fremdsprachendidaktische Überlegungen ließ.

So scheint es aus unserer Sicht wenig sinnvoll zu sein, die Lehrkräfte der Fremdsprachen aufzufordern, sich explizit über ihren Umgang mit dem Basiscurriculum Sprachbildung Gedanken zu machen. Dieses hat die deutsche Bildungssprache zum Gegenstand. Interessant könnte es für die anderen Fächer hingegen sein, die Expertise der Fremdsprachenlehrerinnen und -lehrer im Hinblick auf Methoden im Unterricht, dessen Gegenstand ja Sprachbildung im weiteren Sinne ist, zu nutzen.

„Der spezifische Beitrag des Fremdsprachenunterrichts zur durchgängigen Sprachbildung besteht im Unterschied zu anderen Fächern nicht in der gezielten Förderung der Bildungssprache Deutsch, sondern in der Förderung transferierbarer sprachlicher Kompetenzen" (Caspari/Schinschke 2017: 7).[7] Für die Fremdsprachen geht damit eine Aufwertung der fachspezifischen Sprachlernkompetenz einher.

Auch die verpflichtende Berücksichtigung ausgewählter vorgegebener übergreifender Themen hat in der Implementierung wenig Neues für die Lehrkräfte gebracht.

> „Gesellschaftliche Herausforderungen können […] nur in Angriff genommen werden, wenn bereits in der Schule fachliche Grenzen überschritten werden. […] In diesem Sinne ist die Schulkultur geprägt durch das Berücksichtigen übergreifender Themen, die für die persönliche Lebensgestaltung der Schülerinnen und Schüler bedeutsam und von besonderer gesellschaftlicher Relevanz sind." (Senatsverwaltung 2015, Teil B: 3).

Tatsächlich scheinen diese Ziele im Plan der modernen Fremdsprachen bereits bestens verankert zu sein, vor allem in der interkulturellen Kompetenz oder in einzelnen Themen

[7] Vor allem die Konzepte und Erfahrungen des bilingualen Unterrichts könnten allgemein und mit Blick auf eine Reihe von Sachfächern einen wertvollen Beitrag leisten für die Theorie und Praxis der Sprachbildung.

und Inhalten. Die Fremdsprachendidaktik leistet hier mit ihrem fachspezifischen, seit den 1990er Jahren entwickelten Konzept der interkulturellen fremdsprachlichen Handlungsfähigkeit einen eigenen Beitrag zu dem Ziel, „das eigene Denken und Handeln auf der Grundlage neu erworbener Kenntnisse über die anstehenden gesellschaftlichen Herausforderungen zu reflektieren und neue Wege zu erproben“ (Senatsverwaltung 2015, Teil B: 3).

Fast in Widerspruch zu dem fachspezifischen Konzept scheint es zu stehen, wenn aus deutscher Perspektive universelle lebensrelevante Themen festgesetzt werden, die im Fachunterricht zu bearbeiten sind. Interkulturelles Lernen im Fremdsprachenunterricht geht von der Beschäftigung mit einer fremden Sprache und Kultur aus, um bestimmte Themen zu identifizieren. Im Fremdsprachenunterricht wird die Notwendigkeit, sich in der fremden Sprache zu bewegen und dadurch in der Sprache auf Fremdes zu stoßen, zum Ausgangspunkt für eine Dezentrierung des eigenen Blicks (vgl. Caspari/Burwitz-Melzer 2017: 37). Die Vorgabe von Themen hingegen nimmt konzeptionell den eigenen Blick zum Ausgangspunkt.

Auch hier stellt sich letztlich die Frage, ob nicht Englisch als Sprache der globalisierten Welt die Akzeptanz für die Beschäftigung mit übergreifenden Themen im Fremdsprachenunterricht befördert hat. Denn es handelt sich um zentrale Themen der westlichen Welt, die dazu genügend authentisches Material in englischer Sprache zur Verfügung stellt. Der Unterricht in der zweiten und dritten Fremdsprache, vor allem wenn sie in größerer Ferne zur deutschen Sprache steht, ist sprachlich in den ersten Lernjahren der Sekundarstufe I mit basaleren Anforderungen und inhaltlich mit der Entdeckung des Fremden vollauf beschäftigt.

So lässt sich abschließend sagen, dass wir die pauschale Verankerung von Themen und Kompetenzen in allen Fächern kritisch sehen. Den gemeinsamen Plan für die modernen Fremdsprachen halten wir für anspruchsvoll in der praktischen Umsetzung, aber gewinnbringend. Für die Fachdidaktiken der Einzelsprachen öffnen sich Forschungsfragen, für die Unterrichtsentwicklung ergibt sich ein Impuls für die Nutzung von Synergien im Fremdsprachenlernen, z. B. im Bereich der Sprachlernkompetenz und der interkulturellen Kompetenz. Der Verzicht auf eine Differenzierung nach Lernbeginn ist unserer Meinung nach problematisch, obwohl zugegebenermaßen auch davon eine fruchtbare fremdsprachendidaktische Diskussion über Konzepte der Mehrsprachigkeit initiiert wird.

Bibliographie

Angerer, Boris (2016): „Welche Erfahrungen wurden in der Anhörung gemacht?“. In: *Zwei Länder – ein Thema. Betrachtungen zur Entwicklung des Rahmenlehrplans* 1–10, S. 33–37. Online: https://bildungsserver.berlin-brandenburg.de/fileadmin/bbb/unterricht/rahmenlehrplaene/Rahmenlehrplanprojekt/implementation/Zwei_Laender_ein_Thema_WEB_2017_03.pdf.

Caspari, Daniela (2016): „Eine oder mehrere Kompetenzen schulen? Oder: Zum Stellenwert des Übens in komplexen Lernaufgaben“. In: Burwitz-Melzer, Eva; Königs, Frank G.; Riemer, Claudia; Schmelter, Lars (Hrsg.): Üben und Übungen beim Fremdsprachenlernen. Perspektiven und Konzepte für Unterricht und Forschung. Tübingen: Narr, S. 40–59.

Caspari, Daniela; Burwitz-Melzer, Eva (2017): „2.1 Interkulturelle kommunikative Kompetenz“. In: Tesch, Bernd; v. Hammerstein, Xenia; Stanat, Petra; Rossa, Henning (Hrsg.): *Bildungsstandards aktuell: Englisch/Französisch in der Sekundarstufe II*. Braunschweig: Bildungshaus Schulbuchverlage, S. 36–55.

Caspari, Daniela; Schinschke, Andrea (2017): „Italienische Bilder entziffern – eine Aufgabe zur Förderung der Sprachbewusstheit im 1./2. Lernjahr Französisch (oder Spanisch)“. In: Caspari, Daniela (Hrsg.)*: Sprachbildung in den Fächern: Aufgabe(n) für die Fachdidaktik*. Materialien für die Lehrkräftebildung. Freie Universität Berlin, S. 1–12.

Europarat (2001): *Gemeinsamer europäischer Referenzrahmen für Sprachen: lernen, lehren, beurteilen*. Berlin [u. a.]: Langenscheidt.

Klotz, Ulrike (2018): „Et qu'est-ce que tu veux faire plus tard? Lernerfolg durch Aufgabenorientierung und fokussierten Kompetenzaufbau“. In: *Der fremdsprachliche Unterricht Französisch*. 152, S. 24–29.

Kultusministerkonferenz (Hrsg.) (2012): *Bildungsstandards für die fortgeführte Fremdsprache (Englisch/ Französisch) für die Allgemeine Hochschulreife*. (Beschluss der Kultusministerkonferenz vom 18.10. 2012). Online: http://www.kmk.org/fileadmin/veroeffentlichungen_beschluesse/2012/2012_10_18-Bildungsstandards-Fortgef-FS-Abi.pdf .

Kultusministerkonferenz (Hrsg.) (2013): *Bericht Fremdsprachen in der Grundschule. Sachstand und Konzeptionen 2013*. (Beschluss der Kultusministerkonferenz vom 17.10.2013). Online: https://www.kmk.org/fileadmin/veroeffentlichungen_beschluesse/2013/2013_10_17-Fremdsprachen-in-der-Grundschule.pdf.

Landesinstitut für Schule und Medien Berlin-Brandenburg (LISUM) (Hrsg.) (2017): *Empfehlungen zum Umgang mit den Standards „Verfügen über sprachliche Mittel“ im Teil C Moderne Fremdsprachen des Rahmenlehrplans (1–10)*. Online: https://bildungsserver.berlin-brandenburg.de/fileadmin/bbb/rlp-online/Teil_C/Moderne_Fremdsprachen/Empfehlungen_Sprachliche_Mittel/Sprachliche_Mittel_Spanisch_16.10.2017.pdf.

Senatsverwaltung für Bildung, Jugend und Wissenschaft Berlin/ Ministerium für Bildung, Jugend und Sport des Landes Brandenburg (Hrsg.) (2015): *Rahmenlehrplan Jahrgangsstufe 1–10, Teil C, Moderne Fremdsprachen, Jahrgangsstufen 1–10, Berlin, Potsdam*. Online: http://bildungsserver.berlin-brandenburg.de/fileadmin/bbb/unterricht/rahmenlehrplaene/Rahmenlehrplanprojekt/amtliche_Fassung/Teil_C_Mod_Fremdsprachen_2015_11_16_web.pdf.

DNS Jb. 8/9 für 2017/18 (2020): 43–55

Oliver Pfützner, Kristian Raum

Neue Lehrplan-Perspektiven: inklusiver Fremdsprachenunterricht an der Schnittstelle zwischen Gymnasium und Förderschule

Zusammenfassung Deutsch

Ausgangspunkt der Überlegungen der Autoren ist das von Französisch-Studierenden in Kooperation mit Lehrkräften der Förderschule konzipierte und durchgeführte Schulprojekt „La Fête de la paix", an dem Lernende des Gymnasiums und der Förderschule teilnahmen. Vor dem Hintergrund des Inklusions-Begriffs und der diesbezüglichen fachdidaktischen Argumentation werden die sächsischen Lehrpläne für den Förderschwerpunkt „Geistige Entwicklung" und für das Fach Französisch an Gymnasien in Hinblick darauf geprüft, inwiefern sie die Gestaltung solcher inklusiver Lernarrangements im Fremdsprachenunterricht ermöglichen.

Zusammenfassung Französisch

Prenant pour point de départ un projet scolaire conçu et réalisé par des étudiants de français langue étrangère en coopération avec des professeurs de l'enseignement spécialisé, les auteurs esquisseront le concept d'inclusion et la discussion qu'il suscite dans le domaine de la didactique des langues. Dans un deuxième temps, l'article s'interroge sur la place accordée aux arrangements éducatifs inclusifs par deux programmes scolaires de Saxe: celui pour le français à destination des lycées et celui pour les établissements spécialisés accueillant des enfants avec un handicap mental.

„Wenn man jetzt anders aussieht oder zum Beispiel […] ein Förderschüler ist, dass man nicht ein anderer Mensch ist, sondern dass man sozusagen auf einer Wellen[länge] ist. […] und dass das keinen Unterschied macht. […] Das Projekt hat auch […] gezeigt, dass man, auch wenn man anders ist, genauso Spaß haben kann und dass man genauso ein erfülltes Leben haben kann."[1] (Schüler, Gymnasium Klasse 7)

[1] Audioaufnahme A, Min 0.37'–1.38'. Wir danken Tina Czaja und Elena Gehrke für den Hinweis auf dieses Zitat und ebenso ihren Kommilitoninnen für die Mitarbeit am Projekt und ihre Diskussionsbeiträge im Seminar, die uns zum Verfassen dieses Beitrags ermutigt haben. Zu Dank verpflichtet sind wir außerdem den Kollegen der Astrid-Lindgren-Schule Dresden und hier insbesondere Ingrid Diesend für die engagierte Mitwirkung bzw. Andrej Hentschel, auf dessen Initiative unsere Kooperation zurückgeht.

1. Einleitung

Das Konzept der Inklusion wird oft im Zusammenhang mit den Schwierigkeiten seiner Realisierung im Schulkontext diskutiert. In unserem Beitrag möchten wir daher die mit inklusiven Lernsettings verbundenen Chancen und Potenziale in den Vordergrund stellen. Unsere schulartübergreifende Zusammenarbeit fand im Kontext fachdidaktischer Seminare zu Differenzierung und inklusiver Didaktik im Bereich der Romanistik an der TU Dresden statt. Die Studierenden erarbeiteten zunächst theoretische Grundlagen insbesondere zur differenzierenden Gestaltung inklusiver Lernsettings mithilfe kompetenzorientierter Lernaufgaben. Nach einer Unterrichtsbeobachtung an der Astrid-Lindgren-Schule, Schule mit dem Förderschwerpunkt geistige Entwicklung in Dresden, planten sie im Sommersemester 2018 eigenständig das inklusive Unterrichtsvorhaben „Fête de la paix" für Lernende der Oberstufe der Förderschule (7. bis 9. Schulbesuchsjahr) und Gymnasiasten der Klasse 7, führten es durch und reflektierten es.

Bevor hieraus resultierende Erfahrungen diskutiert werden, möchten wir zunächst unsere Überlegungen zum Inklusions-Begriff bzw. zu Möglichkeiten inklusiven Fremdsprachenunterrichts darlegen. Vor diesem Hintergrund soll dann das durchgeführte Projekt vorgestellt und der Frage nachgegangen werden, inwiefern die Lehrpläne beider Schularten, die für sich genommen exkludierende Wirkung haben, gegenwärtig inklusiven, gemeinsamen Unterricht unterstützen. Ziel ist es aufzuzeigen, dass neue Perspektiven entstehen, wenn Lehrpläne verschiedener Schularten miteinander in Bezug gesetzt und gemeinsame didaktische und unterrichtspraktische Handlungsspielräume ausgelotet werden.

2. Inklusives Potenzial des Fremdsprachenunterrichts

2.1 Inklusion – eine begriffliche Annäherung

Die Auseinandersetzung mit dem Terminus Inklusion im pädagogischen Kontext umfasst einen Prozess von fast 40 Jahren und impliziert immer wieder die Fragestellung, welcher der geeignete Lernort für Menschen mit Beeinträchtigung ist. So gab es bereits Anfang der 1970er Jahre erste Grundschulen in Berlin, an welchen Schüler mit einer Beeinträchtigung unterrichtet wurden (vgl. Fischer/Markowetz 2016: 13). Im Rahmen internationaler Übereinkommen wie der ‚Salamanca-Deklaration' der UNESCO 1994 oder der ‚Konvention über die Rechte von Menschen mit Behinderungen' der Vereinten Nationen (2006) wurde für Menschen mit Einschränkungen ein rechtlicher Anspruch auf Bildung in Schulen des allgemeinen Bildungswesens und damit eine Leitlinie für die deutsche Bildungspolitik geschaffen. In dieser rechtlichen Perspektive werden die teilnehmenden Vertragsstaaten im Artikel 24 der UN-Behindertenrechtskonvention dazu aufgefordert, dass

> „Menschen mit Behinderungen nicht aufgrund von Behinderung vom allgemeinen Bildungssystem ausgeschlossen werden und dass Kinder mit Behinderungen nicht aufgrund von Behinderung vom unentgeltlichen und obligatorischen Grundschulunterricht oder vom Besuch weiterführender Schulen ausgeschlossen werden." (Deutsches Institut für Menschenrechte 2016: 15)

Im Rahmen der genannten definitorischen Betrachtungsweise wird deutlich die Herstellung von Bildungsgerechtigkeit postuliert, sodass inklusive Bildung durchaus als ein Motor für gesellschaftliche Veränderungs- und Annäherungsprozesse angesehen werden kann.

Dennoch sind die Erfolge in der schulischen Inklusion, trotz der auf nationaler Ebene geschaffenen rechtlichen Basis, weiterhin noch ausbaufähig und stark abhängig von bildungspolitischen Zielstellungen einzelner Bundesländer. So weisen Fischer und Markowetz darauf hin, dass fernab schulpolitischer Entscheidungsprozesse oder der UN-Behindertenrechtskonvention die Bereitschaft und der Reformwille in den allgemeinbildenden Schulen noch nicht allumfänglich ausgeprägt seien und zudem meist verbunden würden mit dem Hinweis auf Grenzen der Umsetzbarkeit (vgl. Fischer/Markowetz 2016: 17). Feuser betont, dass eine inklusive Pädagogik, also eine Pädagogik für alle Lernenden, in den schulischen Alltag zu transformieren sei und verweist in diesem Zusammenhang auf eine Didaktik, welche Lernen als einen vom Individuum ausgehenden Prozess begreife. Für ihn ist es „eine Didaktik, die Lernen entlang individueller Entwicklungslinien ermöglicht und gleichzeitig den individuellen Handlungen und rekursiven Kommunikationen" (Feuser 2016: 61) Beachtung schenkt. Bereits in den 1980er Jahren sprach er in diesem Zusammenhang vom „Lernen durch und in Kooperation an einem gemeinsamen Gegenstand" (ebd.). In der Förderpädagogik ist das Lernen an solch einem gemeinsamen Lerngegenstand bereits häufig in die alltägliche Unterrichtsarbeit implementiert. Umso entscheidender ist es wiederum, dass andere Didaktiken von den bereits gemachten Erfahrungen profitieren sowie den Transfer dieses pädagogischen Ansatzes in die schulische Praxis konzeptionell vorbereiten und begleiten. Durch eine Pädagogik an einem gemeinsamen Lerngegenstand könne sich, so Feuser weiter, jeder Schüler der Lerngruppe „vor dem Hintergrund seiner Vorerfahrungen und seiner Motive kompetent in die Kooperation am Gemeinsamen Gegenstand einbringen und sich dadurch auch als kompetent erleben" (ebd.: 67). Die von ihm beschriebene „entwicklungsniveaubezogene" (ebd.: 67) Orientierung am Schüler wird ebenfalls in den weiterführenden fremdsprachendidaktischen Überlegungen zum Inklusionsbegriff unterstrichen. So betonen Delius und Surkamp in ihrer jüngst vorgeschlagenen Definition zur Inklusion, dass „im Hinblick auf Schule und Bildungsprozesse […] die Ausrichtung allen didaktischen Handelns an einer heterogenen Schülerschaft und die Ermöglichung der gleichberechtigten und gleichwertigen Teilhabe der Lernenden an einer Lerngemeinschaft" (Delius/Surkamp 2017: 139) zu berücksichtigen sei. Im Folgenden werden daran anschließend die fachdidaktischen Perspektiven inklusiven Lernens fremder Sprachen und Kulturen diskutiert.

1.2. Inklusives Lernen fremder Sprachen und Kulturen: fachdidaktische Perspektiven

Trotz prinzipieller Konvergenz auf der begrifflichen Ebene scheinen auf den ersten Blick die mit der Inklusion verbundenen, komplexen Anforderungen seitens der Fremdsprachendidaktik und der fremdsprachlichen Unterrichtspraxis nicht ohne weiteres eingelöst werden zu können, muss doch nun eine weitaus größere Heterogenität der Schüler Berücksichtigung finden als bisher. Allerdings brachte die jüngste Diskussion durchaus vielversprechende und pragmatische Vorschläge hervor. So zeichnet sich z. B. ein Konsens darüber ab, dass inklusive Ansätze auf zentrale, bereits erarbeitete fremdsprachendidaktische Konzepte zurückgreifen können. Gerlach macht deutlich, dass mit individualisierender und differenzierender Unterrichtsmethodik, mit kooperativen Lernformen und mit der Förderung des Fremdverstehens durch interkulturelles Lernen bzw. literaturdidaktische Verfahren bereits mehrere konkrete Ansatzpunkte inklusiven Lernens erarbeitet worden seien (vgl. Gerlach 2015: 127 f.).

Insbesondere das Konzept des interkulturellen Lernens weist vielfältige Anschlussmöglichkeiten für inklusive Lernarrangements auf, wie auch die Planung des Projekts „Fête de la paix“ gezeigt hat. Die von Byram 1997 vorgelegten Kompetenzbeschreibungen führen dazu, den Erwerb von Wissen (*savoir*) mit der Bewusstmachung der bereits in der Lernergruppe vorhandenen Diversität verknüpfen zu können (*savoir être*) und die Zugänge zum Lerngegenstand möglichst vielfältig und unter Berücksichtigung sensorischer und affektiver Komponenten zu gestalten (*savoir faire/savoir apprendre*). Prozesse interkulturellen Lernens wie Fremdwahrnehmung und Fremdverstehen durch Perspektivenübernahme bzw. -wechsel werden somit zur Grundkonstante des gemeinsamen Lernens und können auf den Kontakt mit Dokumenten und Personen der Zielkultur übertragen werden.

Auch im Hinblick auf Differenzierung liegen mittlerweile weitreichende Erfahrungen in der Unterrichtspraxis sowie eine fachdidaktische Reflexion vor. So schlagen Caspari und Holzbrecher ein breites Instrumentarium an Differenzierungsmaßnahmen vor, die es unter Berücksichtigung zunehmender Heterogenität miteinander zu verknüpfen gelte (vgl. Caspari/Holzbrecher 2016: 20). Mit der kompetenzorientierten Lernaufgabe (vgl. exemplarisch Caspari/Holzbrecher 2016: 26 f.) und dem Lernaufgabenparcours nach Schinke/Steveker (2013) liegen zudem Lernsettings vor, welche – so auch im vorliegenden Beispiel – als anschlussfähige Planungsgrundlage differenzierender Unterrichtsvorhaben genutzt und im Hinblick auf Inklusion erweitert werden können. So kann die Verknüpfung mit dem o. g. Konzept des gemeinsamen Gegenstands einen sinnstiftenden Rahmen für (zumindest zeitweise) zieldifferentes Lernen ermöglichen.

In einer die Inklusion und das Lernen fremder Sprachen und Kulturen verbindenden Perspektive stellt Gerlach zudem die besondere Rolle des Fremdsprachenunterrichts und seines Bildungsbegriffs heraus, denn „gerade die Auseinandersetzung mit Sprachen in kultureller wie sozialer Hinsicht [fördere] die Teilhabe behinderter Menschen“ (Gerlach 2015: 127). Auch Surkamp macht die „Ermöglichung kultureller Teilhabe“ (Surkamp 2017: 315) und die bereits erwähnte Auseinandersetzung mit Diversität als Aufgaben inklusiven Fremdsprachenunterrichts aus. Sie schlägt vor, die affektive Dimension des Lernens stärker zu beachten und „Erfolge im Sinne einer guten Feedbackkultur sichtbar“ (ebd.: 316) zu machen. Außerdem böten die Prinzipien der Handlungs- und Produktorientierung und die Nutzung theaterpädagogischer Ansätze gute Möglichkeiten, „Kommunikation nicht nur über Sprache, sondern auch über Körpersprache, Bilder und Musik“ (ebd.: 317) stattfinden zu lassen. Caspari betont des Weiteren, dass „die sorgfältige Diagnostik der individuellen Lernvoraussetzungen die Grundlage für zielführende differenzierende Maßnahmen“ (Caspari 2017: 45) darstelle. Darauf aufbauend könne die „systematische Förderung von Lernerautonomie“ (ebd.: 46) und die Nutzung von Formen offenen Unterrichts, komplexer Lernaufgaben und „Aufgaben, die einen ganzheitlichen oder kreativen Zugang ermöglichen" (ebd.), zu einem differenzsensiblen Unterricht beitragen.

Zusammengefasst liegen mittlerweile fremdsprachendidaktische Argumente für einen inklusiven Zugang zum Lernen fremder Sprachen und Kulturen vor. Letzterer ist prinzipiell nicht an die Präsenz von Schülern mit Lernbeeinträchtigungen gebunden, sondern abhängig vom pädagogisch-didaktischen Konzept – wohl wissend, dass jede Lerngruppe, so auch eine rein gymnasiale, in signifikantem Maße heterogen ist und demzufolge von einem inklusiven Fremdsprachenunterricht profitieren kann.

2. „La fête de la paix" – ein inklusives Schulprojekt an der Schnittstelle von Gymnasium und Förderschule für geistige Entwicklung

Im Folgenden soll nun ein Unterrichtsvorhaben vorgestellt werden, welches eine inklusive Perspektive zu einer inhaltlichen und methodischen Erweiterung des pädagogischen bzw. fachdidaktischen Handlungsspielraums nutzt. Die konkrete Ausgestaltung des inklusiven Unterrichtsvorhabens wurde im Sommersemester 2018 im Rahmen des Seminars „Zeig mir deine Welt. Interkulturelles Lernen im inklusiven Fremdsprachenunterricht" von Studierenden der Romanistik der TU Dresden übernommen. Zielaufgabe war die lernzieldifferente Gestaltung einer „Fête de la paix" am historischen Ort der Dresdner Räcknitzhöhe, wo sich im August 1813 napoleonische Truppen Gefechte gegen die verbündeten Preußen, Russen und Österreicher lieferten und der in russischen Diensten stehende französische General Moreau ums Leben kam. An ihn erinnert ein im Auftrag des Zaren Alexander 1814 errichtetes Denkmal – umgeben von drei, die verbündeten Mächte symbolisierenden Eichen. An dieser Stelle konnte ein direkter, interaktiver und mehrperspektivischer Zugang zum authentischen Schauplatz des damaligen Geschehens entwickelt werden, wobei die Tiefe der Auseinandersetzung mit den historischen Sachverhalten entsprechend den Lernvoraussetzungen und Interessen variierte. Kontrapunktisch zum historischen Geschehen von 1813 ermöglichte das inklusive Lernsetting nicht nur eine Kommunikation über Frieden, sondern die gemeinsame Gestaltung eines friedvollen Miteinanders. Die Studierenden entschieden sich dafür, die zeitgleich stattfindende Fußballweltmeisterschaft in Russland als thematischen Impuls und Beispiel für einen friedlichen, internationalen Wettbewerb zu nutzen. Das von Wolfgang Klafki als erstes epochaltypisches Schlüsselproblem bezeichnete Thema ‚Frieden' (vgl. Klafki 1995: 57) konnte so in seiner historischen und räumlichen Verortung auf die Gegenwart der miteinander lernenden und kommunizierenden Schüler bezogen werden. Die Zielaufgabe des geplanten Lernaufgabenparcours (vgl. Schinke/Steveker 2013) bestand in der Gestaltung der „Fête de la paix" als einer authentischen sozialen Interaktion, auf welche sich die Schüler zuvor in verschiedenen Lernaufgaben im situativen Kontext differenziert vorbereiteten. Unter Bezugnahme auf die französische Zielkultur erarbeiteten die Lernenden in schulartübergreifenden Gruppen sportliche Aktivitäten sowie musikalische Beiträge und gestalteten Geschenke, die jedem Anwesenden überreicht werden konnten. Außerdem war es notwendig, die räumliche Umgebung der im Freien neben dem Moreau-Denkmal stattfindenden Veranstaltung auszuwählen und vorzubereiten. Der authentische Rahmen einer Feier als gemeinsamem Gegenstand (Feuser) eröffnete den Lernenden zieldifferente Angebote, sich einzubringen und sinnstiftend miteinander zu kommunizieren.

Bezugnehmend auf die Lehrpläne beider Schularten wurden von der Seminargruppe für alle Gruppen Lernziele entwickelt, die ein zieldifferentes Arbeiten ermöglichen sollten. In einem ersten Schritt standen zunächst die Fremdwahrnehmung anhand von visuellen, haptischen und auditiven Reizen und das Kennenlernen des jeweiligen thematischen Aspekts im Mittelpunkt (*savoir faire, savoir*). Die Schülerinnen und Schüler sollten anschließend in der Lage sein, über die gewonnenen Wahrnehmungen und Erfahrungen verbal und nonverbal zu kommunizieren und die unterschiedlichen Perspektiven der Gruppenmitglieder miteinander in Beziehung zu setzen (*savoir faire, savoir être*). Im Hinblick auf die „Fête de la paix" sollte anschließend der jeweilige Beitrag konzipiert werden, wobei insbesondere die Kooperationsfähigkeit in der heterogenen Lerngruppe entwickelt werden sollte (*savoir faire, savoir être*).

Am Beispiel der Musikgruppe soll nun der Aufbau des Lernaufgabenparcours exemplarisch skizziert werden. Die Studierenden hatten sich hier überlegt, für die erste Aufgabe im situativen Kontext den französischen Videoclip „Mondial" von Tal anzuschauen und die Lernenden aufzufordern, ihre Eindrücke verbal oder nonverbal mit Symbolkarten zu kommunizieren und dabei auch Bilder der im Video auftretenden Orte zu nutzen. In einem nächsten Schritt lenkten sie die Aufmerksamkeit auf den Klang der Worte und forderten die Lernenden auf, ausgewählte Sätze differenziert zu hören und lautlich zu imitieren. Durch den Zugriff auf die ästhetische, klangliche und bildliche Dimension sollte ein individueller, barrierearmer Zugang zu dem zunächst fremden und textuell schwer erschließbaren Videodokument ermöglicht werden. Die geplante Differenzierung bestand in der Wahl der Kommunikationsform bzw. der Sprache und in der Tiefe der inhaltlichen Durchdringung. In der zweiten Aufgabe im situativen Kontext hatten die Lernenden die Möglichkeit, einen Beitrag für die „Fête de la paix" zu kreieren und sich somit in authentischer Form einzubringen. Die Lernenden entschieden sich dafür, ausgewählte Sätze mit Rhythmusinstrumenten zu vertonen, eine Aufnahme zu erstellen und diese dann im Kontext der Zielaufgabe mehrfach abzuspielen.

Die Studierenden dokumentierten bzw. reflektierten das erfolgreich durchgeführte Unterrichtsvorhaben und zogen hierfür auch Befragungen der beteiligten Schüler bzw. Lehrkräfte mit ein. Neben prinzipiell positiven Rückmeldungen wurde schnell deutlich, dass bei einer erneuten Durchführung die Lernangebote insbesondere im Hinblick auf die Lernenden des Gymnasiums noch weiter zu vertiefen und die Möglichkeiten eines fremdsprachlichen Agierens auszubauen wären – unter Beibehaltung der kommunikativen Rahmung der „Fête de la paix" als gemeinsamem Gegenstand. So wurde am Beispiel der vorgestellten Musikgruppe deutlich, dass für die Lernenden des Gymnasiums eine intensivere Arbeit am Chansontext möglich gewesen wäre. Die Arbeitsergebnisse hätten zudem in Form einer Sprachmittlung den Gruppenmitgliedern der Förderschule präsentiert werden können. Zudem wurde erörtert, dass ein interaktives Lernarrangement unter Einbeziehung des historischen Ortes durchaus Anlass weiterführender Lernprozesse nach der Rückkehr in den jeweiligen Schulkontext sein könnte. So ließen sich die durch das Projekt am historischen Ort aufgeworfenen Fragen nutzen, um die deutsch-französischen Beziehungen des 19. und 20. Jahrhunderts sowie damit verbundene Erinnerungs-

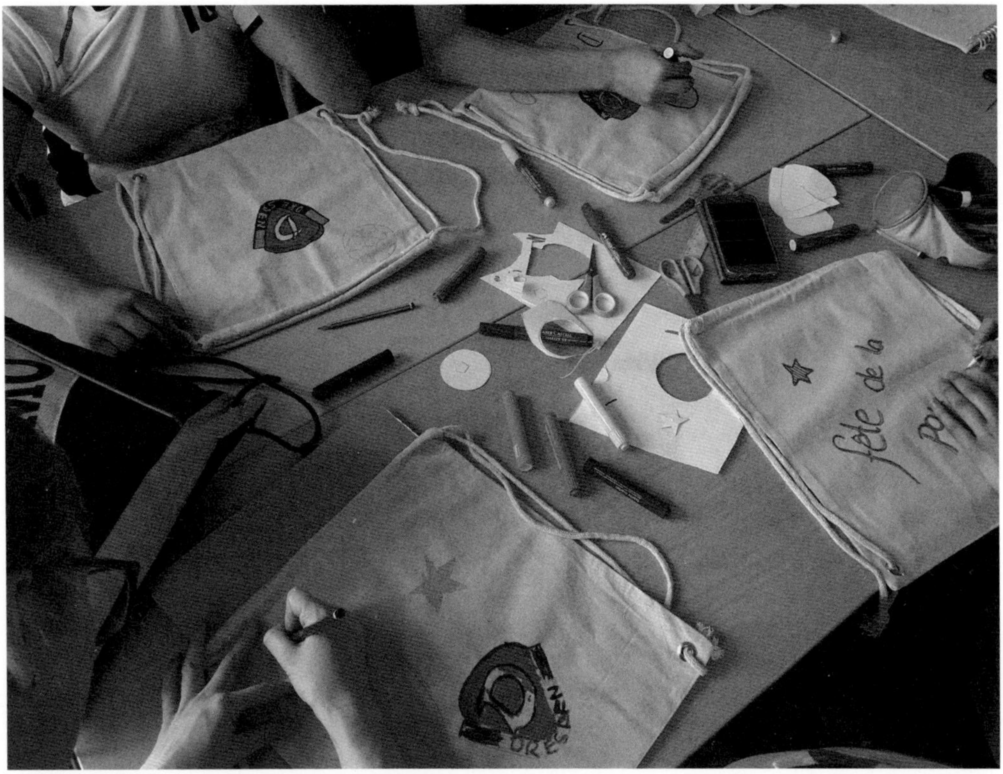

Abb. 1: Vorbereitung der Fête de la paix (Foto: Kristian Raum)

orte im Französisch- oder Geschichtsunterricht zu untersuchen. Außerdem könnten Formen des politischen und sozialen Engagements zum Lerngegenstand werden und z. B. ein text- und bildbasierter Blogeintrag in französischer Sprache über die „Fête de la paix" entstehen. Diesen Vorschlägen liegt die Annahme zugrunde, dass das beschriebene inklusive Lernsetting einen ganzheitlichen Zugang zur Komplexität des gewählten Themas ermöglichte und motivierender Ausgangspunkt einer inhaltlichen Vertiefung sein könnte.

Die intensive Reflexion und Nachbereitung des recht komplexen Projekts im Seminarkontext war notwendig, um einen Transfer der gewonnenen Einsichten in die spätere Berufspraxis der angehenden Gymnasiallehrkräfte sowie eine Intensivierung der fremdsprachlichen Komponente andenken zu können. Dies erschien uns umso wichtiger als es Ziel des Seminars war, durch die gemeinsame Planung und Durchführung die Realisierbarkeit inklusiver Lernarrangements – mit allen organisatorischen Herausforderungen – erlebbar werden zu lassen und Mut für die Durchführung ähnlicher Projekte machen zu können.

3. Inklusives Lernen fremder Sprachen und Kulturen in den sächsischen Lehrplänen

3.1 Lehrpläne der Förderschule für geistige Entwicklung

Im Hinblick auf das vorgestellte schulartübergreifende Projekt zum Lernen fremder Sprachen und Kulturen lassen sich im sächsischen Lehrplan für Schüler mit dem Förderschwerpunkt „Geistige Entwicklung" umfänglich Bezüge zum inklusiven Lernprozess an einem gemeinsamen Gegenstand herstellen. So bietet dieses Curriculum eine Basis, inhaltliche und methodische Grundlinien eines Themas am Schüler orientiert zu entwickeln. Der Lehrplan für Schüler mit Förderschwerpunkt „Geistige Entwicklung" unterscheidet sich in seinem strukturellen Aufbau wesentlich von Lehrplänen der Regelschule. Es wird auf eine zeitlich lineare Abgrenzung wie beispielsweise in Lehrplänen des allgemeinbildenden Gymnasiums „aufgrund förderspezifischer Besonderheiten" (SMK 2017a: 1) verzichtet. Inhalte und Ziele gelten für die gesamte Bildungslaufbahn des Schülers und werden in zwei Abschnitten – dem grundlegenden und dem fachorientierten Bereich – wiedergegeben. So sind im letzteren u. a. die Fächer Ethik, Werken, Hauswirtschaft, Sport, Kunst oder Musik vertreten. Der grundlegende Bereich bildet neben Feldern wie Deutsch, Mathematik, Sachunterricht oder selbstständige Lebensführung vor allem die Bereiche Wahrnehmung, Denken, Bewegung und Kommunikation sowie Persönlichkeit und soziale Beziehungen ab, welche die grundlegenden Entwicklungsfelder aufzeigen und dafür konkrete Anregungen geben (vgl. ebd.). In den einzelnen Lernbereichen werden partiell Verweise zu Grundschul- bzw. Oberschullehrplänen hergestellt.

Der Lehrplan für Schüler mit dem Förderschwerpunkt geistige Entwicklung kann als Ideenpool zum einen für die Entwicklung von Lerninhalten, aber auch für die Ausgestaltung förderspezifischer, schülerbezogener Zielstellungen genutzt werden. So trifft der Lehrplan im ersten Teil beim Aspekt „Ziele und Aufgaben der Schule mit dem Förderschwerpunkt geistige Entwicklung" (SMK 2017a: VI) konkrete Aussagen zu geeigneten Maßnahmen der inneren und äußeren Differenzierung, welche sich „stets an den Lernvoraussetzungen des einzelnen Schülers bzw. der Lerngruppe" (ebd.: VIII) orientieren. Ebenso werden spezifische Handlungsrahmen – offene Unterrichtsformen und individueller Förderunterricht – zur Ausgestaltung des Lernprozesses aufgezeigt, die auch im vorgestellten Projekt genutzt wurden. Des Weiteren werden Empfehlungen zur diagnostischen Arbeit (Förderplanarbeit) gegeben, womit ein immanenter Bestandteil schülerorientierten sowie inklusiven Unterrichtens dargestellt wird (vgl. ebd: VII–IX).

Die diagnostische Arbeit im Rahmen von Schülerbeobachtungen und dem Studium von Förderplänen der Schülergruppe markierte den Ausgangspunkt für die Umsetzung des in diesem Beitrag vorgestellten Unterrichtsvorhabens „Fête de la paix". Darauf aufbauend konnten individualisierte, entwicklungsspezifische Förderziele und fachbezogene Lernziele entwickelt und miteinander verzahnt werden, sodass die thematische Planung „die inhaltliche Klammer um die individuellen Förderpläne" (Pitsch/Thümmel 2011: 53) bilden konnte. Das beschriebene Projekt ist inhaltlich im Abschnitt Sachunterricht und dessen Lernbereich 3 „Mensch im Raum – sich in der Welt orientieren" (SMK 2017d: 14) bzw. dem Lernbereich 5 „Mensch in Zeit und Geschichte – Spuren der Vergangenheit erkunden" (ebd.: 19) verortet. Für die Einordung förderspezifischer individualisierter Zielstellungen bietet der Lehrplan eine Vielzahl an Möglichkeiten. Exemplarisch kann der Bereich Wahrnehmung, Denken, Bewegung und Kommunikation als Perspektive genannt werden. Dieser bezieht sich beispielsweise auf den Erwerb „grundlegender Kenntnisse [der] Lebenswelt“ (SMK 2017b: 1) der Schüler, auf deren differenzierte Wahrnehmung „ihrer Umwelt über verschiedene Sinneskanäle“ (ebd.) oder auf das Ziel, wonach diese „sich und andere als aktive Kommunikationspartner [erleben]“ (ebd.). Ein weiterer Ansatzpunkt zeigt sich im Bereich Persönlichkeit und soziale Beziehungen im Rahmen der Entwicklung von „Handlungsstrategien für verschiedene soziale Kontexte und Situationen“ (SMK 2017c: 1).

Für ein inklusives Lernen an einem gemeinsamen Lerngegenstand bieten die genannten Empfehlungen sowie der strukturelle Aufbau des Lehrplans für Schüler mit dem Förderschwerpunkt „Geistige Entwicklung“ einen adäquaten Ausgangspunkt. Im Folgenden werden weitere Ansätze für die Gestaltung eines solchen Lernprozesses am Beispiel des gymnasialen Lehrplans für Französisch beleuchtet.

3.2 Lehrplan Französisch an Gymnasien

Im Unterschied zum entwicklungslogisch konzipierten Lehrplan der Förderschulen, welcher von vorherein ein stark individualisiertes, am einzelnen Schüler ansetzendes Arbeiten ermöglicht, ist der Lehrplan für das Fach Französisch an Gymnasien durch eine Kompetenzorientierung geprägt, die den Fokus auf den nach einer Doppeljahrgangsstufe zu erzielenden Output legt. Dies verhindert natürlich keineswegs eine an der individuellen Kompetenzentwicklung orientierte Planungslogik, allerdings wird diese anders als im Lehrplan der Förderschule nicht explizit nahegelegt. Dennoch lassen sich im vorliegenden Lehrplan durchaus Ansatzpunkte inklusiven Fremdsprachenunterrichts finden, wenngleich diese nicht explizit ausgeführt werden. So ist als Element interkultureller Kompetenz in der Klassenstufe 6/7 das Bewusstsein darüber zu entwickeln, „dass der Umgang mit einer anderen Kultur den Blick für das Eigene schärft“ (SMK 2011a: 7). Zudem soll der Schüler „Einblick in andere Lebenswirklichkeiten [erhalten und] diese mit der eigenen [vergleichen]“ (ebd.). Jedoch fällt auf, dass hier keine weitere Konkretisierung bzw. Operationalisierung vorgenommen wird und demzufolge nur in geringem Maße Anhaltspunkte für eine differenzierte unterrichtliche Anbahnung interkultureller Kompetenz gegeben werden. Im Bereich der Lernstrategien hingegen lassen sich durchaus detailliertere Beschreibungen der erwarteten Kompetenzen finden, wenn z. B. Strategien der Selbsteinschätzung, der Organisation des Lernprozesses und der Kooperation angesprochen werden (vgl. ebd.: 10), die wesentliche Voraussetzungen inklusiver Lernarrangements sind und dem Lernenden spätestens ab den folgenden Klassenstufen 8/9 ermöglichen sollen, „seinen Lernprozess zunehmend selbstbestimmt zu gestalten und seinen Bedürfnissen anzupassen“ (ebd.: 15).

Einen Rahmen inklusiven Unterrichts, so auch für das vorliegende Unterrichtsbeispiel, setzen darüber hinaus die vom Lehrplan vorgegebenen Themenbereiche, welche Aspekte persönlicher Identität, gesellschaftliche und umweltbezogene Zusammenhänge sowie das „Zusammenleben in einer Welt“ (ebd.: 12) umfassen. Die Einbeziehung der eigenen Heimatstadt und die Gestaltung eines Sprachenfests wird zumindest im Wahlpflicht-

Abb. 2: Moreau-Denkmal (Foto: Kristian Raum)

bereich angeregt (vgl. ebd.: 13). Im Hinblick auf die mögliche Konzeption eines gemeinsamen Gegenstands nach Feuser ergeben sich somit weitreichende thematische Handlungsspielräume, allerdings ohne dass hier explizit auf dieses Potenzial einer fächer- bzw. schulartübergreifenden Lernperspektive hingewiesen würde.[2]

Im allgemeinen, für alle Fächer gültigen Teil des Lehrplans werden durchaus Perspektiven für den obligatorischen fächerverbindenden Unterricht aufgezeigt. So ordnet sich das im vorliegenden Beitrag präsentierte Unterrichtsvorhaben in die Perspektiven „Raum und Zeit“ (ebd.: XII, auch für folgende Zitate) bzw. „Sprache und Denken“ ebenso gut ein wie im Spannungsfeld zwischen „Individualität und Sozialität“. Im die „Ziele und Aufgaben des Gymnasiums“ (ebd.: VIII) beschreibenden Teil stellen die sächsischen Lehrpläne außerdem den Bezug zur Gegenwart der Schülerinnen und Schüler und deren Persönlichkeitsentwicklung her. Sie sollen „zur Gestaltung des eigenen Lebens in sozialer Verantwortung und […] zur Mitwirkung in der demokratischen Gesellschaft“ (ebd.) be-

---

2 Auch wenn dies ebenfalls nicht explizit ausgewiesen wird, bieten sich zudem konkrete thematische Verknüpfungen zum Fach Geschichte an, welches in der folgenden Klassenstufe 8 im Lernbereich zu den „Vorstellungen des Bürgertums von Einheit und Freiheit“ (SMK 2011b: 20) die Epoche der Befreiungskriege gegen die napoleonische Herrschaft behandelt. Zudem ist es langfristiges Ziel des Geschichtsunterricht, die „Fähigkeit und Bereitschaft, humane und rationale Überzeugungen zu vertreten und die freiheitlich-demokratische Grundordnung mitzugestalten [bzw.] eine friedliche Regelung von Alltagskonflikten“ (ebd.) anzustreben – ein Ziel, zu welchem der Französischunterricht durchaus sinnvoll beitragen könnte, zumal in einer inklusiven Perspektive.

fähigt werden und „lernen, sich für die Rechte und Bedürfnisse anderer einzusetzen" (ebd.: IX). Ferner wird die Rolle einer Lern- und Schulkultur hervorgehoben, die die Individualität der Lernenden berücksichtigt und sie zur Übernahme von Verantwortung und sozialem Engagement ermutigt (vgl. ebd.: IXf.). Allerdings wird im fachspezifischen Teil des Lehrplans Französisch nicht immer deutlich, wie diese allgemeinen, gymnasialen Bildungsziele mit fachlichen Zielen verknüpft werden können. Eine stärkere, bereits im Lehrplan aufgezeigte inklusive Komponente könnte hier konkrete Ansatzpunkte liefern, die o. g. gymnasialen Ziele insbesondere im Bereich der sozialen Kompetenz und der politischen Bildung fachdidaktisch anzubahnen.

4. Fazit und Ausblick

Das vorgestellte inklusive Unterrichtsvorhaben hat gezeigt, dass die bestehenden Lehrpläne des Gymnasiums und der Förderschule unter dem Gesichtspunkt der Inklusion einen gemeinsamen Unterricht von Lernenden beider Schularten ermöglichen. Es könnte daher gewinnbringend sein, weitere gemeinsame Handlungsspielräume durch die Durchführung schulartübergreifender Projekte auszuloten und diese forschungsgeleitet zu evaluieren. Vieles spricht dafür, bereits durch diese punktuelle Zusammenarbeit wertvolle Impulse für die Implementierung inklusiver Ansätze gewinnen und Formate einer kontinuierlichen schulartübergreifenden Zusammenarbeit von Lerngruppen und Lehrkräften installieren zu können. Als geeignete Rahmung phasenweisen gemeinsamen Unterrichts beider Schularten hat sich der gemeinsame Gegenstand erwiesen, welcher ein Zusammendenken von Themen, Methoden, Lernorten und Zielen in heterogenen Lerngruppen ermöglicht und inhaltlich an den von Klafki definierten epochaltypischen Schlüsselproblemen orientiert sein sollte. Von deren ganzheitlicher und mehrperspektivischer Erschließung in inklusiven Lernsettings können gerade auch Lernende des Gymnasiums mehr profitieren als von einer allein kognitiven und zumeist textbasierten Auseinandersetzung. Das Hinzufügen affektiver und sozialer Dimensionen und die Einbeziehung authentischer Lernorte beeinträchtigt hierbei keineswegs das fachliche Lernen, sondern ermöglicht diesem eher eine größere Tiefe und Nachhaltigkeit.

Mit Hilfe erprobter Praxisbeispiele bzw. durch deren kritisch-konstruktive Reflexion sollte daher darauf reagiert werden, dass zwar meist eine prinzipiell positive Einstellung von Lehrkräften gegenüber Inklusion festgestellt werden kann, aber relativ große Bedenken angesichts des angenommenen Mehraufwands existieren. Zudem können die im Bereich der Förderschulpädagogik seit langem vorliegenden Erfahrungen mit der Förderung von Fremdverstehen, mit diagnostischen Verfahren und mit Prinzipien wie der Differenzierung, der Individualisierung und der Kompetenzorientierung als Basis für schulartübergreifende Lernarrangements genutzt werden. Auch wenn die bestehenden Lehrpläne prinzipiell inklusives Arbeiten und Kooperationen verschiedener Schularten ermöglichen, so stellen dennoch die Ergänzung von Querverweisen und das Aufzeigen schulartübergreifender Perspektiven ein Desiderat dar. Der Fremdsprachendidaktik und der Förderschulpädagogik kommt hier aus unserer Sicht die Aufgabe zu, in einen intensiven Austausch zu treten und die didaktischen Rahmungen des bereits heute an allen

Schularten stattfindenden Lernens fremder Sprachen und Kulturen kooperativ zu erarbeiten. Dabei sollte auch das Potenzial inklusiver Lernsettings im Hinblick auf politische Bildung diskutiert werden. Gerade angesichts der in Sachsen virulent gewordenen Debatte um deren Ausweitung in den Curricula von Schule, Universität und Vorbereitungsdienst ist es aus unserer Sicht gewinnbringend, den engen Zusammenhang zwischen politischer Bildung und Inklusion aufzuzeigen. Schließlich geht es doch in beiden Perspektiven um die selbstbestimmte Teilhabe eines jeden an der demokratischen Gesellschaft, um die Übernahme sozialer Verantwortung und den respektvollen Umgang mit dem Anderen.

Bibliographie

Burwitz-Melzer, Eva; Königs, Frank G.; Riemer, Claudia; Schmelter, Lars (Hrsg.) (2017): *Inklusion, Diversität und das Lehren und Lernen fremder Sprachen. Arbeitspapiere der 37. Frühjahrskonferenz zur Erforschung des Fremdsprachenunterrichts. Giessener Beiträge zur Fremdsprachendidaktik*. Tübingen: Narr.

Byram, Michael (1997): *Teaching and Assessing Intercultural Communicative Competence*. Bristol: Multilingual Matters.

Caspari, Daniela (2017): „Differenzsensibler Fremdsprachenunterricht – eine Großbaustelle". In: Burwitz-Melzer, Eva u. a. (Hrsg.), S. 43–53.

Caspari, Daniela; Holzbrecher, Alfred (2016): „Individualisierung und Differenzierung im kompetenzorientierten Französischunterricht". In: Küster, Lutz (Hrsg.): *Individualisierung im Französischunterricht. Mit digitalen Medien differenzierend unterrichten*. Seelze: Klett/Kallmeyer, S. 7–37.

Delius, Katharina; Surkamp, Carola (2017): „Inklusion". In: Surkamp, Carola (Hrsg.): *Metzler Lexikon Fremdsprachendidaktik: Ansätze, Methoden, Grundbegriffe*. Stuttgart: J. B. Metzler, S. 139–140.

Deutsches Institut für Menschenrechte (Hrsg.) (2016): „Übereinkommen über die Rechte von Menschen mit Behinderungen vom 13. Dezember 2006". Online: https://www.institut-fuer-menschenrechte.de/fileadmin/user_upload/PDF-Dateien/Pakte_Konventionen/CRPD_behindertenrechtskonvention/crpd_b_de.pdf.

Fischer, Erhard; Markowetz, Reinhard (Hrsg.) (2016): *Inklusion im Förderschwerpunkt geistige Entwicklung*. Stuttgart: Verlag W. Kohlhammer.

Fischer, Erhard; Markowetz, Reinhard (2016): „Paradiesmetapher und/oder langer Weg zu einer inklusiven Schule?". In: Fischer, Erhard; Markowetz, Reinhard (Hrsg.), S. 13–30.

Feuser, Georg (2016): „Zur endlosen Geschichte der Verweigerung uneingeschränkter Teilhabe an Bildung – durch die Geistigbehindert-Macher und Kolonisatoren". In: Fischer, Erhard; Markowetz, Reinhard (Hrsg.), S. 31–73.

Gerlach, David (2015): „Inklusion im Fremdsprachenunterricht. Zwischen Ansprüchen und Grenzen von Heterogenität, Fachdidaktik und Unterricht(srealität)". In: *Fremdsprachen Lehren und Lernen*. 44 (1), S. 123–137.

Klafki, Wolfgang (1995): „Zweite Studie – Grundzüge eines neuen Allgemeinbildungskonzepts. Im Zentrum: Epochaltypische Schlüsselprobleme". In: ders.: *Neue Studien zur Bildungstheorie und Didaktik. Zeitgemäße Allgemeinbildung und kritisch-konstruktive Didaktik*. Weinheim und Basel: Beltz Verlag, 5. Auflage, S. 43–81.

Pitsch, Hans-Jürgen; Thümmel, Ingeborg (2011): *Zur Didaktik und Methodik des Unterrichts mit geistig Behinderten*. Oberhausen: ATHENA-Verlag.

Sächsisches Staatsministerium für Kultus (SMK) (Hrsg.) (2011a): *Lehrplan Gymnasium Französisch*. Dresden.

Sächsisches Staatsministerium für Kultus (SMK) (Hrsg.) (2011b): *Lehrplan Gymnasium Geschichte*. Dresden.

Sächsisches Staatsministerium für Kultus (SMK) (Hrsg.) (2017a): *Lehrplan Schule mit dem Förderschwerpunkt geistige Entwicklung: Grundlagen*. Dresden.

Sächsisches Staatsministerium für Kultus (SMK) (Hrsg.) (2017b): *Lehrplan Schule mit dem Förderschwerpunkt geistige Entwicklung: Wahrnehmung, Denken, Bewegen und Kommunikation*. Dresden.

Sächsisches Staatsministerium für Kultus (SMK) (Hrsg.) (2017c): *Lehrplan Schule mit dem Förderschwerpunkt geistige Entwicklung: Persönlichkeit und soziale Beziehungen*. Dresden.

Sächsisches Staatsministerium für Kultus (SMK) (Hrsg.) (2017d): *Lehrplan Schule mit dem Förderschwerpunkt geistige Entwicklung, Sachunterricht*. Dresden.

Schinke, Simone; Steveker, Wolfgang (2013): „Lernaufgaben im Spanischunterricht". In: *Der Fremdsprachliche Unterricht Spanisch.* 11(2), S. 4–13.

Surkamp, Carola (2017): „Inklusiver Fremdsprachenunterricht: Zum Potential von Literatur und handlungsorientierten Zugängen". In: Burwitz-Melzer, Eva u. a. (Hrsg.), S. 314–325.

DNS Jb. 8/9 für 2017/18 (2020): 56–67

Michael Maier

Kann aus der Not der Rahmenlehrpläne doch noch eine Tugend gemacht werden?

Zusammenfassung Deutsch

Ausgehend von Schwierigkeiten im Umgang mit dem neuen Rahmenlehrplan für Berlin und Brandenburg in der Lehrerausbildung werden wesentliche Defizite eines als Handlungsanleitung verstandenen Rahmenlehrplans analysiert. Im Mittelpunkt des Beitrags stehen Überlegungen zu einer praxisbezogenen Konkretisierung der Vorgaben des Rahmenlehrplans im schulinternen Curriculum, das zur Entfaltung einer kompensatorischen Wirkung die Inhalts- und Handlungsorientierung des Unterrichts stärken muss.

Zusammenfassung Englisch

Trainee teachers have difficulties with the new outline curriculum of the federal states of Berlin and Brandenburg: it is effective as a framework of standards but demonstrates significant deficits as a manual for instruction. This ineffectiveness within the curriculum is being analysed in this article. It focuses on a practical concretization of the guidelines of the curriculum within the school syllabus. This must strengthen the content and action orientation of the teaching in order to compensate for this deficit.

1. Vom Umgang mit Rahmenlehrplänen

Wenn praktizierende Lehrer[1], wie die Erfahrung zeigt, Rahmenlehrpläne nur in Ausnahmefällen – Prüfungsstunden, dienstliche Beurteilungen u. ä. – in die Hand nehmen, mag sich dies *prima facie* daraus erklären, dass eventuell vorhandene interne Curricula, zumindest aber die mit den Rahmenlehrplänen abgestimmten, im Unterricht verwendeten Lehrwerke bereits eine praktische Konkretisierung enthalten und daher die Übereinstimmung von Unterrichtsinhalten mit den Rahmenlehrplänen vorausgesetzt wird. In der Ausbildung befindliche Lehrer dagegen werden an die Rahmenlehrpläne als Grundlage ihrer Arbeit herangeführt und sind gehalten, regelmäßig ihre didaktischen Überlegungen aus den Vorgaben der Rahmenlehrpläne zu begründen. Meine langjährige Erfahrung in der Ausbildung von Russischlehrern in Berlin zeigt dabei, dass die Rahmenlehrpläne Quelle von Missverständnissen auf Seiten der Lehramtsanwärter sein können und es regelmäßiger Nachsteuerungen von Seiten der Ausbilder bedarf. Diese Missverständnisse

[1] Hier und im Folgenden werden im Sinne des grammatischen Geschlechts männliche Formen für beide Geschlechter verwendet.

lassen sich in zwei Hauptgruppen einordnen, in denen es einerseits um Aspekte der inhaltlichen Gestaltung von Unterricht und andererseits um die Frage des Umgangs mit der Kompetenzorientierung geht. Im Folgenden skizziere ich zunächst, um welche Probleme es in diesen beiden Bereichen konkret geht, bevor ich einige Bemerkungen zum Verhältnis des seit 2017 in Berlin und Brandenburg gültigen Rahmenlehrplans zu seinen Vorgängern mache und ein Zwischenfazit ziehe. Vor diesem Hintergrund soll das Instrument des schulinternen Curriculums auf seine Potenziale als Korrektiv des Rahmenlehrplans hin befragt werden. Abschließend werden diese Überlegungen in einen weiteren Kontext gestellt, insofern die Spannung zwischen den inhaltlichen Angeboten der Rahmenlehrpläne und der Erwartungshaltung insbesondere angehender Lehrer auf eine grundlegende Unterscheidung bereits der antiken Ethik zurückbezogen und diese Fundierung des Problems aus einer philosophischen Perspektive der Gegenwart aktualisiert wird.

1.1 Der prekäre Status der Inhalte

Teil C „Moderne Fremdsprachen" des Berliner und Brandenburger Rahmenlehrplans für die Jahrgangsstufen 1 bis 10 gliedert in Kapitel 3 die vorgesehenen Inhalte und ihre Vertiefungsmöglichkeiten in vier Themenfelder sowie je zwei bis drei ihnen zugeordnete Themen. Liest man sich die stichwortartig aufgeführten Inhalte in ihrer Gesamtheit durch, ergibt sich der Eindruck einer enzyklopädischen Aufzählung der möglichen Inhalte des Fremdsprachenunterrichts überhaupt. Solange man sich als Unterrichtender auf dem Boden der freiheitlich-demokratischen Grundordnung bewegt, kann man sich keinen Unterrichtsinhalt ausdenken, der hier nicht genannt bzw. impliziert wäre. Auffällig ist, dass diese enzyklopädische Universalität zu Lasten einer Konkretisierung geht. Beispielsweise werden zum Thema Umwelt und Ökologie im vierten Themenfeld vier Spiegelstriche aufgezählt: 1. Wetter, Klima; 2. Mensch und Natur, Nachhaltigkeit; 3. eigener Beitrag zum Umweltschutz; 4. Erfindungen, Wissenschaft und Technik (RLP C Moderne Fremdsprachen: 37). Der Anspruch, Anregungen für eine konkrete Unterrichtsgestaltung zu geben, kann mit dieser Aufzählung kaum verbunden sein. Obligatorisch ist lediglich die Berücksichtigung der insgesamt neun sehr weit gefassten Themen, wobei nicht explizit gefordert wird, dass jedes Thema etwa in jeder Jahrgangsstufe zu behandeln ist. Neben dieser prinzipiellen Offenheit der inhaltlichen Vorgaben ist auffällig, dass das weit umfangreichere Kapitel 2 „Kompetenzen und Standards" keine innere Verknüpfung mit dem Kapitel 3 „Themen und Inhalte" hat, so dass sich dem Leser des Rahmenlehrplans der Eindruck aufdrängt, dass die Inhalte – von den obligatorischen Themenfeldern mit ihren Unterthemen abgesehen – beliebig austauschbar sind. Nach meiner Erfahrung führt dies in der Ausbildung von Lehramtsanwärtern häufig zu einer Geringschätzung der Unterrichtsinhalte, die nur noch als Mittel zum Zweck einer bestimmten Kompetenzentwicklung betrachtet werden und deren Motivationspotenziale für die Schüler damit verloren gehen. Die Art der Darbietung möglicher Inhalte im Rahmenlehrplan führt im Alltag von Lehrern in der Ausbildung dazu, dass einerseits komplexe Inhalte gemieden werden, weil sie sich scheinbar nicht mit der gebotenen Kompetenzorientierung vereinbaren lassen, und dass andererseits ausgewählte Inhalte wenig gewürdigt und nur als Mittel zu einem nicht inhaltlich definierten Zweck genutzt werden.

Die Tendenz zur Geringschätzung der Unterrichtsinhalte in den Rahmenlehrplänen findet ihren Niederschlag auch in der inhaltlichen Gestaltung der aktuellen Lehrwerke für den Russischunterricht. Auch wenn diese These hier aus Platzgründen nicht ausführlich belegt werden kann, ließe sich durch einen Vergleich von Lehrwerken der letzten 25 Jahre im Hinblick auf ein Standardthema – im Russischunterricht z. B. Sankt Petersburg und Peter der Große – deutlich eine zunehmende Ausdünnung der inhaltlichen Angebote der Lehrwerke zeigen. Insofern die Lehrwerke neben dem Rahmenlehrplan von Lehrern in der Ausbildung als normative Instrumente angesehen werden, trägt diese Entwicklung zusätzlich zum inzwischen erreichten prekären Status der Inhalte bei.

1.2 Kompetenzorientierung oder Kompetenzpurismus?

Teil C des Rahmenlehrplans Moderne Fremdsprachen für Berlin und Brandenburg enthält im Kapitel 2 „Kompetenzen und Standards“ elf Seiten mit nach den Niveaustufen A bis H aufgeschlüsselten Kompetenzlinien, die die Regelstandards der angestrebten Kompetenzentwicklung der Schüler vom Beginn des Unterrichts in der Fremdsprache bis zum Übergang in die gymnasiale Oberstufe abbilden sollen. Durchgängig wird dabei definiert, was die Schüler auf einer bestimmten Niveaustufe im jeweiligen Kompetenzbereich können sollen. Formal teilen sich die Kompetenzen nach dem Kompetenzmodell der Bildungsstandards für die fortgeführte Fremdsprache (RLP C Moderne Fremdsprachen: 9) in fünf Bereiche. Es ist allerdings auffällig, dass die funktionalen kommunikativen Kompetenzen acht Seiten füllen, wohingegen die übrigen vier Kompetenzbereiche – interkulturelle kommunikative Kompetenz, Text- und Medienkompetenz, Sprachlernkompetenz und Sprachbewusstheit – zusammen nur drei Seiten belegen, wobei hier zudem bis zu vier Niveaustufen in einer Standardbeschreibung zusammengefasst werden.

Diese Konzentration auf die funktionalen kommunikativen Kompetenzen ist insofern nachvollziehbar, als durch sie die für den Fremdsprachenerwerb entscheidenden Fertigkeiten – Sprechen, Lesen, Schreiben usw. – beschrieben werden; sie macht aber auch deutlich, dass der Rahmenlehrplan ein dezidiert output-orientiertes Instrument ist. Auch wenn diese Output-Orientierung heute selbstverständlich erscheint, muss die damit getroffene Entscheidung betont werden, dass ein solcher Rahmenlehrplan *nicht* den Anspruch erhebt, Lehrer in ihrem unterrichtlichen Handeln anzuleiten, sondern nur die Regelstandards festlegt, die erreicht und in Bezug auf die Schülerleistungen in Tests gemessen werden sollen. Der Rahmenlehrplan will also nicht veranschaulichen, wie der Lehrer seinen Unterricht inhaltlich bzw. didaktisch und methodisch gestalten soll. Diese Vorentscheidung aber ist der Ursprung des zweiten häufig in der Lehrerausbildung beobachtbaren Missverständnisses. Da Lehramtsanwärter in der Regel den Rahmenlehrplan doch als Anleitung für das unterrichtliche Handeln verstehen und die Kompetenzlinien im Bereich der funktionalen kommunikativen Kompetenzen als das Herzstück des Rahmenlehrplans angesehen werden, hat sich der Mythos gebildet, dass man sich für *eine* Kompetenz entscheiden muss, die im Sinne einer eindeutigen Schwerpunktsetzung im Unterricht zu fördern ist. Nun kann man z. B. die Kompetenz Lesen schwerlich fördern, ohne dass über das Gelesene gesprochen oder etwas geschrieben wird bzw. ohne dass Andere hören, was über das Gelesene gesagt wird. Es sollte sich also von selbst verstehen, dass die funktionalen kommunikativen Kompetenzen nicht künstlich isoliert werden können. In der Alltagspraxis konstruieren Lehramtsanwärter jedoch regelmäßig solche Scheinprobleme, insofern sie im Sinne der Entscheidung für *eine* zu fördernde funktionale kommunikative Kompetenz die didaktisch gebotene Einbeziehung weiterer funktionaler Kompetenzen zu vermeiden suchen. Damit nicht genug, wird nach meiner Erfahrung durchaus von einigen Ausbildern in Berlin ein entsprechender Kompetenzpurismus vertreten. Da sich also in dieser Frage ein prinzipielles Problem im Umgang mit der Kompetenzorientierung zeigt, muss zunächst in einem kurzen Exkurs die Berechtigung dieser Forderung geprüft werden.

1.3 Dienende und integrierte Kompetenzen

Keineswegs soll hier bestritten werden, dass insbesondere im Anfangsunterricht der Fremdsprachen die Konzentration auf *eine* zu fördernde Teilkompetenz meistens didaktisch sinnvoll ist. Im Sinne des oben angedeuteten Beispiels einer Stunde zur Lesekompetenz lässt sich aber auch bei einer solchen Schwerpunktsetzung nicht vermeiden, dass eine oder mehrere andere funktionale Kompetenzen im Unterricht *auch* eine Rolle spielen. In diesem Zusammenhang hat sich im Sprachgebrauch die Unterscheidung von Schwerpunktkompetenzen und dienenden Kompetenzen bewährt. Mit fortschreitender Sprachkompetenz ergibt sich jedoch die Möglichkeit inhaltlicher Schwerpunktsetzungen, die im *Umgang mit* einem Inhalt Interaktionen zwischen den Schülern verlangen und daher die Integration mehrerer funktionaler kommunikativer Kompetenzen zur Voraussetzung haben. Unterrichtsstunden mit integrierten Kompetenzen – die Kollegen aus der Ausbildung der Englischlehrer sprechen von *integrated skills* – haben nicht zwangsläufig einen doppelten oder multiplen Schwerpunkt, sondern können auf eine eindeutige *inhaltliche* Schwerpunktsetzung ausgerichtet sein. Allgemein gilt, dass der Anteil von Stunden mit integrierten Kompetenzen proportional zur allgemeinen Kompetenzentwicklung der jeweiligen Lerngruppe wachsen dürfte. Diese Einsicht ist aber in Berlin auch unter Ausbildern durchaus umstritten, weswegen eine erhebliche Verunsicherung auf Seiten der Lehramtsanwärter im Kontext der Kompetenzorientierung zu beobachten ist. Folgen dieser Verunsicherung sind, dass etwa die Beschäftigung mit literarischen Texten im Unterricht zusehends gemieden wird, da eine literarische Kompetenz im Rahmenlehrplan nicht vorkommt und funktionale kommunikative Kompetenzen mit anderen Mitteln leichter zu trainieren sind. Wenn Texte prinzipiell unter dem Gesichtspunkt ihrer Verwertbarkeit für den Kompetenzerwerb betrachtet werden, gerät das im Sinne einer literarischen Kompetenz unverzichtbare Eigenrecht der Texte aus dem Blick. Im Sinne des *Backwash*-Effekts ist eine weitere Folge des als Handlungsanleitung begriffenen Rahmenlehrplans das sogenannte *teaching to the test*, also die Ausrichtung der Unterrichtsaktivitäten auf die Testformate, wodurch der beschriebenen Eliminierung der Inhalte weiter Vorschub geleistet wird.

1.4 Zwischenfazit: die doppelte Perspektive

Die hier beschriebenen Missverständnisse, die sich aus dem Umgang in der Ausbildung befindlicher Lehrer mit den Rahmenlehrplänen ergeben, sind keine neue Erscheinung. Der Berliner Rahmenlehrplan Russisch für die Klassen 7 bis 10 aus dem Jahre 2006 zeigte eine vergleichbare Konzentration auf die funktionalen kommunikativen Kompetenzen – damals Sprachkompetenzen genannt – und einen ähnlich enzyklopädischen und stichwortartigen Überblick über mögliche Inhalte. Die Hoffnung darauf, dass der neue Rahmenlehrplan für Berlin und Brandenburg mehr als die alten Pläne eine konkrete Handlungsanleitung für die Lehrer darstellen könnte, wurde also enttäuscht. Im Hinblick auf das, was der Rahmenlehrplan bietet, und ebenso auf das, was er nicht bietet, ist als erstes Zwischenfazit festzuhalten, welcher Umgang mit diesem Instrument sich empfiehlt. Insofern der Rahmenlehrplan keine direkte Handlungsanleitung sein will, muss der Unterrichtende sich im Planungshandeln vom Rahmenlehrplan lösen, ohne diesen gleichwohl aus dem Blick zu verlieren. Gefordert ist eine doppelte Perspektive: Einerseits sollte der Zugang zu konkreten Inhalten aus der Perspektive der Schüler im Mittelpunkt stehen und damit die Frage, wie Schüler intrinsisch zu einer Auseinandersetzung mit bedeutsamen Inhalten motiviert werden können. Andererseits muss im Sinne der Output-Orientierung unseres Bildungssystems die angestrebte Kompetenzentwicklung der Schüler im Fokus bleiben, indem mit Bezug auf die jeweiligen Regelstandards von den inhaltlichen Zusammenhängen abstrahiert und der Blick systematisch auf distinkte Teilkompetenzen gerichtet wird. Ein Planungshandeln, das die zweite Perspektive vernachlässigt, wäre nicht rahmenlehrplankonform; ein Planungshandeln aber, das die erste Perspektive vernachlässigt, würde den schulischen Bildungsauftrag auf eine Konditionierung von Schülern im Sinne wünschenswerter Teilfertigkeiten reduzieren.

2. Das schulinterne Curriculum als mögliches Korrektiv der Rahmenlehrpläne

Der neue Rahmenlehrplan für Berlin und Brandenburg unterscheidet sich von seinen Vorgängern unter anderem dadurch, dass er nur noch einen Teil C „Moderne Fremdsprachen“ enthält anstelle von einzelnen Rahmenlehrplänen für die verschiedenen unterrichteten Sprachen. Mit einigem Recht könnte gefragt werden, ob eine solche Vereinheitlichung angemessen ist, wenn dieses Dokument sich z. B. gleichzeitig auf stark flektierende Sprachen wie das Russische und schwach flektierende Sprachen wie das Englische beziehen soll. Als fragwürdig muss auch erscheinen, dass Schüler für die Kompetenzentwicklung in der ersten Fremdsprache – also in der Regel im Fach Englisch – von Niveaustufe A bis H acht bis zehn Jahre Zeit bekommen sollen, in der zweiten Fremdsprache dagegen für dieselbe Niveauentwicklung meist nur vier Jahre. Diese erhebliche Beschleunigung der sprachlichen Kompetenzentwicklung wird im Rahmenlehrplan dadurch erklärt, dass die Schüler „in zunehmend höherem Maße auf Lernerfahrungen und Weltwissen zurückgreifen“ (RLP C Moderne Fremdsprachen: 15) können. Dass die Schüler in „später einsetzenden Fremdsprachen die Niveaustufe G bzw. H […] am Ende der Jahrgangsstufe 10 erreichen, wenn der Unterricht in der Fremdsprache in der Jahrgangsstufe 9 begonnen hat“ (ebd.), kann man jedenfalls als schlicht kontrafaktische Aussage bezeichnen.

Besondere Bedeutung kommt im Rahmen der Implementierung des neuen Rahmenlehrplans dem schulinternen Curriculum zu. In Berlin gilt es neuerdings als schick, im Zusammenhang mit diesem nur noch vom „SchiC" zu sprechen, was hier aber nicht übernommen werden soll. Wenn die hier dargelegte Analyse der Defizite des Rahmenlehrplans zutreffend ist, geht es im schulinternen Curriculum nicht nur um eine Konkretisierung des Rahmenlehrplans, sondern um ein Instrument, das, um sinnvoll zu sein, eine kompensatorische Wirkung entfalten müsste. In der Publikation des LISUM Berlin-Brandenburg „Das ABC des schulinternen Curriculums" aus dem Jahr 2016 findet man in Bezug auf die inhaltliche Ausgestaltung von Teil C des schulinternen Curriculums nur den Hinweis, dass „die einzelnen Fachkonferenzen ihre fachbezogenen Festlegungen unter Berücksichtigung der gemeinsamen Überlegungen des Kollegiums zu den Grundsätzen der Bildung und Erziehung und zur fachübergreifenden Kompetenzentwicklung" (Das ABC des schulinternen Curriculums: 13) dokumentieren. Als Aufgabe des schulinternen Curriculums wird also offensichtlich nur die Konkretisierung der Vorgaben des Rahmenlehrplans verstanden. Im Folgenden sollen daher eigene Überlegungen, die für die inhaltliche Ausgestaltung des internen Curriculums als Korrektiv notwendig wären, vorgestellt werden.

2.1 Das Verhältnis von Rahmenlehrplan und schulinternem Curriculum

Ausgangspunkt der Überlegung ist, dass schulischer Unterricht im Sinne des übergeordneten Ziels personaler Bildung seinen Ausgang vom Subjekt des Schülers und seiner Selbstbestimmung nehmen sollte, dass andererseits Unterricht aber auch nicht ohne institutionelle Fremdsteuerung durch den jeweils Unterrichtenden organisierbar ist. Der hierin enthaltene Widerspruch ist überwindbar, wenn „Lehrer und Schüler als Personen im Dialog um die gemeinsame Aufgabe" (Bohnsack 2008: 76) begriffen werden. Dies ist nur möglich, wenn der Lehrer die doppelte Perspektive entwickelt, von der oben die Rede war und die in Abbildung 5 verdeutlicht wird.

Im Mittelpunkt der Darstellung steht das Schülerindividuum, das in einem durch Pfeile symbolisierten Beziehungsgeflecht steht. Aufgabe des schulinternen Curriculums ist es demnach, das gemeinsame Handeln der Lehrer und Schüler anzuleiten und inhaltliche Angebote zu beschreiben, die Potenziale einer intrinsischen Motivation der Schüler aufweisen. Die Abbildung gibt auf der linken Seite beispielhaft eine Gliederung der Inhalte in drei Bereiche vor, die beliebig verändert bzw. ausdifferenziert werden könnte. Die Lupe auf der rechten Seite symbolisiert die durch den Rahmenlehrplan sichergestellte Output-Orientierung. Hier wird die Aufmerksamkeit auf das Erreichen der Regelstandards in den einzelnen Kompetenzbereichen gerichtet, wobei von den konkreten Inhalten abstrahiert wird. Im Vergrößerungsbereich der Lupe befinden sich die distinkten Teilkompetenzen und die Pfeilenden des inhaltlichen Beziehungsgeflechts. Der beidseitige Pfeil oben deutet an, dass es zwischen dem Rahmenlehrplan und dem internen Curriculum eine innere Abstimmung geben muss. Die innere Kohärenz zwischen beiden Instrumenten ergibt sich dadurch, dass die im internen Curriculum beschriebenen Handlungsanleitungen einen umfassenden Kompetenzerwerb im Sinne der Vorgaben des Rahmenlehrplans möglich machen.

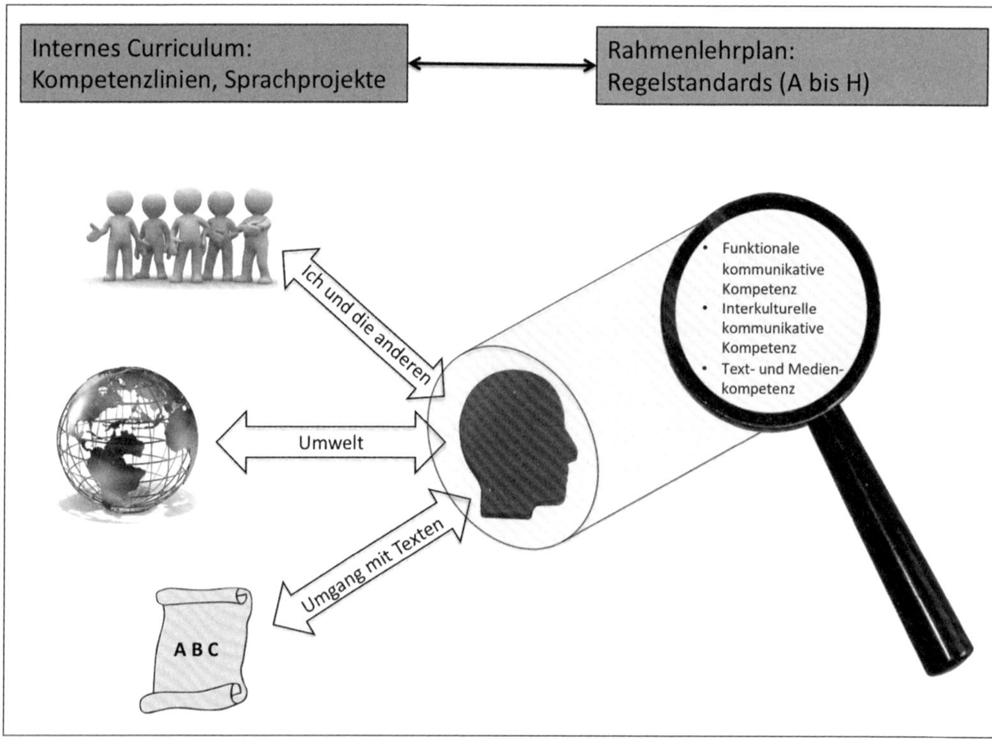

Abb. 1: Mögliche Einbindung des Kompetenzmodells der KMK (RLP) in die unterrichtspraktischen Zusammenhänge.

Ausgehend von der in Abb. 1 veranschaulichten Aufgabenteilung von Rahmenlehrplan und internem Curriculum stellen sich mit Bezug auf Letzteres die Fragen, wie zum einen die konsequente Absetzung von der output-orientierten Herangehensweise des Rahmenlehrplans im Sinne der erwünschten Handlungsanleitung möglich ist und wie zum anderen gewährleistet werden kann, dass die vorgeschriebene Kongruenz mit den Vorgaben des Rahmenlehrplans durchgängig gewahrt bleibt.

2.2 Integrative Kompetenzlinien

Ein mögliches Instrument, durch das die Kongruenz des so verstandenen internen Curriculums mit dem Rahmenlehrplan gesichert werden kann, ist die Beschreibung integrierter Standards in handlungsorientierten Kompetenzlinien. Diese sollten einerseits mit den Kompetenzlinien aus Kapitel 2 „Kompetenzen und Standards" im Teil C „Moderne Fremdsprachen" des Rahmenlehrplans abgestimmt sein, andererseits sollten sie verdeutlichen, welches Zusammenwirken verschiedener distinkter Teilkompetenzen im jeweiligen Umgang mit konkreten Inhalten notwendig ist. Als Beispiel stelle ich hier eine nach dem formalen Muster des neuen Rahmenlehrplans angelegte Kompetenzlinie zum Umgang mit Texten vor. Es handelt sich hierbei um ein internes Arbeitspapier der Fachkonferenz Russisch am Berliner Max-Planck-Gymnasium, das als Diskussionsgrundlage zu verstehen

	Umgang mit Texten
	Die Schülerinnen und Schüler können
A	unter Anleitung aus sehr kurzen, einfachen Texten bekannte Namen bzw. Wörter und einfachste Wendungen heraussuchen und diese benennen; sehr kurze, einfache Texte auch mit angeleiteten Variationen abschreiben.
B	sehr kurze, einfache Texte rezipieren und verstehen, indem sie Hilfsstrategien anwenden; sich mit einfachen, überwiegend isolierten Wendungen zu ihnen äußern; einfache, isolierte Wendungen und Sätze schreiben.
C	kurze, einfache Texte mit Hilfestellungen rezipieren und verstehen; mithilfe vorgegebener Satzbausteine einfache Beschreibungen inhaltlicher Zusammenhänge geben; asyndetisch einfache Wendungen und Sätze schreiben.
D	kurze, einfache Texte rezipieren und verstehen; eine einfache Beschreibung inhaltlicher Zusammenhänge in kurzen, einfachen Wendungen und Sätzen geben; eine Reihe einfacher Wendungen und Sätze schreiben und mit Konnektoren wie *und, aber* oder *weil* verbinden.
E	einfache Texte zu vertrauten Themen rezipieren und verstehen; eine Beschreibung inhaltlicher Zusammenhänge in einfachen Wendungen und Sätzen geben; einfache zusammenhängende Texte mit logischen Verknüpfungen schreiben.
F	einfache Texte zu verschiedenen Themen rezipieren und verstehen; sich zu inhaltlichen Zusammenhängen äußern, wobei die einzelnen Punkte weitgehend additiv verbunden sind; zusammenhängende Texte zu einzelnen vertrauten Themen aus ihrem Interessengebiet verfassen.
G	inhaltlich klare Texte über eine Vielzahl von Themen aus ihrem Interessengebiet mit allgemeinem Verständnis rezipieren; sich relativ flüssig und zusammenhängend zu inhaltlichen Zusammenhängen äußern; unkomplizierte, zusammenhängende Texte zu mehreren vertrauten Themen aus ihrem Interessengebiet verfassen.
H	inhaltlich klare Texte über eine Vielzahl von Themen aus ihrem Interessengebiet erfolgreich rezipieren; sich weitgehend flüssig und zusammenhängend dazu äußern, wobei sie verschiedene logische Verknüpfungsmöglichkeiten benutzen; unkomplizierte, zusammenhängende Texte zu Themen aus ihrem Interessengebiet verfassen.

Abb. 2: Kompetenzlinie für den Umgang mit Texten, Fachkonferenz Russisch, Max-Planck-Gymnasium Berlin

ist, mit dem also nicht der Anspruch erhoben wird, eine endgültig ausgereifte Fassung dieses integrierten Kompetenzbereichs zu bieten.

Deutlich wird, dass im Sinne der Handlungsorientierung verschiedene Einzeltätigkeiten zusammengefasst werden, dass also durch die beschriebenen Regelstandards auf den einzelnen Niveaustufen eine ganze Reihe distinkter Einzelkompetenzen aus dem Kapitel 2 „Kompetenzen und Standards" des Rahmenlehrplans miteinander verbunden werden und so der Übergang von der Output-Orientierung des Rahmenlehrplans zur Inhaltsorientierung des internen Curriculums vorbereitet wird. Die Kompetenzlinie zum Umgang mit Texten stellt dabei die abstrakteste Stufe dar. Neben ihr müssten entsprechend der Gliederung in Inhaltsbereiche (vgl. Abb. 2 links) weitere allgemeine Kompetenzlinien stehen, die wiederum durch konkretere Kompetenzlinien ausdifferenziert werden können. Als Konkretisierung der Kompetenzlinie „Umgang mit Texten" wären etwa Kompetenzlinien zum Umgang mit Sachtexten oder zum Umgang mit literarischen Texten denkbar.

2.3 Von der Lehrwerksarbeit zum Sprachprojekt

Während die integrativen Kompetenzlinien nur ein Bindeglied zwischen dem Rahmenlehrplan und dem internen Curriculum darstellen, besteht das inhalts- und handlungsorientierte Herzstück des internen Curriculums Russisch, auf das sich die Fachkonferenz des Max-Planck-Gymnasiums verständigt hat, in einer Sammlung von Sprachprojektskizzen. Unter Sprachprojekten verstehen wir komplexe Lernaufgaben, die im Sinne des *task-based learning* jeweils ein Produkt der Schüler in den Mittelpunkt stellen, an dem über einen längeren Zeitraum gearbeitet wird. Die jeweilige Produktidee wird zu Beginn der Unterrichtsreihe vorgestellt, wobei eine Übersicht über die Arbeitsschritte und die notwendigen sprachlichen Mittel gegeben wird. Im Verlauf der Unterrichtsreihen soll im Wechsel zwischen Vermittlung notwendiger Fähigkeiten durch den Lehrer (alternativ möglich sind auch LdL-Elemente) und selbstständiger Auseinandersetzung der Schüler mit individuellen Aufgaben (möglich sind auch Partner- und Gruppenaufgaben mit ausgewiesenem individuellen Beitrag) gearbeitet werden, die zum Abschluss der Unterrichtsreihen angemessen präsentiert und evaluiert werden. Diese Vorgehensweise verlangt eine zumindest teilweise Lösung von dem an unserer Schule verwendeten Lehrwerk. Auch wenn im neuen Rahmenlehrplan der Satz aus dem Berliner Rahmenlehrplan von 2006: „Eine einseitige Ausrichtung auf die Lehrwerke ist zu vermeiden." (RLP Russisch Sek 1: 28) nicht mehr zu finden ist, waren sich die Kollegen in der Fachkonferenz Russisch einig, dass nur durch eine Ablösung von der nach wie vor dem klassischen Phasenmodell verpflichteten Vorgehensweise der Lehrwerke eine echte Wende zur Inhalts- und Handlungsorientierung möglich sein würde. Da uns eine völlige Abkehr von der Arbeit mit dem Lehrwerk jedoch auch nicht praktikabel erschien, dienen dessen Lektionen als Ausgangspunkt der Konzeption der Sprachprojekte, die die grammatikalische und lexikalische Progression des Lehrwerks berücksichtigen. Inhaltlich gehen die Sprachprojekte mit den Vorgaben des Lehrwerks frei um und entfernen sich durch die Verwendung alternativer Unterrichtsmaterialien teilweise erheblich von diesem.

2.4 Aufbau der Sprachprojektskizzen

Ein denkbares Sprachprojekt für das erste Lernjahr ist z. B. die Erstellung eines Kurzfilms über die eigene Schule in russischer Sprache. Im zweiten Lernjahr kann beispielsweise eine Portfolio-Mappe über Berlin für russische Austauschschüler erstellt werden. Im vierten Lernjahr ist die Durchführung einer Demo-Berufsbörse denkbar, im Rahmen derer Texte und Materialien zu den eigenen Berufswünschen vorgestellt werden. Die einzelnen Sprachprojekte werden im internen Curriculum Russisch des Max-Planck-Gymnasiums in Skizzen präsentiert, die in vier Teile gegliedert sind und maximal zwei Seiten umfassen. Der erste Teil nennt als organisatorische Rahmenbedingungen die Anknüpfung an eine bestimmte Lektion (oder bestimmte Lektionen) des verwendeten Lehrwerks, den ungefähren zeitlichen Rahmen und den angestrebten Regelstandard. In der Konkretisierung im zweiten Teil wird die zentrale Lernaufgabe knapp skizziert, bevor in Stichworten wesentliche Informationen nach Oberbegriffen geordnet genannt werden (Sprachhandlungen, Differenzierungsmöglichkeiten, Bezug zu den Themen und Inhalten des Rahmenlehrplans, Methoden, Grammatik/Lexik, Bewertung des Lernprodukts). Im dritten Teil, in dem der Bezug zum Teil B des Rahmenlehrplans hergestellt wird, beschränken wir uns auf Bezüge zu fächerübergreifenden Themen. Bezüge zum Basiscurriculum „Sprachbildung“ werden hier nicht ausdrücklich genannt, da der fremdsprachliche Unterricht in seinem Grundauftrag diesem Aspekt gewidmet ist. Bezüge zum Basiscurriculum „Medienbildung“ werden ebenfalls nicht aufgenommen, da die dort geforderten Kompetenzen im Unterricht der zweiten Fremdsprache eine Überforderung darstellen würden und da in Teil C „Moderne Fremdsprachen“, Kapitel 2.3 „Text- und Medienkompetenz“ die wesentlichen Aspekte der Medienbildung – didaktisch reduziert auf das Niveau des fremdsprachlichen Unterrichts – vertreten sind. Im vierten Teil schließlich werden die Kompetenzen und Standards des Rahmenlehrplans, die während der Arbeit an dem jeweiligen Sprachprojekt im Besonderen gefördert werden können, aufgeführt, wobei die Aussagen des Rahmenlehrplans im Hinblick auf die konkreten Sprachhandlungen innerhalb der Unterrichtsreihe konkretisiert werden.

Die Skizzen der Sprachprojekte im internen Curriculum geben nur die Basisinformationen, über die hinaus konkrete Unterrichtsmaterialien benötigt werden, um die jeweilige Unterrichtsreihe durchführen zu können. Auf einer Online-Plattform der Fachkonferenz Russisch werden Unterrichtsmaterialien zu den Sprachprojekten gesammelt. Die Sprachprojektskizzen des internen Curriculums orientieren sich an den Schülern, die ohne oder mit geringfügigen Vorkenntnissen die zweite Fremdsprache Russisch wählen. Für einen erheblichen Teil der Schüler, die Vorkenntnisse mitbringen, werden daher differenzierte Unterrichtsangebote benötigt, für die Materialien auf der Online-Plattform bzw. in der schuleigenen Sammlung zur Verfügung stehen.

3. Fazit

Die Erfahrungen mit der hier skizzierten Ausgestaltung des schulinternen Curriculums für das Fach Russisch am Max-Planck-Gymnasium sind überwiegend positiv, so dass man mit vorsichtigem Optimismus von einer gelungenen Ausdeutung dieses für eine erfolgreiche Implementierung des Rahmenlehrplans grundlegenden Instruments sprechen kann. Dabei ist der nicht unerhebliche Aufwand an Vorüberlegungen und Arbeitsschritten, von dem hier die Rede war, nach meinem Dafürhalten notwendig, damit das interne Curriculum die wesentliche kompensatorische Funktion entfalten kann, die durch die output-orientierte Ausrichtung des Rahmenlehrplans notwendig wird.

Im vorliegenden Text konnte nicht die kritische Position seines Autors gegenüber einem Rahmenlehrplan verborgen bleiben, der weit mehr die Bemühung der Verantwortlichen um seine Justiziabilität im Hinblick etwa auf Entscheidungen über die Versetzung in die nächste Klassenstufe als um die pädagogische Gestaltung des Unterrichts erkennen lässt. Ich sehe jedenfalls nicht, wie der Auftrag der Schule nach § 1 des Berliner Schulgesetzes, „ein Höchstmaß an Urteilskraft, gründliches Wissen und Können zu vermitteln" und dem Ziel der „Heranbildung von Persönlichkeiten" zu dienen, erfüllt werden kann, ohne dass dem so verstandenen Rahmenlehrplan eine Handlungsanleitung mit kompensatorischer Funktion gegenübergestellt wird. Aufbauend auf dieser Überlegung soll, wie eingangs angekündigt, der hier vollzogene Gedankengang abschließend in einen weiteren Kontext gestellt werden.

Aristoteles unterscheidet in der Nikomachischen Ethik zwei Weisen menschlicher Tätigkeit: *poiēsis* als ‚Herstellung' bzw. ‚Machen' und *praxis* als ‚Handeln' bzw. ‚Umgang mit' (vgl. Nikomachische Ethik, 1140 a 1). Dabei handelt es sich für Aristoteles um hierarchische Begriffe, insofern jedes zweckrationale Machen im Sinne der *poiēsis* immer schon in einen Lebenszusammenhang im Sinne der *praxis* eingeordnet ist und aus ihm seine Berechtigung erhält. Das Trainieren distinkter Einzelkompetenzen und die Messung der erreichten Standards in Bezug auf diese in Tests ist als Vermittlung abrufbarer Fertigkeiten eine Form der *poiēsis*, die im Rahmen des schulischen Bildungsauftrags integriert werden muss in Handlungsvollzüge, in denen es um an sich bedeutsame Inhalte geht, durch die Unterricht eine Form der *praxis* wird. Der Rahmenlehrplan in seiner einseitigen Ausrichtung auf die *poiēsis* kann, wenn er als Handlungsanleitung (miss-)verstanden wird, zu einer problematischen Verengung der Handlungsvollzüge im Unterricht führen. Der in Philosophie und Pädagogik habilitierte Robert Spaemann unterschied im Sinne der aristotelischen Unterscheidung von *poiēsis* und *praxis* „A-Fortschritte", „die als Stadien auf einem Wege zu einem Endziel verstanden werden und allein durch die Erreichung dieses Endziels ihre Rechtfertigung finden" (Spaemann 2012: 132), und „B-Fortschritte" „als Verbesserung im Dienste eines lebendigen Organismus, eines Menschen, einer Gemeinschaft, einer Institution" (ebd.). A-Fortschritte wären demnach im vorliegenden Zusammenhang z. B. Zuwächse der Schüler in einer bestimmten distinkten Kompetenz, während die B-Fortschritte sich auf deren Bedeutung für die Persönlichkeitsentwicklung der Schüler beziehen. Bereits im Jahre 1980 führte Spaemann „als Beispiel eines sich verselbständigenden A-Fortschritts die Organisation des Schulunterrichts nach der curricularen Theorie" (ebd.: 133) an, die „den Unterricht zweckrational organisieren" (ebd.) will, indem Abschlussstandards vorgegeben werden, deren sukzessive Erreichung genau messbar sein soll. Gegenüber diesem Verständnis von Bildung bemerkt Spaemann kritisch:

> „Eine solche am Typus A orientierte Fortschrittsvorstellung verkennt, daß während der vielen Stunden, die ein junger Mensch in der Schule zubringt, noch etwas anderes geschieht als die Erreichung oder Verfehlung solcher Lernziele. Der Schüler entwickelt sich als Mensch noch in anderen Hin-

sichten als denen der Lehrpläne. Und die Weise, wie er sich entwickelt, ist nicht unabhängig von der Weise, wie das Leben in der Schule, also vor allem der Unterricht sich gestaltet. Mit anderen Worten: Der Unterricht hat prägende Nebenwirkungen. Das ausdrückliche Bedenken dieser Wirkungen, die Gestaltung des Unterrichts unter Berücksichtigung dessen, was wir den menschlichen Fortschritt des Schülers nennen können und was immer ein Fortschritt des Typus B ist, macht den Lehrer erst zum verantwortlichen Erzieher." (ebd.)

B-Fortschritte im Sinne der Persönlichkeitsentwicklung, die immer nur durch inhaltliche Auseinandersetzungen möglich sind, werden von Spaemann also eindeutig über die funktionalen A-Fortschritte in einzelnen Kompetenzbereichen gestellt. Seine Begründung dieser Präferenz ist dabei durchaus existentieller Art:

„Erzieherisch aber wirkt nur ein Umgang, der seinen Zweck nicht ausschließlich in Erreichung eines künftigen Zieles hat. Rousseau hat daher mit großem Recht gefordert, jeder Unterricht müsse sich so abspielen, daß die in ihm verbrachte Zeit auch dann sinnvoll war, wenn das Kind bereits vor der Erreichung des Lernzieles stirbt." (ebd.: 133 f.)

Ich kann nicht erkennen, inwiefern diese Forderung dem philosophischen Elfenbeinturm bzw. einem schul- und weltfremden Idealismus zugeordnet werden könnte. Zumindest befindet sie sich in vollem Einklang mit dem zitierten § 1 des Berliner Schulgesetzes. Von diesem Blickwinkel aus muss aber der aktuelle Rahmenlehrplan für Berlin und Brandenburg insofern als fragwürdig erscheinen, als er die von Spaemann kritisierte Verselbstständigung des A-Fortschritts weiter verstärkt. Für die mögliche Ausgestaltung eines Korrektivs zu dem in diesem Sinn problematischen Rahmenlehrplan wollte der vorliegende Beitrag Anregungen geben.

Bibliographie

Aristoteles (^{2}2008): *Nikomachische Ethik. Übersetzt und herausgegeben von Ursula Wolf.* Hamburg: Rowohlt.

Bohnsack, Fritz (2008): *Schule – Verlust oder Stärkung der Person?* Bad Heilbrunn: Klinkhardt.

Landesinstitut für Schule und Medien Berlin-Brandenburg (Hrsg.) (2016): *Das ABC des schulinternen Curriculums. Leitfaden zur Erarbeitung einer schuleigenen pädagogischen Handlungskonzepts auf der Basis des Rahmenlehrplans für die Jahrgangsstufen 1–10 in Berlin und Brandenburg.*

Senatsverwaltung für Bildung, Jugend und Sport Berlin (Hrsg.) (2006): *Rahmenlehrplan für die Sekundarstufe I, Jahrgangsstufe 7–10. Russisch.*

Senatsverwaltung für Bildung, Jugend und Familie Berlin und Ministerium für Bildung, Jugend und Sport des Landes Brandenburg (Hrsg.) (2015): *Rahmenlehrplan. Teil C. Moderne Fremdsprachen. Jahrgangsstufen 1–10.*

Spaemann, Robert (2012): *Philosophische Essays. Erweiterte Ausgabe.* Stuttgart: Reclam.

DNS Jb. 8/9 für 2017/18 (2020): 68–81

Anka Bergmann / Jule Böhmer

Perspektiven auf Heterogenität: Lehrpläne für Russisch als Fremdsprache und Russisch als Herkunftssprache

Zusammenfassung Deutsch

Den Fremdsprachenunterricht Russisch besuchen sowohl Fremdsprachenlerner als auch Herkunftssprecher. Der Beitrag geht der Frage nach, inwieweit diese spezifische Heterogenität der Lerngruppen bildungspolitisch zur Kenntnis genommen und in den Lehrplänen berücksichtigt wird. Darüber hinaus wird diskutiert, welche Modelle und Lernziele die staatlichen Lehrpläne für Herkunftssprachenunterricht enthalten und inwieweit sich hier Impulse für die Entwicklung des schulischen Russischlernens in einer mehrsprachigen Gesellschaft ableiten lassen.

Zusammenfassung Russisch

Часто дети-билингвы посещают уроки русского языка как иностранного и обучаются вместе с теми, кто изучает язык с нуля. В статье рассматривается вопрос, как эта специфическая ситуация учитывается в учебных программах и какие цели поставлены со стороны образовательной политики. Также рассматриваются государственные учебные программы для преподавания унаследованных мигрантских языков.

1. Heterogenität im schulischen Russischunterricht

Russischunterricht steht wie kein anderes schulisches Sprachenfach im Spannungsfeld von Fremdsprachen- und Herkunftssprachenlernen. Der reguläre Fremdsprachenunterricht wird oft von Schülern[1] mit familiären Vorkenntnissen besucht, was zu einer spezifischen Heterogenität der Russischkurse führt. In manchen Orten und Regionen gibt es aber auch herkunftssprachliche Unterrichtsangebote in staatlicher Verantwortung. Sowohl der Fremdsprachenunterricht als auch der Herkunftssprachenunterricht sind historisch gewachsene Konzepte, die den sich wandelnden Anforderungen einer mehrsprachigen Gesellschaft ausgesetzt sind und sich zwischen bildungspolitischer Rahmung und täglichen unterrichtspraktischen Bedingungen beweisen müssen. Dabei sind Lehrpläne

[1] Aus Gründen der Lesbarkeit wurde im Text die männliche Form gewählt, nichtsdestoweniger beziehen sich die Angaben auf Angehörige beider Geschlechter.

als bildungspolitische Steuerungsinstrumente auf einer mittleren Ebene zwischen übergreifenden Bildungsstandards und schulinternen Curricula angesiedelt. Sie bilden die Rahmenbedingungen des Faches auf Länderebene ab und insofern sind sie ein Indikator dafür, wie bildungspolitische und schuladministrative Instanzen die Situation in einem Fach bzw. einer Fächergruppe wahrnehmen. Die in Deutschland übliche Form von Lehrplänen steckt einen eher allgemeinen Rahmen ab, der in Form von Kompetenzen die Ziele des Schulunterrichts vorgibt und damit den Handlungsspielraum der Schulen bzw. der Lehrer determiniert. Wir haben die Russischlehrpläne der 15 Bundesländer analysiert, in denen Russisch als Fremdsprachenfach unterrichtet wird, das sind alle außer dem Saarland. Die Frage ist, inwieweit die Heterogenität der sprachlichen Voraussetzungen der Lerner hier berücksichtigt wird. Zudem gibt es in vier Bundesländern – Hamburg, Nordrhein-Westfalen, Rheinland-Pfalz und Sachsen – staatliche Lehrpläne für den Herkunftssprachenunterricht, die speziell auf den Lernbedarf in Herkunftssprachen ausgelegt sind und damit eine andere Perspektive darstellen als die traditionellen Fremdsprachenlehrpläne. Bevor diese beiden Lehrpläne diskutiert werden, gehen wir in einem knappen Überblick auf die Hintergründe der Heterogenität im Bereich des Russischlernens ein.

2. Hintergründe: Russischsprachige Migration in Deutschland

Die Zuwanderung russischsprachiger Menschen aus dem postsowjetischen Raum seit der ersten Hälfte der 1990er Jahre hat den schulischen Russischunterricht in den letzten nun fast drei Jahrzehnten sehr stark beeinflusst. Russisch, das zumeist als 3. oder 4. Fremdsprache, in den östlichen Bundesländern auch als 2. Fremdsprache etabliert ist, wurde und wird häufig von Schülern gewählt, in deren Familiengeschichten und Familienalltag die deutsche und russische Sprache eng verflochten sind. Dies sind zum einen russlanddeutsche Aussiedler und ihre Kinder mit ganz vielfältigen familiären Sprachkonstellationen und Sprachbiografien (vgl. dazu Meng 2017), außerdem aber auch viele andere Menschen mit unterschiedlichen ethnischen, soziokulturellen und religiösen Hintergründen – jüdische Einwanderer, Flüchtlinge aus Konfliktregionen des postsowjetischen Raums, russische Arbeitsmigranten und viele andere. Einen Überblick über die russischsprachige Migration nach Deutschland gibt das *Handbuch des Russischen in Deutschland* (Witzlack-Makarevich/Wulf 2017). Entgegen der häufigen öffentlichen Wahrnehmung eint sie weder, dass sie russische Vorfahren haben, noch kommen alle aus Russland. Nicht für alle ist Russisch die (erste) Muttersprache. Aber sie alle haben lebensweltliche Mehrsprachigkeitserfahrungen und die russische Sprache erfüllt kommunikative Funktionen in ihrem alltäglichen Leben. Dabei sind die Sprachkompetenzen der Kinder und Jugendlichen sehr unterschiedlich ausgeprägt. Nur wenige haben bereits eine russischsprachige Schule besucht. Viele sind hingegen Vertreter der 2. und inzwischen auch 3. Migrantengeneration. Bei ihnen reichen die Sprachkompetenzen von der flüssigen vorzugsweise mündlichen Beherrschung eines alltagssprachlichen Registers bis zu großen Asymmetrien zwischen rezeptiver und produktiver Sprachbeherrschung, sog. rezeptivem Bilingualismus (zu diesem vgl. Anstatt 2018). Insgesamt haben wenige Schüler in der Familie oder in einer Sonntagsschule schreiben und lesen gelernt, wenn sie in den Unterricht kommen. Ohne einen systematischen Schriftspracherwerb fehlt ihnen in der Regel der Ausbau des formellen und bildungssprachlichen Registers. Mit Blick auf die Lernbedürfnisse solcher Schüler ist unbedingt zu bedenken, dass sie, auch wenn die produktiven Sprachkompetenzen nicht gut entwickelt sind, über qualitativ andere Lernvoraussetzungen verfügen als Fremdsprachenlerner, auf die das Konzept des schulischen Fremdsprachenunterrichts ausgerichtet ist. Sie verstehen gesprochene Sprache, haben eine implizit erworbene und damit meist unbewusste Vorstellung von den lexikalischen und grammatischen Strukturen sowie situativ-kommunikative Erfahrungen. Für einen Überblick zu den Besonderheiten des bilingualen russisch-deutschen Spracherwerbs ist der Beitrag von Gagarina (2017) zu empfehlen. Auch die individuellen Lernmotivationen unterscheiden sich: Untersuchungen zeigen, dass die Kinder und Jugendlichen häufig die russische Sprache als Teil ihrer soziokulturellen Identität begreifen und in der Familie erhalten möchten (vgl. Protasova 2017, Brehmer/Mehlhorn 2018).

3. Bildungspolitische Perspektive und Handlungsspielraum der Lehrer

Lerngruppen, in denen Schüler ohne jegliche Berührung mit der russischen Sprache und deutsch-russisch bilinguale Schüler zusammen lernen, sind für jeden Lehrer eine enorme Herausforderung. Entstanden ist diese Situation seit den 1990er Jahren ohne dass die Bildungspolitik dafür Antworten parat hatte. Auch fachdidaktische Konzepte für das gemeinsame Lernen von Anfängern und Herkunftssprechern fehlten und fehlen immer noch weitgehend. Auf der Mikroebene des Unterrichts musste zwangsläufig jeder Lehrer selbst Lösungen finden, um kurzfristig einen strukturierten, möglichst störungsfreien Unterricht zu organisieren. Darüber hinaus sind viele Lehrer aber durchaus darum bemüht, für alle Schüler relevante Lernziele und Lernwege anzubieten. In den zurückliegenden fast drei Jahrzehnten wurden in der Unterrichtspraxis umfangreiche Erfahrungen gesammelt und auch bei Tagungen und Fortbildungen diskutiert, etwa bei den Jahrestagungen des Fachverbandes Russisch & Mehrsprachigkeit oder im Rahmen des Netzwerks Herkunftssprachlicher Unterricht[2]. Vielfach wurde darauf hingewiesen, dass dem Handlungsspielraum der Lehrer durch die für das Fremdsprachenfach geltenden Lernziele, das zugrundeliegende Kompetenzmodell sowie methodische Traditionen des Fremdsprachenunterrichts deutliche Grenzen im Umgang mit den Herkunftssprechern gesetzt sind. Widersprüchlichkeiten äußern sich im Unterricht besonders deutlich auf der Bewertungsebene. Es ist bislang kaum erforscht und fachdidaktisch reflektiert, inwiefern die praktizierten Lösungen die unterschiedlichen Lernvoraussetzungen und -bedürfnisse der Schüler berücksichtigen, welche Lernprozesse jeweils angestoßen werden und wie die individuelle Wahrnehmung der Schüler ist. Ein geläufiges Szenario ist etwa, die Schüler mit russischsprachigen Vorkenntnissen als „Experten" einzusetzen, aber wie diese selbst das wahrnehmen, in welchen Bereichen sie tatsächlich Experten sind und ob

2 Das Netzwerk ist unter https://www.uni-due.de/prodaz/hsu_netzwerk zu finden.

bzw. was sie selbst dabei lernen, ist nicht umfassend untersucht worden. Auf der individuellen Ebene steht die Frage nach der Relevanz der Lernziele, auf der Ebene des Unterrichts geht es um die Organisation eines Lernraums, in dem Schüler gemeinsam arbeiten und voneinander profitieren können. Dahinter muss ein Verständnis von Differenzierung liegen, das mehr berücksichtigt als den Umgang mit lernstarken und lernschwächeren, mit mehr oder weniger motivierten Schülern. Einige Unterrichtsszenarien für die Arbeit in heterogenen Russischlerngruppen, die von der spezifischen Lernsituation von Herkunftssprechern und Fremdsprachenlernern ausgehen, schlägt Maier (2016) vor. Für eine nachhaltige Entwicklung von Unterrichtskonzepten ist es allerdings notwendig, dass solche aus der Praxis *bottom-up* entstehenden Prozesse von Bildungspolitik und Schuladministration zur Kenntnis genommen und in der Organisation der fachlichen Infrastruktur und in den Steuerungsmechanismen berücksichtigt werden. Wie unsere im nächsten Abschnitt dargestellte Analyse der Lehrpläne zeigt, geschieht dies bislang nur in einem begrenzten Umfang. Die Gründe dafür sind vielfältig: Russisch gehört zum einen zu den weniger gefragten Schulfremdsprachen, die Sprache genießt insgesamt ein viel geringeres Prestige als Französisch und Spanisch, wird seltener als 2. Fremdsprache angeboten und die Mittel und Strukturen, die für eine systematische Aufgaben- und Unterrichtsentwicklung aufgewendet werden, sind geringer. Zudem gelten Schüler mit Russisch als Herkunftssprache nicht als pädagogisch und gesellschaftlich problematisches Klientel, sie sind in der Regel das, was man gut integriert nennt oder werden gar nicht als mehrsprachig wahrgenommen. Daher gehört die Förderung des Russischunterrichts auch im Rahmen der zunehmenden Bemühungen um Mehrsprachigkeit (verstanden in erster Linie als Förderung der Herkunftssprachen) nicht zu den prioritären Bereichen der Bildungspolitik.

4. Lehrpläne für Russisch als Fremdsprache

Rahmenlehrpläne für das Fach Russisch als Fremdsprache gibt es in allen Bundesländern außer dem Saarland. In Berlin, Brandenburg und in Hamburg sind die neuen Lehrpläne sprachübergreifend für die „Modernen Fremdsprachen" konzipiert (s. Beitrag von Junghanns/Schinschke in diesem Heft). Der gemeinsame Lehrplan gilt in Berlin/Brandenburg für die Jahrgangsstufen 1–10, in Hamburg für die Sekundarstufe I sowie gesondert für die Oberstufe. So einleuchtend dies für das Bestreben nach einem einheitlichen Konzept des Fremdsprachenlernens sein mag, so wenig bietet es andererseits die Möglichkeit zielsprachliche und sprachlernbedingte Spezifika auf dieser Steuerungsebene zu berücksichtigen. Für alle Sprachen werden gleiche Ziele angestrebt, B1 für die Sekundarstufe 1 und B2 für die Sekundarstufe II. Lediglich im Präambeltext wird in kurzen Abschnitten jeweils auf die Bedeutung der angebotenen Sprachen eingegangen.

Genau in der Hälfte der Lehrpläne wird die besondere sprachliche Heterogenität der Schülerschaft in den Russischlerngruppen thematisiert. Da dies ein überschaubarer Befund ist, wollen wir die Schlüsselstellen aus den Präambeltexten im Folgenden auflisten und diskutieren, welche Perspektiven auf die Heterogenität hier deutlich werden. Die entsprechenden Formulierungen zur Bezeichnung der Schüler mit Vorkenntnissen haben wir unterstrichen.

„Im Russischunterricht können die Lerngruppen besonders heterogen sein, da oft **Anfänger und Schülerinnen und Schüler mit russischsprachigem Hintergrund in unterschiedlicher Ausprägung** gemeinsam unterrichtet werden." (RLp BW[3], S. 9).

„In Berlin und Brandenburg als einer Drehscheibe zwischen Ost- und Westeuropa machen **russisch sprechende Menschen einen erheblichen Prozentsatz der Bevölkerung aus. Hierzu gehören Russen, Ukrainer, Russlanddeutsche, Tataren, Georgier, Armenier und Angehörige anderer Nationalitäten der ehemaligen Sowjetunion**. Für sie ist Russisch die Sprache, die eine Verständigung untereinander ermöglicht." (RLp BE-BB, S. 7)

„Darüber hinaus leistet das Angebot, Russisch als Fremdsprache in der Schule zu erlernen, einen wichtigen Beitrag zur Integration von **Schülerinnen, deren Erstsprache Russisch** ist. Für diese Schülerinnen und Schüler ist der Erhalt bzw. die Erweiterung ihrer sprachlichen Kompetenz im Hinblick auf die Klärung ihrer kulturellen Identität individuell bedeutsam. Sie erfahren durch die Möglichkeit, ihre Erstsprache zu festigen und weiter zu entwickeln eine Anerkennung ihrer sprachlichen Kompetenz und erleben, dass die kulturellen Leistungen Russlands auch hier geschätzt werden." (RLp HB, S. 5)

„Das Unterrichtsangebot im Russischen ermöglicht auch **Kindern von Aussiedlerinnen und Aussiedlern** ihre sprachliche und interkulturelle Kompetenz zu erweitern." (RLp HE, S. 3)

„Der Russischunterricht leistet einen aktiven Beitrag zur Integration und Förderung von **Schülerinnen und Schülern mit russischsprachigem Hintergrund**, welche die Chance haben, sich bewusst mit ihrer Herkunftssprache auseinanderzusetzen." (RLp ST, S. 5)

„Russisch als Wahlpflichtfach I ist nicht verbindlich zu belegen, sondern wird zu einem Teil von **Schülerinnen und Schülern** gewählt, **die** besonders fremdspracheninteressiert sind beziehungsweise **einen herkunftssprachlichen Hintergrund** besitzen." (RLp SH, S. 13)

„Der Russischunterricht leistet zudem einen Beitrag zur Förderung von **Schülern mit russischsprachigem Hintergrund**. Sie erhalten die Möglichkeit, sich bewusst mit ihrer Muttersprache bzw. Familiensprache auseinanderzusetzen, die eigene Sprachkompetenz zu vertiefen." (RLp TH, S. 8)

Mit dem Verweis auf einen russischsprachigen bzw. herkunftssprachlichen Hintergrund wird darauf Bezug genommen, dass die Schüler russischsprachige Kommunikationserfahrung aus dem außerschulischen familiären Bereich mitbringen. Als Herkunftssprecher gilt nach allgemeinem Verständnis, wer in der Familie eine andere Sprache als die Umgebungssprache Deutsch erworben hat und diese im Alltag, in der Familie gebraucht. Da Russischunterricht nicht durchgängig ab der Grundschule besucht werden kann, und das Deutsche als Umgebungs- und als Bildungssprache dominant ist, haben die Schüler oftmals einen Bruch in ihrer sprachlichen Entwicklung und kommen mit sehr unterschiedlichen Sprachkompetenzen, die sich nicht eindeutig in Gruppen ordnen lassen. Darum ist der Begriff „Hintergrund" mit seiner gewissen Unbestimmtheit hier durchaus passend. Genauere Zuordnungskriterien sind erst in dem Fall erforderlich, wenn es gesonderte Angebote für diese Schüler gibt bzw. Teilungsunterricht ermöglicht wird. Dabei liegt dann aber eine weitere Schwierigkeit darin, dass häufig über die „mitgebrachten" Sprachkenntnisse eine soziokulturelle Zuordnung und Gruppenidentität konstruiert

[3] Aus Platzgründen verwenden wir für die Lehrplanangaben die üblichen Länderkürzel der Bundesländer. Die vollständigen Benennungen der Dokumente sind den bibliografischen Angaben zu entnehmen.

wird, die bei Schülern der 2./3. Migrantengeneration oder eben bei Aussiedlerfamilien gar nicht gegeben ist. Es sind nicht „die Russen“ und auch nicht die Russisch-Muttersprachler, und nicht immer ist Russisch die Erstsprache, sondern z. B. die zweite Familiensprache nach oder neben Tschetschenisch, Armenisch, Ukrainisch.[4] Die sprachbiografischen Konstellationen sind vielfältig. Gerade darum ist auch der Verweis auf die Kinder von Aussiedlern im Lehrplan von Hessen nicht ausreichend. Am besten fasst wohl der Berlin-Brandenburger Lehrplan, Teil C Moderne Fremdsprachen, die Vielfalt der russischsprachigen Schüler mit dem Verweis darauf, dass Russisch die Sprache der Verständigung untereinander sei. Diese Perspektive reicht über das traditionelle an Nationalsprachen orientierte Konzept des schulischen Fremdsprachenlernens und über die tradierten Denkfiguren der vorzugsweise touristisch geprägten Anwendungs- und Nützlichkeitsperspektiven schulischen Sprachenlernens hinaus.

Die in den angeführten Passagen ersichtlichen Vorstellungen von den bildungspolitischen Zielen bewegen sich auf drei Ebenen:

1. Anerkennung der sprachlichen Ressourcen der Schüler und Förderung der persönlichen Identitätsbildung
2. Beitrag des Faches zur Mehrsprachigkeitserziehung durch Entwicklung und Ausbau der individuellen Sprachprofile
3. Bereicherung des Fachunterrichts auf kommunikativer und interkultureller Ebene durch die mitgebrachten Sprachkompetenzen der Schüler

Der erste Punkt betrifft die individuelle Perspektive der Schüler: Die Anerkennung der sprachlichen Herkunft und Identität gilt als wichtig für die Persönlichkeitsentwicklung. Sicher ist eine solche Wertschätzung der Schüler ein allgemein-pädagogischer Grundsatz vieler Lehrer und heute auch in etlichen Schulkonzepten verankert. Die Ausführung im Rahmenlehrplan ist dennoch eine wichtige Rahmung für Überlegungen, wie genau dies in der schulischen Praxis im Fachunterricht gestaltet werden kann, denn die Anerkennung wird ja nicht automatisch allein durch die angebotenen Möglichkeiten wirksam. Wie die oben angeführten Zitate belegen, wird hier für den Fremdsprachenunterricht insbesondere auf den Erhalt und die Erweiterung der sprachlichen und interkulturellen Kompetenz und dabei insbesondere auf die bewusste Auseinandersetzung mit der Herkunftssprache hingewiesen, die als bedeutsam für die „Klärung der kulturellen Identität“ (Bremen) und in diesem Sinne als „Chance“ (Sachsen-Anhalt), als „Beitrag zur Förderung“ (Thüringen, Sachsen) und zur „Integration“ (Bremen, Sachsen-Anhalt) der Schüler gesehen werden. Fragwürdig erscheint in diesem Zusammenhang die Bremer Überlegung, den Schülern zu zeigen, dass „die kulturellen Leistungen Russlands auch hier geschätzt werden“ (S. 5) und ihnen dadurch Anerkennung zu erweisen. Dies ist nicht einfach nur oberflächlich, sondern geht an der Sachlage völlig vorbei, dass nämlich nur sehr wenige Schüler im Zuge neuerer Arbeitsmigration direkt aus Russland in die deutsche Schule kommen. Welche Identifikation mit den kulturellen Leistungen Russlands wird aber von Schülern erwartet, deren Familien aus Kasachstan, dem Baltikum, dem tschetschenischen

[4] Küppers/Schroeder (2017) diskutieren diesen Mechanismus für den Türkischunterricht. Sie zeigen, dass Schüler zuweilen erst durch die Anmeldung zum Herkunftssprachenunterricht zu „Türken“ werden und fordern einen für alle Schüler offenen, wie sie es nennen „inklusiven“ Türkischunterricht.

Konfliktgebiet oder der Ostukraine nach Deutschland gekommen sind? Und warum meint man, dass diejenigen Schüler, die in Deutschland geboren und aufgewachsen sind, ihre kulturelle Identität an die kulturellen Leistungen Russlands binden sollten, um integriert zu werden (und müssen sie das überhaupt)?

Aufgrund einer solchen Sichtweise können sicher keine adäquaten Entscheidungen für diese Schüler und ihr sprachliches und soziokulturelles Potenzial getroffen werden. Hier wird aber ein grundsätzliches Problem des schulischen Fremdsprachenunterrichts sichtbar: Sprachen sind an Kulturen, Gesellschaften, politische Konstellationen gebunden und dies birgt Konfliktpotenzial. Der Sprachunterricht muss klären, in welcher Weise (und das betrifft nicht nur Russisch) über kulturelles Lernen auch politische Bildung eingeschlossen wird, wie mit Sprachkonflikten in den zielsprachlichen Regionen umgegangen wird und ähnliche Fragen.

Der zweite Punkt betrifft den Beitrag des Faches zur Förderung von Mehrsprachigkeit, die als *„eine wichtige Aufgabe der Schule"* (RLp BE-BB, S. 3) gilt. Die Entwicklung individueller Sprachprofile wird dabei verstanden als „Ausbau der bereits vorhandenen lebensweltlichen Mehrsprachigkeit in den Klassenverbänden" (RLp NRW, S. 12). In den sachsen-anhaltinischen und schleswig-holsteinischen Lehrplänen ist folgender Wortlaut zu finden *„[...] können die Schülerinnen und Schüler ihre vorhandene Mehrsprachigkeit selbstständig und reflektiert erweitern"* (RLp ST, S. 8; RLp SH, S. 56). Der eindeutige Bezug auf die Herkunftssprache kommt im Bremer Lehrplan zum Ausdruck: *„Der Russischunterricht leistet so einen wichtigen Beitrag bei der Erziehung zur Mehrsprachigkeit, da das Lernen in der Zweitsprache vom sprachlich bewussten Umgang mit der Erstsprache profitiert."* (RLp HB, S. 5). Dies ist ein Argumentationsmuster, das mit Bezug auf den Herkunftssprachenunterricht zu beobachten ist (s. auch unten die Ausführungen zu den Herkunftssprachen-Lehrplänen) und sich auf die Hypothese stützt, dass die Sprachkompetenz in der Zweitsprache wesentlich von der Entwicklung in der Erstsprache abhängt (s. *Digitales Lexikon Fremdsprachendidaktik*, Stichwort Interdependenzhypothese). Informationen, in welcher Form die individuelle Mehrsprachigkeit der herkunftssprachlichen Schüler ausgebaut werden soll und kann, werden nicht gegeben. In keinem der untersuchten Lehrpläne wird die Möglichkeit der unterschiedlichen Zielkompetenzsetzung/-erreichung zwischen fremd- und herkunftssprachlichen Lernern eröffnet.

Eine dritte Argumentationslinie bezieht sich auf den Nutzen, der aus der Anwesenheit herkunftssprachlicher Lerner für das Lernen in der Gruppe resultiert: *„Der Russischunterricht soll die Kenntnisse und Erfahrungen dieser Schülerinnen und Schüler für alle Lernenden nutzbar machen und den Gedankenaustausch zwischen den Lernenden unterschiedlicher Herkunft fördern."* (RLp HE, S. 3). Dies bezieht sich sowohl auf die sprachlich-kommunikative als auch auf die interkulturelle Kompetenz auf der Basis des Kennenlernens unterschiedlicher kultureller Muster. Entsprechende Formulierungen finden sich in den Lehrplänen in Bremen, Sachsen-Anhalt und Thüringen. Unseren Erachtens steckt dahinter aber durchaus das Potenzial, die in der gesellschaftlichen Realität etablierte dichotome Sichtweise in Bezug auf die prestigereichen Schulfremdsprachen einerseits und Migrantensprachen (und die damit verbundene Mehrsprachigkeit) mit einem geringeren Prestige andererseits zu durchbrechen (Brizić 2009; Dirim 2010), wenn Schüler die Gelegenheit haben, ihr mitgebrachtes sprachgebundenes kulturelles Kapital erfolgreich in Handlungsmöglichkeiten zu transformieren und damit die „potenziell gewinnbringenden Wissensschätze", die Herkunftssprachen als „ruhendes Vermögen" enthalten, in „nützliches Kapital" zu wandeln, beizubehalten und auszubauen (vgl. Roche 2013: 180 ff.). Dafür allerdings bedarf es sowohl auf der Ebene der Lehrpläne als auch bei deren Implementierung weiterer Konkretisierungen und Diskussionen, um die Potenziale der Heterogenität in den Lerngruppen systematisch nutzbar zu machen. Russisch könnte dafür Vorreiter im Bereich des schulischen Sprachenlernens werden, da diese Sprache nicht so eindeutig und nicht in dem gleichen Maße institutionellen Hürden und Einschränkungen unterliegt wie andere Migrantensprachen. Es ist eben schon seit einiger Zeit auch legitimes Fremdsprachenfach, die mit dem Lernen verbundenen Anstrengungen eines Fremdsprachenlerners werden gesellschaftlich anerkannt (es ist ja eine schwierige Sprache) und – wie dargelegt – wird die lebensweltliche Mehrsprachigkeit inzwischen in einigen Bundesländern in den Lehrplänen als Ressource zumindest wahrgenommen. Für die schulische Praxis sind aber bislang das handlungsleitende Kompetenzmodell sowie die methodischen Traditionen des Fremdsprachenlernens ein starker konservierender Faktor. Alle Russischlehrpläne beziehen sich auf den Gemeinsamen Europäischen Referenzrahmen (GER) bzw. auf die Bildungsstandards mit ihrem konkretisierten Kompetenzmodell. Sie sind in der Regel[5] so aufgebaut, dass jeweils für das Ende einer Klassenstufe, eines Jahrgangsstufenpaar oder einer Schulstufe die zu erreichenden kommunikativen Kompetenzen in den jeweiligen Teilkompetenzen (Fertigkeiten) formuliert werden, dies setzt die Vorstellung von einem mit Null beginnenden und gleichmäßig fortschreitenden Fremdsprachenlernen um. Auch die inhaltlichen Vorgaben richten sich in vielen Lehrplänen nach den allgemeinen, nicht sprachspezifischen Vorgaben des GER. In den Lehrplänen von Mecklenburg-Vorpommern, Sachsen-Anhalt, Sachsen, Schleswig-Holstein und Thüringen sind neben sachinhaltlichen Aspekten auch konkrete sprachliche Mittel für Russisch vorgegeben. Eine Berücksichtigung der speziellen Voraussetzungen und Lernbedürfnisse von herkunftssprachlichen Lernern fehlen aber auch in diesen Explikationen.

5. Lehrpläne für Russisch als Herkunftssprache

In den vier Bundesländern Hamburg, Nordrhein-Westfalen[6], Rheinland-Pfalz und Sachsen gibt es neben dem Fremdsprachenunterricht Russisch auch Unterrichtsangebote für „Russisch als Herkunftssprache"[7] an Grund- und weiterführenden Schulen, für die staatliche Lehrpläne den bildungspolitischen Rahmen schaffen. Die untersuchten Dokumente

[5] Einzige Ausnahme bildet der Lehrplanentwurf für das Fach Russisch in der Sekundarstufe I von 1996 aus Rheinland-Pfalz. Da erst nach der Veröffentlichung der Ergebnisse der ersten PISA-Studie 2002 eine Kompetenzorientierung in den Lehrplänen Einzug hielt, ist diese Ausnahme nicht verwunderlich.

[6] Der in Nordrhein-Westfalen noch gültige Lehrplan ist mit „Muttersprachlicher Unterricht" betitelt. Allerdings hat sich auch in Nordrhein-Westfalen mittlerweile die Bezeichnung Herkunftssprachenunterricht durchgesetzt (RdErl. d. Ministeriums für Schule und Weiterbildung, 28.06.2016).

[7] Aufgrund der föderalen Struktur im Bildungswesen bestehen viele unterschiedliche Organisationsformen von Herkunftssprachenunterricht in Deutschland, auf die an dieser Stelle nicht eingegangen werden kann. Einen guten Überblick bietet Reich (2014).

sind Lehrpläne für den Herkunftssprachenunterricht in der Sekundarstufe I am Gymnasium und beziehen sich nicht explizit auf das Fach Russisch. Für die Sekundarstufe II gibt es in keinem Bundesland einen Lehrplan für den Herkunftssprachenunterricht. Hier wirkt sich vermutlich das Abitur als stark vereinheitlichender Faktor aus. Der auf das Abitur vorbereitende Russischunterricht in der Sekundarstufe II erfolgt nach einem für herkunftssprachliche und fremdsprachliche Lerner einheitlichen Lehrplan (Hamburg) bzw. schlicht nach dem Fremdsprachenlehrplan.

Die Rahmenbedingungen für den Herkunftssprachenunterricht in der Sekundarstufe I sind in den vier Bundesländern unterschiedlich, wir beziehen uns hier wiederum auf das gymnasiale Angebot. Auch wenn es schwer ist, einen zahlenmäßigen Überblick zu gewinnen, kann man davon ausgehen, dass es das umfangreichste Angebot derzeit in Hamburg und Nordrhein-Westfalen gibt. Die staatlichen Lehrpläne und die Regelungen für die Ausbildung und Anstellung von Lehrern für Herkunftssprachenunterricht bilden hierfür eine verlässliche Basis, sie sind nicht nur ein Bekenntnis zur staatlichen Verantwortung für die Förderung der Herkunftssprachen, sondern Teil einer aktiven Integrationspolitik der Länder. Im Faktenblatt zum Herkunftssprachenunterricht Nordrhein-Westfalen (Stand Mai 2019)[8] wird darauf verwiesen, dass der Herkunftssprachenunterricht nicht mehr wie ursprünglich mit dem Ziel erteilt wird, die Rückkehr in Herkunftsländer zu unterstützen, sondern „ein Angebot für Schülerinnen und Schüler mit internationaler Familiengeschichte [ist], die zwei- oder mehrsprachig in Deutsch und in einer oder mehreren anderen Sprachen aufwachsen". In Nordrhein-Westfalen gibt es Angebote für über 20 Sprachen (97.627 Schüler im Dezember 2018, 936 Stellen im Landeshaushalt). Russisch kann sowohl im Primar- als auch im Sekundarbereich besucht werden. In der Sekundarstufe 1 kann der Herkunftssprachenunterricht anstelle der 2. oder 3. Fremdsprache erfolgen oder aber auf freiwilliger Basis, in diesem Falle wird nach bestandener Sprachprüfung in Klasse 9 oder 10 das Ergebnis im Abschlusszeugnis bescheinigt. Die Mindestgruppengröße liegt in der Sekundarstufe bei 18 Schülern. Das ist viel, aber immerhin wird hier – regional sicher unterschiedlich – eine durchgängige Ausbildung in der Herkunftssprache möglich.

Auch in Hamburg kann die Herkunftssprache im Gymnasium anstelle der zweiten oder dritten Fremdsprache gewählt werden. Die Mindestteilnehmerzahl liegt bei 15 Schülern, es können stufenübergreifende Angebote eingerichtet werden. Zentrale Angebote führen daneben Unterricht am Nachmittag durch, so dass Schüler aus allen Stadtteilen die Möglichkeit haben, das Angebot wahrzunehmen. Diese Struktur ermöglicht zudem ein Angebot in möglichst vielen Sprachen.

Rheinland-Pfalz bietet Herkunftssprachenunterricht als freiwilliges Zusatzangebot bis zum Ende der Sekundarstufe I an. Entscheiden sich Schüler für die Teilnahme, können sie eine der Jahrgangsstufe entsprechende Form der Leistungsbeurteilung in ihrem Zeugnis bekommen. Die Mindestgruppengröße beträgt zehn Teilnehmer, wobei die Schulbehörde jährlich die Einrichtung des Angebots überprüft.

---

[8] Zugänglich über https://www.schulministerium.nrw.de/docs/Schulsystem/Unterricht/Lernbereiche-und-Faecher/Sprachlich-literarischer-Lernbereich/Herkunftssprachlicher-Unterricht/index.html.

Auch in Sachsen kann der Herkunftssprachenunterricht entweder als freiwilliges Zusatzangebot (unbenotet) oder anstelle der 2. Fremdsprache (benotet und dann verpflichtend bis Kl. 10) gewählt werden. Allerdings ist ein solches Angebot nur dann möglich, wenn die Sprache nicht bereits als Fremdsprachenfach angeboten wird, es gibt also keine parallelen Angebote wie in Hamburg und NRW.

Im Unterschied zum Fremdsprachenunterricht werden zur Teilnahme am Herkunftssprachenunterricht Kenntnisse in der entsprechenden Sprache vorausgesetzt, die in der Familie und in ihrem sozialen Umfeld erworben wurden. Die Lehrpläne machen explizit auf die lebensweltliche Zweisprachigkeit aufmerksam und knüpfen daran an: Thematisiert wird die fehlende Alphabetisierung und die daraus resultierende Notwendigkeit der Schriftsprachentwicklung. Auch wird die Varietätenvielfalt angesprochen, die innerhalb einer Lerngruppe existieren kann. Soziolekte, Dialekte und der Einfluss des Deutschen schaffen häufig Sprachvarietäten, die sich stark von der im Herkunftsland gesprochenen Standardsprache (die sich ebenfalls weiterentwickelt) unterscheiden kann, die Schüler müssen dies erkennen und bewusst damit umgehen. Obwohl sich die allgemeinen Zielformulierungen für den Herkunftssprachenunterricht letztlich nicht wesentlich von den Zielen des Fremdsprachenunterrichts unterscheiden, ist damit doch ein spezieller Fokus gesetzt. Als Hauptziele des Unterrichts sehen die Lehrpläne den Ausbau herkunftssprachlicher Kompetenzen, den Ausbau der individuellen Mehrsprachigkeit und die Entwicklung interkultureller Handlungsfähigkeit.

Im Lehrplan Nordrhein-Westfalens wird der Aspekt der Wertschätzung der individuellen Mehrsprachigkeit durch folgende Formulierung hervorgehoben: *„Es ist für die Motivation und das Selbstwertgefühl der Schülerinnen und Schüler wichtig, dass ihnen der Wert ihrer Kompetenz in der Muttersprache bewusst wird.“* (RLp NRW, S. 8). Auch wird hier die Bedeutung des Herkunftssprachenunterricht für die Sprachentwicklung des Deutschen direkt angesprochen: *„So kann einerseits eine vorhandene Kompetenz erhalten und andererseits* über den Muttersprachlichen Unterricht in Kombination mit dem Deutschunterricht *auch ein gezielter Aufbau der Kompetenz in der Zweitsprache Deutsch erreicht werden.“* (RLp NRW, S. 7).

Wie in den fremdsprachlichen Lehrplänen auch sind in den herkunftssprachlichen Lehrplänen zu erreichende Kompetenzen in den unterschiedlichen kommunikativen Teilkompetenzen (Fertigkeiten) zum Ende einer Doppeljahrgangsstufe zu finden, die Beschreibungskategorien entsprechen dem System des Europäischen Referenzrahmens. Dabei spiegeln die Mindestanforderungen für die Kompetenzen in der Herkunftssprache in Hamburg und Nordrhein-Westfalen die Mindestanforderungen von Englisch als der 1. Fremdsprache (und teilweise der 2. Fremdsprache in Nordrhein-Westfalen) im Wortlaut wieder. Somit entspricht auch die zu erreichende Niveaustufe zum Ende von Klasse 10 dem Niveau B1+ in Hamburg und dem Niveau B1 in Nordrhein-Westfalen.

Die Kompetenzbereiche des sächsischen Lehrplans für den Herkunftssprachenunterricht bestehen aus einer umfangreichen Sammlung von zu erreichenden Zielen in unterschiedlichen Lernbereichen, die an Zielen des Deutschunterrichts und den Zielen des Fremdsprachenunterrichts orientiert sind.

Im Lehrplan von Rheinland-Pfalz wird zwar explizit auf den Bezug zu den Bildungsstandards für Fremdsprachen und die Vorgaben des GER verwiesen, allerdings wird schon durch die Bezeichnung „Orientierungsrahmen" deutlich, dass „*die Ausprägungen der einzelnen Teilbereiche von den Lernenden auf unterschiedlichen Niveaus erreicht werden können*" (RLp RLP, S. 19).

Interessant für unsere weitere Diskussion ist, dass sich die didaktischen Grundsätze in einigem von denen des Fremdsprachenunterrichts unterscheiden. Auch wenn man bislang nur begrenzt von einer eigenen Herkunftssprachendidaktik ausgehen kann, so wird klar, dass neben fremdsprachenunterrichtlichen Kriterien auch Ansätze der Deutschdidaktik einfließen. Der Ausbau der funktional kommunikativen Kompetenzen knüpft an die mündlichen Vorkenntnisse der Schüler an und ist auf den Ausbau schriftsprachlicher und bildungssprachlicher Fähigkeiten gerichtet. So heißt es im Hamburger Lehrplan:

„*Die Unterrichtssprache wird zunehmend zu einer konzeptuell schriftlichen Sprache, in der verdichtete, kognitiv immer anspruchsvollere Informationen in kontextarmen Konstellationen angeboten werden. Der herkunftssprachliche Unterricht fördert bildungssprachliche Kompetenzen in der Herkunftssprache, indem er explizit, systematisch und kontinuierlich Differenzen zwischen Bildungs- und Alltagssprachgebrauch thematisiert.*" (RLp HH, S. 17)

Hier wird also eine Registerentwicklung ähnlich wie im muttersprachlichen Deutschunterricht angestrebt. Registerunterschiede werden hingegen im Fremdsprachenunterricht nicht in dieser Weise thematisiert, die didaktische Diskussion geht dort eher darum, ob und wie umgangssprachliche oder sogar jugendsprachliche Muster und Strukturen in den Unterricht gehören oder eine strikte Ausrichtung an der Standardsprache geboten ist. Auch die in den letzten Jahren forcierte Stärkung der Mündlichkeit im Fremdsprachenunterricht ist stark an das Konzept der Fertigkeit Sprechen gebunden und weniger als Vertextungsmuster und -handlung im Bereich konzeptueller Mündlichkeit gedacht. Darüber hinaus spielen Plurizentrik und *lingua franca*-Funktion der Sprache als weitere Sprachgebrauchsparameter im Fremdsprachenunterricht Russisch (anders als für Englisch, Französisch und Spanisch) bislang kaum eine Rolle. Hier kommt u. E. zum Tragen, dass die fremdsprachlichen Lehrpläne mit ihrem niveaugestuften Kompetenzmodell die starke methodische Tradition der Fertigkeitenschulung fortsetzen, während die Vorgaben für den Herkunftssprachenunterricht sich zwar ebenfalls auf dieses Modell stützen, aber zusätzlich ein stärkerer Einfluss von Modellen des Sprachgebrauchs und Sprachausbaus (vgl. Koch/Oesterreicher 1994) zu beobachten ist. Dieser Einfluss aus den Bereichen der Deutsch als Zweitsprache- und Herkunftssprachenforschung ermöglicht eine andere Perspektive auf das Verhältnis von Mündlichkeit und Schriftlichkeit und den Erwerb von Text(sorten)kompetenz im Sprachenlernen. Die Lehrpläne für den Herkunftssprachenunterricht sehen als Unterrichtssprachen funktionsabhängig die Herkunftssprache und das Deutsche: Die Herkunftssprache steht im Vordergrund, wenn es um die „Habitualisierung des herkunftssprachlichen Sprachgebrauchs" (RLp HH, S. 17) geht, das Deutsche dominiert bei Analyse und Sprachreflexion.

Insgesamt spielen neben dem Ausbau der funktional-kommunikativen Kompetenzen die Entwicklung von Sprachbewusstheit und das Reflektieren über die Herkunftssprache im Vergleich mit dem Deutschen und den anderen (Schul-) Fremdsprachen eine wichtige Rolle. Dabei liegt der Unterschied zum Fremdsprachenunterricht vor allem darin, dass hier an den Spracherfahrungen der Lerner angeknüpft werden kann, während im Fremdsprachenunterricht der Sprachvergleich bislang oftmals auf lexikalische Vergleiche im Bereich der Fremdsprachen beschränkt ist. Das Kompetenzmodell der Abiturstandards 2012 weist dem Bereich der Sprachbewusstheit eine transversale Rolle zu, in den Lehrplänen der Sekundarstufe 1 ist dies bislang noch nicht ausgearbeitet. Zu bedenken ist, inwieweit gerade in diesem Bereich der Fremdsprachenunterricht von den Zugängen und Erfahrungen des Herkunftssprachenunterrichts profitieren könnte und inwieweit sich hier Lerninteressen von Fremdsprachenlernern und Herkunftssprechern treffen. Gleiches gilt bei der Ausbildung der interkulturellen Kompetenzen: Hier wird die migrationsbedingte kulturelle Vielfalt in Deutschland und damit verbundene individuelle Erfahrungen in den Mittelpunkt gerückt, die für den Fremdsprachenunterricht eine wichtige Ergänzung darstellen können.

5. Fazit

Unseres Erachtens bieten die Erfahrungen des Russischunterrichts eine wertvolle Grundlage für die nachhaltige Entwicklung von Sprachunterrichtskonzepten, die den Anforderungen einer mehrsprachigen Gesellschaft gerecht werden. Um das mitgebrachte Sprachkapital der russisch-deutsch bilingualen Schüler nicht nur wertzuschätzen, sondern tatsächlich als Ressource nutzbar zu machen, muss dieses auch bildungspolitisch als wirtschaftliches Kapital erkannt werden. Wenn man diese Schüler „richtig" fördert, d. h. ihnen die Möglichkeit gibt entsprechend ihren Lernvoraussetzungen zu lernen, könnten im Ergebnis mehrsprachige Persönlichkeiten, die in der deutschen Gesellschaft und Kultur verankert sind, die Schule mit einer hohen Russischkompetenz verlassen.

Bibliographie

Brehmer, Bernhard; Mehlhorn, Grit (2018): *Herkunftssprachen.* Tübingen: Narr.

Brizić, Katharina (2009): „Ressource Familiensprache. Eine soziolinguistische Untersuchung zum Bildungserfolg in der Migration". In: Schramm, Karen; Schroeder, Christoph (Hrsg.): *Empirische Zugänge zu Sprachförderung und Spracherwerb in Deutsch als Zweitsprache.* Münster: Waxmann, S. 23–42.

Digitales Lexikon Fremdsprachendidaktik: https://www.lexikon-mla.de/lexikon/interdependenzhypothese/.

Dirim, İnci (2010): „Wenn man mit Akzent spricht, denken die Leute, dass man mit Akzent denkt oder so. Zur Frage des (Neo-)Linguizismus in den Diskursen über die Sprache(n) der Migrationsgesellschaft". In: Mecheril, Paul; Dirim, İnci; Gomolla, Mechthild; Hornberg, Sabine; Stojanov, Krassimir (Hrsg.): *Spannungsverhältnisse. Assimilationsdiskurse und interkulturell-pädagogische Forschung.* Münster/München: Waxmann, S. 92–112.

Gagarina, Natalia (2017): „Monolingualer und bilingualer Erstspracherwerb des Russischen: ein Überblick". In: Witzlack-Makarevich, Kai; Wulff, Nadja (Hrsg.), S. 393–410.

Koch, Peter; Oesterreicher, Wulf (1994): „Funktionale Aspekte der Schriftkultur. Schriftlichkeit und Sprache". In: Hartmut Günther; Otto Ludwig (Hrsg.): *Schrift und Schriftlichkeit, Writing and Its Use. Ein interdisziplinäres Handbuch internationaler Forschung.* Berlin/New York: Walter de Gruyter (Handbücher zur Sprach- und Kommunikationswissenschaft, 10.1), S. 587–604.

Küppers, Almut; Schroeder, Christoph (2017): *Warum der türkische Herkunftssprachenunterricht ein Auslaufmodell ist und warum es sinnvoll wäre Türkisch zu einer modernen Fremdsprache auszubauen.*

Eine sprachenpolitische Streitschrift. Fremdsprachen Lehren und Lernen (FLuL). Heft 1. Tübingen: Narr.

Maier, Michael (2016): „Russisch unterrichten in heterogenen Gruppen". In: Bergmann, Anka (Hrsg.): *Kompetenzorientierung und Schüleraktivierung im Russischunterricht*. Frankfurt/a. M.: Peter Lang, S. 181–200.

Meng, Katharina (2017): „Russlanddeutsche Sprachentwicklungen im ‚Zeitalter der Extreme': familien- und generationsbezogene Sprachbiografien". In: Witzlack-Makarevich, Kai; Wulff, Nadja (Hrsg.), S. 115–135.

Protassova, Ekaterina (2017): „Sprachliche Integration und Identität". In: Witzlack-Makarevich, Kai; Wulff, Nadja (Hrsg.), S. 137–156.

Reich, Hans H. (2014): Über die Zukunft des Herkunftssprachlichen Unterrichts. Überarbeitete Fassung eines Vortrags bei der GEW-Rheinland-Pfalz in Main am 31.01.2012. Online: https://www.uni-due.de/imperia/md/content/prodaz/reich_hsu_prodaz.pdf.

Roche, Jörg (2013): *Mehrsprachigkeitstheorie. Erwerb – Kognition – Transkulturation – Ökologie*. Tübingen: Narr.

Witzlack-Makarevich, Kai; Wulff, Nadja (Hrsg.) (2017): *Handbuch des Russischen in Deutschland*. (= Slawistik 5). Berlin: Frank & Timme.

Rahmenlehrpläne in den Bundesländern:

BE-BB: Senatsverwaltung für Bildung, Jugend und Wissenschaft **Berlin** /Ministerium für Bildung Jugend und Sport des Landes **Brandenburg** (2015). *Teil C. Moderne Fremdsprachen. Jahrgangsstufen 1–10*. Berlin/Potsdam. Online: https://bildungsserver.berlin-brandenburg.de/fileadmin/bbb/unterricht/rahmenlehrplaene/Rahmenlehrplanprojekt/amtliche_Fassung/Teil_C_Mod_Fremdsprachen_2015_11_16_web.pdf (04.01.2019).

BW: Ministerium für Kultus, Jugend und Sport **Baden-Württemberg** (2016): *Bildungsplan des Gymnasiums. Russisch als zweite Fremdsprache*. Stuttgart. Online: http://www.bildungsplaene-bw.de/,Lde/LS/BP2016BW/ALLG/GYM/RU2.

Staatsinstitut für Schulqualität und Bildungsforschung (2004): *Russisch. Fachprofil*. **München**. Online: http://www.isb-gym8-lehrplan.de/contentserv/3.1.neu/g8.de/id_26374.html.

HB: Senatorin für Bildung und Wissenschaft (2007): *Russisch als zweite Fremdsprache. Bildungsplan für das Gymnasium. Jahrgangsstufe 6–10*. **Bremen**. Online: https://www.lis.bremen.de/schulqualitaet/curriculumentwicklung/bildungsplaene/sekundarbereich_i-152226.

HE: Hessisches Kultusministerium (2010): *Lehrplan Russisch. Gymnasialer Bildungsgang. Jahrgangsstufen 9 bis 13*. Wiesbaden. Online: https://kultusministerium.hessen.de/sites/default/files/media/g9-russisch.pdf.

HH: Freie und Hansestadt **Hamburg**. Behörde für Schule und Berufsbildung (2018): *Bildungsplan Gymnasium. Sekundarstufe I. Neuere Fremdsprachen*. Hamburg. Online: https://www.hamburg.de/contentblob/11249352/d0540346f8847d8a5601fc2903fef3a9/data/gym-a-teil.pdf.

HH: Freie und Hansestadt **Hamburg**. Behörde für Schule und Berufsbildung (2011): *Bildungsplan Gymnasium. Sekundarstufe I. Herkunftssprachen*. Hamburg. Online: https://www.hamburg.de/contentblob/2376238/09fd93623650376e601ab5a653822dc0/data/herkunftssprachen-gym-seki.pdf.

HH: Freie und Hansestadt **Hamburg**. Behörde für Schule und Berufsbildung (2011): *Bildungsplan Gymnasium. Sekundarstufe I. Neuere Fremdsprachen*. Hamburg. Online: https://www.hamburg.de/contentblob/2376246/88d3c96514dbe63bf89b3af37cbea4ec/data/neuere-fremdsprachen-gym-seki.pdf.

MV: Ministerium für Bildung, Wissenschaft und Kultur **Mecklenburg-Vorpommern** (2002): *Rahmenplan Russisch. Gymnasium / Integrierte Gesamtschule. Jahrgangsstufen 7–10. Erprobungsfassung*. Schwerin. Online: https://www.bildung-mv.de/downloads/unterricht/Rahmenplaene/Rahmenplaene_ allgemeinbildende_Schulen/Russisch/rp-russisch-7-10-gym-02.pdf.

NRW: Ministerium für Schule und Weiterbildung des Landes **Nordrhein-Westfalen** (2016): *13-61 Nr. 2 Herkunftssprachlicher Unterricht*. Düsseldorf. Online: https://www.schulministerium.nrw.de/docs/Recht/Schulrecht/Erlasse/Herkunftssprache.pdf.

NRW: Ministerium für Schule und Weiterbildung des Landes **Nordrhein-Westfalen** (2009): *Kernlehrplan für das Gymnasium – Sekundarstufe I in Nordrhein-Westfalen. Russisch*. Düsseldorf. Online: https://www.schulentwicklung.nrw.de/lehrplaene/lehrplan/97/gym8_russisch.pdf.

NRW: Ministerium für Schule und Weiterbildung des Landes **Nordrhein-Westfalen** (2006): *Kernlehrplan für den Muttersprachlichen Unterricht in der Sekundarstufe I und für den Unterricht in der Muttersprache anstelle einer zweiten oder dritten Pflichtfremdsprache für die Klassen 7–10*. Düsseldorf. Online: www.schulentwicklung.nrw.de/materialdatenbank/material/download/3759.

RP: Ministerium für Bildung, Wissenschaft und Weiterbildung **Rheinland-Pfalz** (2012): *Rahmenplan Herkunftssprachenunterricht*. Mainz. Online: https://lehrplaene.bildung-rp.de.

RP: Ministerium für Bildung, Wissenschaft und Weiterbildung **Rheinland-Pfalz** (1996): *Lehrplanentwurf. Russisch. Sekundarstufe I*. Mainz. Online: https://lehrplaene.bildung-rp.de.

SH: Ministerium für Bildung, Wissenschaft, Forschung und Kultur des Landes **Schleswig-Holstein** (o. J.): *Lehrplan für die Sekundarstufe I der weiterführenden allgemeinbildenden Schulen. Gymnasium, Gesamtschule. Russisch*. Kiel. Online: https://lehrplan.lernnetz.de/index.php?wahl=144.

SH: Ministerium für Bildung, Wissenschaft, Forschung und Kultur des Landes **Schleswig-Holstein** (2016): *Fachanforderungen Russisch. Allgemeinbildende Schulen. Sekundarstufe I+II*. Kiel. Online: https://lehrplan.lernnetz.de/index.php?wahl=240.

SN: Sächsisches Staatsministerium für Kultus und Sport (2015): *Rahmenplan Sekundarstufe I. Herkunftssprache*. Dresden. Online: https://publikationen.sachsen.de/bdb/artikel/26366/documents/39700+&cd=2&hl=de&ct=clnk&gl=de&client=firefox-b-ab.

SN: Sächsisches Staatsministerium für Kultus und Sport (2004/2011): *Lehrplan Gymnasium Russisch*. Dresden. Online: https://www.schule.sachsen.de/lpdb/web/downloads/lp_gy_russisch_2011.pdf.

ST: Ministerium für Bildung **Sachsen-Anhalt** (2016): *Fachlehrplan Gymnasium Russisch*. Online: https://www.bildung-lsa.de/pool/RRL_Lehrplaene/Erprobung/Gymnasium/FLP_Gym_Russisch_LT.pdf?rl=112.

TH: Thüringer Ministerium für Bildung, Wissenschaft und Kultur (2011): *Lehrplan für den Erwerb der allgemeinen Hochschulreife*. Russisch. Online: https://www.schulportal-thueringen.de/media/detail?tspi=1397.

DNS Jb. 8/9 für 2017/18 (2020): 82–94

Alfred Holzbrecher

Fotografie im interkulturellen Sprachunterricht

Zusammenfassung Deutsch

Mit diesem Beitrag werden Brücken zwischen Bild- und Textmedien geschlagen mit dem Ziel, das Erlernen einer fremden Sprache und Kultur zu unterstützen. Eine Verknüpfung von Fotografie und Sprache – so die zentrale These – bietet große didaktische Potenziale im interkulturellen Sprachunterricht für alle Altersgruppen.

Zusammenfassung Englisch

This article builds bridges between image and text media with the aim of supporting the learning of a foreign language and culture. A combination of photography and language – according to the central thesis – offers great didactic potential in intercultural language teaching for all age groups

1. Multiliteralität und visuelle Alphabetisierung

Textverständnis, Sinnverstehen und sprachliche Abstraktionsfähigkeit (*literacy*) gehören zu den Grundvoraussetzungen einer aktiven Teilhabe an demokratischen Gesellschaften. *Literacy* basiert auf Begriffen, die Begreifen und Verstehen ermöglichen und Einsichten wie Erfahrungen strukturieren. So ermöglicht erst der Gebrauch von Fachsprachen in einzelnen Domänen Abstraktionsfähigkeit und geistige Flexibilität. Das Multiliteralitäts-Konzept kann als zeitgemäße Erweiterung von *literacy* verstanden werden kann, weil es Lernen im Kontext globalisierter und digitalisierter Gesellschaften reflektiert. Schulisches Lernen sollte also nicht nur mit Blick auf seine Inhalte, sondern auch auf seine Formen neu überdacht werden.

"The Multiliteracy Project is a national Canadian study exploring pedagogies or teaching practices that prepare children for the literacy challenges of our globalized, networked, culturally diverse world. Increasingly, we encounter knowledge in multiple forms – in print, in images, in video, in combinations of forms in digital contexts – and are asked to represent our knowledge in an equally complex manner." (www.multiliteracies.ca)

Die Begründer des „multiliteracy project" betonen angesichts dieser gesellschaftlichen Entwicklungen eine Pädagogik, die den mit ihnen einhergehenden veränderten Wahrnehmungsformen Rechnung trägt. Mit Blick auf didaktische Fragestellungen heißt das,

1. *Diversität* wahrzunehmen und wertzuschätzen, d. h. etwa die unterschiedlichen soziokulturellen Erfahrungen der Lernenden, Geschlechterdifferenz etc., mit anderen Worten: Heterogenität als didaktische Ressource zu nutzen,
2. die unterschiedlichen Sprachen der Lernenden mit Migrationsgeschichte als Ressource für den Lehr-Lernprozess wertzuschätzen,
3. lokale Diversität und globale Verbundenheit im Blick zu haben,
4. *multimodal* zu lernen, d. h. die fünf Zeichensysteme in ihrer Eigenwertigkeit und v. a. ihrem Zusammenhang zu sehen:
   - das linguistische System,
   - das visuelle System,
   - das gestische System,
   - das räumliche System und
   - das auditive System.

Dominiert traditionellerweise in unseren Bildungssystemen das linguistische System, wird hier eine Pädagogik gefordert, die auch eine *visuelle Alphabetisierung* ermöglicht, zu transmedialem Lernen anstiftet und die Heterogenität der Lernenden als didaktische Chance begreift, – konstitutive Bestandteile aller neueren Bildungspläne. Bezogen auf die Zeichensysteme wird im Folgenden *visual literacy* fokussiert, mit den anderen Dimensionen verknüpft und auf dieser Grundlage nach transmedialen Brückenschlägen gesucht.

2. Fotografie: Verlangsamung und Intensivierung der Wahrnehmung

Fotografie zwingt zum genauen Hinschauen und entschleunigt die alltägliche, von Videoclips geprägte Bilderwelt. Auch aus erkenntnistheoretischer Sicht lässt sich eine Fokussierung auf das Medium Fotografie begründen. Bilder der Welt, des Fremden oder auch der eigenen, vertrauten Sphäre sind als ‚innere Bilder' primär ikonisch kodiert. Zentrales Kennzeichen von Fotos ist – im Gegensatz zum Text – die Nicht-Linearität, die emotional-sinnliche Qualität und die Simultaneität der Wahrnehmung. Vermutlich konstruieren wir unser (jeweils individuelles wie auch) kollektives historisches Gedächtnis entlang markanter Bilder, der Ikonen der Geschichte, an die sich wie in einem Kristallisationsprozess sprachlich vermittelte Informationen anlagern.

Wenn die (‚inneren') Bilder unsere Wahrnehmung strukturieren, beinhaltet visuelle Alphabetisierung die Fähigkeit, die Bilder-Welt durch Reflexion zu erschließen, aus psychoanalytischer Sicht betrachtet: dem Ich das Vor- und Unbewusste zugänglich zu machen. Als (inter-)subjektiver Lern- und Erfahrungsprozess scheint dies vor allem über den Umweg der kreativen Gestaltung und des kommunikativen Austauschs zu funktionieren:

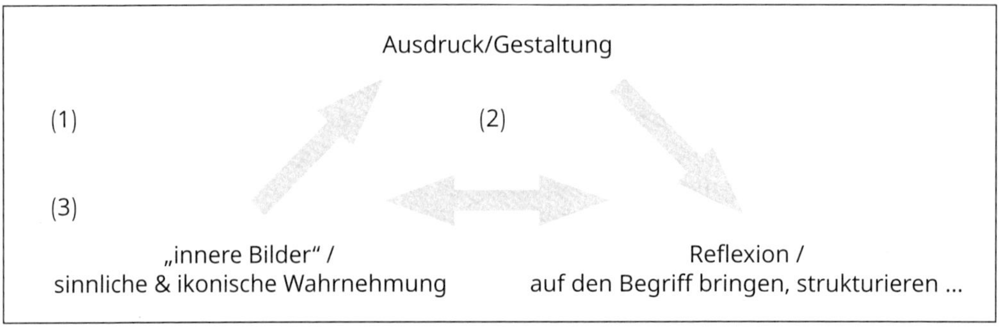

Abb. 1: Visuelle Alphabetisierung“ (A. Holzbrecher)

Um sich die Bilderwelt erschließen und reflexiv bearbeiten zu können, bedarf es der Zwischenschritte des (kreativen) Ausdrucks, der „Gestalt-Werdung“ und des kommunikativen Austauschs. Mit Blick auf den (Fremd-)Sprachenunterricht könnte dieses erkenntnistheoretisch orientierte Modell (vgl. Holzbrecher 2011: 213 ff.) so übersetzt und konkretisiert werden: Gesucht sind möglichst vielfältige, kreative und multimodale Aufgaben, die es den Lernenden ermöglichen, an ihren Vorstellungsbildern, an Welt- und Selbst-Bildern zu arbeiten, ihnen eine Gestalt zu geben und durch Sprache Bedeutungen zu erschließen. Wer sich aktiv fotografierend in einen Suchprozess begibt, etwa beim Schüleraustausch in einer fremden Umgebung, versucht diese Wahrnehmung zunächst ästhetisch zu umspielen und auszudrücken (1), um sie dann kommunikativ bearbeiten und reflexiv „auf den Begriff“ bringen zu können (2). Ermöglicht wird damit (3) nicht nur eine Bearbeitung der Vorstellungsbilder, sondern auch eine nachhaltig wirksame, weil persönlich bedeutsame Erfahrung.

3. Bildhermeneutik: Fotografie als Forschungsmethode

Hermeneutik ist die Kunst des Verstehens eines einzelnen Textes oder eines Bildes aus einem Kontext heraus. Bei literarischen Texten können als Interpretationskontext etwa die Biografie eines Autors oder auch zeitspezifische Themen der literarischen Epoche dienen, aus welcher der Text stammt. Bei Bildern gilt in gleicher Weise, dass die Bedeutung eines einzelnen Fotos umso besser erschlossen werden kann, je mehr man über den biografischen, soziokulturellen, historischen oder auch situativen Kontext seiner Entstehung weiß. Umgekehrt gilt, dass das Wissen über diese Kontexte umfassender und komplexer wird, wenn man möglichst viele Einzelobjekte verstanden und eingeordnet hat.

Doch zunächst ein Überblick über die aktuellen Interpretationsansätze: Zu den bildsprachlich-analytischen Konzepten, die meist im Anschluss an Panofsky (1955) strikt von der Interpretation des Fotos ausgehen, gehören in Deutschland die dokumentarische Methode (Bohnsack 2006), die objektiv hermeneutische Bildanalyse (Peez 2006) und die ikonografisch-ikonologische Perspektive (Pilarczyk/Mietzner 2005). Gemeinsam ist diesen Ansätzen, dass zunächst eine Beschreibung und Analyse der Formelemente und auf dieser Grundlage eine *reflektierende Interpretation* erfolgt, die auch nach dem Prozess der

Entstehung des Fotos fragt. Diese bildwissenschaftlichen Analyseansätze können als primär *objektorientiert* klassifiziert werden, d.h. das fotografische Produkt wird in seiner visuellen Eigen-Logik in den Mittelpunkt gestellt. Ergänzend dazu soll im Folgenden die *Subjektperspektive* als deren Gegenpol profiliert werden, mit dem Ziel, weitere Lesarten zu generieren (vgl. Holzbrecher 2012).

Imaginationen und „innere Bilder" können als symbolische Repräsentationen von Lebensgefühlen oder der Wahrnehmung bestimmter Situationen gelten, die im Unbewussten wurzeln und affektiv aufgeladen sind. Christoph Wulf unterscheidet Bilder, die Orientierung bieten, Bilder, die Wünsche ausdrücken, Bilder der Erinnerung und archetypische Bilder. Er macht deutlich, dass die inneren Bilder eines Subjekts zum einen beeinflusst sind durch das „kollektive Imaginäre seiner Kultur, zum anderen durch die Einmaligkeit und Unverwechselbarkeit seiner aus der individuellen Geschichte stammenden Bilder und schließlich durch die wechselseitige Überlagerung und Durchdringung beider Bildwelten" (Wulf 1999: 340). Sie prägen also die Muster der Wahrnehmung und fungieren auch handlungsleitend als Vor-Bilder, ohne zunächst dem Bewusstsein zugänglich zu sein.

Die Arbeit der Jugendlichen an ihren Entwicklungsaufgaben (vgl. Havighurst 1972), etwa die Ablösung von den Eltern, die Suche nach einer Geschlechtsidentität oder die Entwicklung von Wert- und Zukunftsvorstellungen, spiegelt sich in den inneren Bildern, an denen und mit denen spielerisch-leicht, mühsam-verkrampft oder auch suchend und tastend gearbeitet wird. Systematisch betrachtet lassen sich beim Blick auf das fotografierende Subjekt folgende Dimensionen unterscheiden (vgl. Holzbrecher 2012):

- Die „inneren Bilder" als symbolische Verdichtungen des aktuellen Lebensgefühls
- Entwicklungspsychologischer Kontext: Entwicklungsalter/-aufgaben
- Biografisch-lebensweltlicher Kontext
- Jugendkultureller Kontext: Verarbeitung altersspezifischer jugendkultureller Symbolwelten aus der globalisierten Medien-/Kulturindustrie (Musik, Bildwelten etc.)
- Soziokultureller Kontext: milieuspezifische Erfahrungen und Deutungsmuster, spezifische kulturelle Praktiken in ihrer Beziehung und Begrenzung durch soziale Strukturen (vgl. *cultural studies*, Kindheits- und Jugendforschung)
- Historisch-gesellschaftlicher Kontext (vgl. Wirkmacht von Ambivalenzerfahrungen in der globalisierten Gesellschaft, politische Groß-Themen etc.)
- Situativer bzw. Kommunikationskontext (vgl. Entstehungsprozess der Fotos vor dem Hintergrund der Kommunikation mit den Gleichaltrigen)

4. Zielperspektive Multiliteralität: Brücken zwischen Fotografie und Sprache

Das *multiliteracies*-Konzept verweist auf die Bedeutung vielfältiger Kompetenzbereiche in unserer globalisierten Welt. Erst die Beherrschung der unterschiedlichen Zeichensysteme ermöglicht ein Verstehen gesellschaftlicher Zusammenhänge sowie die Erfahrung, dass es in der engeren und weiteren Lebenswelt Veränderungsperspektiven gibt. Aus didaktischer Perspektive geht es dabei immer auch um die pädagogisch-psychologische Grundfrage, inwiefern die Lernenden damit die Chance bekommen, sich als selbstwirksame und kompetente Subjekte zu erfahren.

Wie kann nun das Lernen im Allgemeinen und das Erlernen einer Fremdsprache im Besonderen unterstützt werden durch Fotografie, Theaterspiel, Musik bzw. kreative transmediale Brückenschläge? Die folgenden Abschnitte orientieren sich an drei zentralen thematischen Feldern des Interkulturellen und Globalen Lernens, um dem Anspruch des *multiliteracies*-Konzepts nach einer Pädagogik der Weltgesellschaft und der Diversität näher zu kommen:

1. Bilder des Fremden und des Eigenen
2. Kontakte – Konflikte – Begegnung
3. Spuren im Alltag: Fremde/s in der Geschichte der Familie, der Stadt und der Region

Verknüpft werden damit Lernaufgaben aus den Domänen (Fremd-)Sprachendidaktik, Medien-/Fotopädagogik und Kulturpädagogik.

4.1 Bilder des Fremden und des Eigenen

Die Geschichte der Jugendfotografie zeigt, dass das jugendliche Bedürfnis nach Selbstinszenierung zu den stärksten Fotografiermotiven gehört. Fotoprojekte mit Jugendlichen bestätigen, dass jedes Projektthema geprägt ist von der adoleszenten Suche nach Geschlechterrollen, Rollenbildern, Körper-Bildern, Beziehungsformen und möglichen, neuen Blick-Perspektiven: Wie sehen mich die Anderen? Welche Bilder haben sie von mir? Wie sehe ich mich selbst?

Bei einem Begegnungsseminar zwischen Kindern und Jugendlichen oder beim Schüleraustausch könnten sich die Lernenden beider Partnerschulen fotografisch vor der Kamera inszenieren, mit unterschiedlichen Charakteren, Rollen und fotografischen Perspektiven spielen, Wunsch- und auch Angstvisionen der Selbst-Darstellungen körpersprachlich ausprobieren, um sich dann darüber auszutauschen. Bei einer anschließenden Reflexion könnte erarbeitet werden, inwiefern die zum Ausdruck gekommenen Gemeinsamkeiten und Unterschiede auf (1) individuelle, (2) situative oder (3) kulturelle Faktoren zurückzuführen sind: Gerade im Alltagsbewusstsein neigen wir zu einer „kulturalisierenden" Wahrnehmung, d.h. wir neigen dazu, „die Kultur" überzubewerten und demgegenüber etwa individuelle Faktoren zu vernachlässigen.

Wie sehe ich meine eigene Lebenswelt, und durch welche Brille sehe ich die Lebenswelt der Anderen, mir fremd erscheinende Verhaltensweisen, Denkmuster und Alltagskulturen? Es ist anzunehmen, dass zwischen den Selbstbildern und den Bildern des Fremden ein enger Zusammenhang besteht: Wer sich seiner selbst sicher ist, kann dem Anderen/Fremden eher eine Autonomie und Andersartigkeit zugestehen. Umgekehrt dürften unsichere Menschen dazu neigen, sich als höherwertig gegenüber dem Fremden zu sehen und womöglich rassistische Einstellungen entwickeln, um das schwache Selbst abzusichern.

Ein visuelles Tagebuch etwa im Schüleraustausch (vgl. Holzbrecher 2016a) motiviert dazu, kreativ mit unterschiedlichen Darstellungsformen zu experimentieren und als „irritierend"

Wahrgenommenes in einer symbolisierenden Weise zum Ausdruck zu bringen. Eine Projektaufgabe könnte auch lauten, „typische“ Gesten und Körperhaltungen im fremden Land zunächst fotografisch zu dokumentieren, subjektiv Auffälliges nachzuspielen und zu fotografieren, um in einem weiteren Schritt über nonverbale Aspekte der interkulturellen Kommunikation ins Gespräch zu kommen, z.B. über Begrüßungsrituale, Gestik, Mimik, Körperabstand, Körperhaltung, Machtgefälle zwischen den Interaktionspartnern etc..

Der Bereich der nonverbalen Dimensionen interkultureller Kommunikation kommt leider in der Interkulturellen Pädagogik noch recht selten vor. Dabei entscheidet sich oft an kleinen Gesten und Körperhaltungen, wie man vom Anderen wahrgenommen wird und wie man selbst den Anderen wahrnimmt. Dass solche parasprachlichen Zeichen in hochgradiger Weise kulturbedingt sind, gehört zum Grundlagenwissen interkulturellen Lernens:

Welche Gesten haben in welchen (Sub)Kulturen bzw. soziokulturellen Milieus welche Bedeutung? Welche identitätsstiftende Wirkung wird ihnen zugesprochen? etc. Daraus lässt sich eine kommentierte fotografische Dokumentation entwickeln.

Bevor wir mit dem Anderen, dem nun Fremden in Kontakt kommen, sind unsere Bilder da. Vom Äußeren, von der Bekleidung und Körperhaltung schließen wir auf Zugehörigkeiten und neigen dazu, sie in eine Schublade zu stecken: „die Araber“, „die Türken“, „die …xyz“. Solche Generalisierungen ersparen uns im Alltag, genauer hinzuschauen, und sozialpsychologisch betrachtet haben sie die Funktion, zwischen dem „Eigenen“ und dem „Fremden“ eine klare Grenze zu ziehen. Das Medium Fotografie bietet sich an, mit solchen „inneren Bildern“ zu spielen, ihnen als Fotos, als Symbolisierung Gestalt zu verleihen, sie zu diskutieren, biografische Ursprünge und gesellschaftliche oder soziokulturelle Einflüsse zu identifizieren und mit Alternativen zu spielen. Interkulturelles Lernen beginnt dort, wo versucht wird, den Fremden in seiner Eigenlogik zu verstehen. Es setzt sich fort, wenn dieser Kontakt dazu führt, die eigene Brille, die eigenen Muster der Wahrnehmung zu verstehen. Diese Dynamik des ZwischenRaums, der Verständigung über die wechselseitigen Bilder vom Eigenen und vom Fremden, ist der Kern *„inter“*-kultureller Bildungsarbeit (vgl. Holzbrecher 2011).

Eine Projektidee: Sammeln und dokumentieren Sie Bilder und Texte aus unterschiedlichen historischen Epochen, die deutlich machen, wie wir (Deutsche, Spanier, Franzosen …) Menschen aus anderen Ländern / Kulturen wahrnehmen und umgekehrt: wie wir von ihnen wahrgenommen werden. Verwenden Sie dabei historische und auch aktuelle Reiseliteratur.

Momente, die subjektiv als bedeutsam wahrgenommen werden, möchte man festhalten, so eine der Hauptmotivationen der alltäglichen Fotografierpraxis. Im schulischen Kontext sind Berichte von Projekten, Exkursionen und etwa auch vom Schüleraustausch meist ausschließlich in sprachlicher Form verfasst, Fotos kommt im besten Fall die Funktion einer auflockernden Bebilderung zu. Verschiebt man die Text-Bild-Relation zugunsten des Fotos, entsteht die Notwendigkeit, intensive Wahrnehmungen in „starke Bilder“ zu fassen, das Augenmerk auf wirkungsvolle Bildgestaltungsmittel zu richten.

Bei der Gestaltung des Textes können beschreibende Sachtexte ergänzt werden durch kurze Texte aus Romanen oder Gedichten. Eine anspruchsvolle Projektaufgabe ist es, daraus eine „Literarische Collage“ von selbst gemachten Fotos, eigenen und fremden Texten sowie von dazu passender Musik zusammenzustellen und vor Publikum zu präsentieren.

Der Autor dieses Beitrags hat sowohl in der Bildungsarbeit mit Jugendlichen als auch mit Erwachsenen mehrere solcher *Literarischen Collagen* erstellt. Sie können exemplarisch für multimodales Lernen stehen, wie es das *multiliteracies*-Konzept fordert. Das Collage-Prinzip ermöglicht in heterogenen Lerngruppen, unterschiedliche Textsorten zu verfassen und zusammenzustellen sowie Musik zu integrieren, welche die Wirkung der Fotos und der Texte verstärkt.

4.2 Kontakte – Konflikte – Begegnungen

Die Dynamik des *Inter,* des ZwischenRaums zwischen dem Eigenen und dem Fremden, macht offenkundig, wie stark unsere sinnliche und rationale Wahrnehmung kulturell konditioniert ist. Wir sehen nicht die Welt, „wie sie ist“, sondern wie sie uns durch unsere Brille erscheint. Sowohl die Perspektive des Fremden als auch meine eigene sind Konstrukte – und damit veränderbar. Für beide Seiten gilt, dass Selbst-Bilder und Welt-Bilder eine starke Bedeutung für die persönliche und gruppenbezogene Identitätsbildung haben. Die Legitimität beider Entwürfe anzuerkennen, ist die Basis für interkulturelle Arbeit, für die Suche nach gemeinsamen Projekten.

In Kontakt treten – fremde Welten erschließen

Fremdes fasziniert und macht Angst. Eine fremde Umgebung, eine erste Begegnung mit ungewohnten Menschen und Verhaltensweisen irritiert, man schwankt zwischen Neugier und Abwehr. Dies belegen zahlreiche historische Reiseberichte. *In Kontakt treten* beim Fotografieren beinhaltet ganz konkret, mit den Menschen in einer fremden Welt in Beziehung zu treten, wenn auch manchmal nur über einen Blick, um ihr Einverständnis zu bekommen. Wen oder was fotografiere ich? Wie nah möchte und kann ich herangehen? Solche Fragen kennzeichnen den Kontaktprozess, der damit zugleich eine Selbstvergewisserung ermöglicht: Wer bin ich, dass ich die fremde Situation in dieser Form wahrnehme (vgl. Holzbrecher 2018)?

Diskussion: Welche Erfahrungen haben wir beim Fotografieren von Menschen in einem fremden Land gemacht? Wenn es Konfliktsituationen gab: Was waren mögliche Ursachen? Was waren die Folgen? Wie könnte man Fotografieren zu einer Gelegenheit für menschliche Begegnungen machen?

Eine bewährte Methode zum Einstieg in ein Begegnungsprojekt bzw. zum Kennenlernen sind Fotos als Sprechanlass:

Jede/r bringt ein Foto mit, mit dem er/sie eine besondere Erinnerung / Begegnung (je nach Thema der Veranstaltung) verbindet: Man zeigt das eigene Foto und stellt dar, was die dargestellte Situation für einen bedeutet, erzählt eine Geschichte dazu …
Wenn man sich etwas besser kennt, bietet sich folgende Variante an: Man sitzt im Kreis, alle Fotos werden in die Mitte auf den Boden gelegt; eine/r nimmt ein Foto (nicht das eigene) und versucht zu beschreiben, was abgebildet ist; dann gibt sich der-/ diejenige zu erkennen, von dem/der das Foto stammt, und ergänzt mit der eigenen Geschichte zum Foto …; dann nimmt diese Person ein nächstes Foto, beschreibt … etc.

Diese Methode eignet sich sehr gut, um auch diejenigen zum Sprechen zu bringen, die in der Gruppe normalerweise eher still und zurückhaltend sind. Darüber hinaus ermöglicht sie, sich besser kennenzulernen, zumal jede/r sich indirekt charakterisiert. Das Foto fungiert in sprichwörtlicher Weise als Medium, das es ermöglicht, Erfahrungen und Emotionen zum Ausdruck und zur Sprache zu bringen. Gerade Schüler/innen ohne großes Selbstbewusstsein und/oder sprachliche Kompetenz können mit dieser Methode positive Erfahrungen machen.

Beziehungen herstellen – Geschichten erzählen

Viele im Alltag gemachte Fotos erzählen keine Geschichten und wirken langweilig, weil die dargestellten Personen beziehungslos erscheinen. Wenn es dagegen gelingt, deren Blickbeziehungen einzufangen, bekommt das Foto eine Tiefendimension und bindet die Aufmerksamkeit.

Beziehungsgeflechte sichtbar machen wird damit zu einer interessanten Lernaufgabe: Wie nah sind sich die dargestellten Personen? Oder auch: Wie kann deren Beziehungslosigkeit durch eine entsprechende Farb- und Bildgestaltung verstärkt werden?

Über die Blickbeziehungen der abgebildeten Personen hinaus stellt jedes Foto eine Komposition von Objekten dar, die im Rezeptionsprozess in Beziehung zueinander gesetzt werden. Bildanalyse – *visuelle Kompetenz* – beinhaltet also die Fähigkeit, die Bedeutung eines Fotos aus der Anordnung von Objekten und Personen, der Gestaltung von Schärfentiefe, Farbe etc. erschließen zu können. Wer fotografiert, möchte solche Geschichten erzählen – oder etwa wie surrealistische Maler und Fotografen Irritationen erzeugen durch eine auf den ersten Blick nicht erkennbare (An-)Ordnung der Dinge. *Beziehungen herstellen* lässt sich also zum einen auf die Blickbeziehungen der dargestellten Personen beziehen, zum zweiten auf die Raumanordnung der abgebildeten Objekte und drittens auf die vom Fotografen antizipierte Beziehung zum Rezipienten bzw. die beabsichtigte Wirkung, die mit dem Foto ausgelöst werden soll.

Im Sprachunterricht eröffnet sich damit ein großer didaktischer Gestaltungsspielraum, sowohl bei der Arbeit mit vorliegenden Fotos als auch beim aktiven Fotografieren (vgl. Holzbrecher 2010).

Die in Fotos „eingefrorene" Situation kann in eine Geschichte aufgelöst werden, entweder eine, die bis zur im Foto dargestellten Situation geführt hat, oder eine mögliche Fortsetzung der Geschichte. Eine solche Lernaufgabe kann als freier Text oder auch als Szene gestaltet werden. Gut vorstellbar wäre dies auch als gemeinsames Projekt beim Schüleraustausch.

Für den kommunikativen Sprachunterricht bieten sich etwa sprachvergleichende und -kontrastierende Verfahren an (vgl. Oomen-Welke 2015). Davon ausgehend können semantische Tiefendimensionen einzelner kulturell unterschiedlich konnotierter Begriffe erschlossen werden: Immer wieder stellen wir beim Erlernen einer fremden Sprache fest, dass bestimmte Begriffe nicht einfach zu übersetzen sind, weil sie nur vor dem Hintergrund der jeweiligen Alltags- und Kulturgeschichte verstanden werden können. Diese „Reibungsflächen" bieten gute Lerngelegenheiten:

Sammeln Sie Begriffe, die in beiden Sprachen unterschiedliche Erfahrungen, Emotionen und Erinnerungen wecken. Erfinden Sie Situationen, in denen diese Differenz zu Missverständnissen führen kann, spielen Sie solche Situationen szenisch, fotografieren Sie sie, anschließend diskutieren Sie alternative Möglichkeiten der Kommunikation.

Die Ergebnisse dieses Projekts dürften besonders interessant sein, wenn die Teilnehmer/innen aus unterschiedlichen sozio-/kulturellen Kontexten kommen, z. B. bei Schüleraustausch oder bei Begegnungsseminaren.

Interkulturelles Lernen muss sinnlich erfahrbar sein, wenn es biografisch nachhaltig wirken soll. Szenisches Spiel und Fotografie entfalten ihre Wirkungen nicht nur auf der Ebene der Reflexion, sondern auch der sinnlichen Wahrnehmung. Es ist anzunehmen, dass eine Phase der gemeinsamen Reflexion *im Anschluss* an eine sinnliche Erfahrung sehr viel tiefere Spuren hinterlässt und persönlich bedeutsames Lernen ermöglicht. Zum Abschluss dieses Abschnitts ein Vorschlag zu einer fotografischen Übung, die zentral zum Themenfeld „Kontakte – Konflikte – Begegnungen" gehört und zugleich einen Übergang zum Themenfeld „Spuren im Alltag" darstellt:

„Ganz nah ran"
Mit Detail- und Nahaufnahmen von Menschen und interkulturell bedeutsamen Objekten begibt man sich schnell in ein Grenzgebiet auf der Nähe-Distanz-Skala: Wie nah darf ich mich einem Objekt oder einem Menschen nähern? Gibt es bei mir als Fotografierendem und auch beim Fotografierten persönliche Wünsche und Ängste? Welche kulturellen Tabus werden dabei berührt? Wieviel Nähe brauche ich und wieviel Distanz?

Das Ausbalancieren von *Nähe und Distanz* gehört wesentlich zu den Entwicklungsaufgaben (nicht nur) in der Adoleszenz. Erfolgt diese Balance-Arbeit in spielerischer Form, lassen sich Ängste leichter bearbeiten. So bietet sich *nach* einer solchen fotografischen Übung an, die dabei gemachten Erlebnisse und Emotionen in sprachlicher Form (Text, Diskussion) aufzuarbeiten und auszutauschen.

4.3 Spuren im Alltag: Fremde/s in der Geschichte der Familie, Stadt, Region

Fester Bestandteil der interkulturellen Didaktik ist es, im Alltag Spuren von Globalisierung und Migration ausfindig zu machen, um zu erkennen, dass diese sich wie ein roter Faden durch die Geschichte ziehen: Migrationsbedingte Vermischungen von Menschen, Ideen, zivilisatorischen Errungenschaften, Alltagsgegenständen etc. sind nichts Außergewöhnliches, sondern notwendige Bedingung kultureller und sozialer Entwicklung. „Kulturelle Homogenität" ist eine Fiktion und Konstruktion derer, denen diese Übergangsdynamik bedrohlich erscheint.

„Typisch Französisches / Englisches / Spanisches / Türkisches / Deutsches" im Alltag aufzuspüren und fotografisch zu dokumentieren, führt sehr schnell zur Erkenntnis, dass eine solche Essentialisierung von Kultur der Komplexität der Wirklichkeit nicht gerecht wird. Gerade kreative (Medien)Arbeit ermöglicht ein Spielen mit solchen Klischees und damit eine Suche nach realitätsangemesseneren Begriffen und Bildern.

Die Spurensuche kann sich auf nahezu alle Alltagsbereiche beziehen: Die Ess- und Kochkultur, Wohnformen, Veränderungen eines Stadtviertels, Formen der menschlichen Kommunikation und des sozialen Lebens, Jugendkulturen – in all diesen kulturell, gesellschaftlich und biografisch imprägnierten Ausdrucksformen lassen sich Vermischungs- und Übergangsphänomene, Gemeinsamkeiten und auch Unterschiede identifizieren: Was lässt sich auf „die Kultur" zurückführen? Was auf die Zugehörigkeit zu einem soziokulturellen oder regional geprägten Milieu? Oder sind nicht doch personenspezifische Einflüsse wichtiger?

Die folgende Übung kann mit Lernenden im eigenen und auch im fremden Land durchgeführt werden. Sie eignet sich auch für den Sprachunterricht mit Flüchtlingen:

Fotografische Erkundung öffentlicher Plätze, Stadtviertel, Szenen, Fotografieren von Gegenständen aus dem Alltag (Kochen, Freizeit, Lernen, Leben ...), dabei

- *werden zunächst die Gegenstände benannt, d.h. das Foto bekommt eine Bildunterschrift bzw. einen Titel;*
- *im Unterricht werden Wortfelder zu jedem Foto/Begriff erstellt, entweder als „Cluster", d. h. unstrukturiert, oder als Mindmap - strukturiert mit Unter- und Oberbegriffen;*
- *dann werden auch verwandte Wörter (Substantive, Verben, Adjektive) einbezogen sowie Wortkombinationen, Doppelbegriffe;*
- *In einem fortgeschrittenen Stadium werden Abläufe und Prozesse fotografisch dokumentiert und beschrieben, z. B. Arbeitsabläufe eines Handwerkers, Verkäufers etc.;*
- *Eine sehr gute Übung ist es, zu einem vorliegenden Foto Titel bzw. Bildunterschriften zu finden. So kann erfahren werden, dass die Mehrdeutigkeit des Fotos durch einen Text (manipulativ?) verengt werden kann;*
- *Beschreiben der Gegenstände, Tätigkeiten, Beziehungen, Gewohnheiten und familiären und/oder kulturellen Traditionen;*
- *Ausgehend von einem vorhandenen Foto (z.B. aus dem beruflichen Alltag) werden die abgebildeten Gegenstände und die Situation beschrieben, anschließend werden Geschichten erfunden, die bis zur abgebildeten, im Foto „eingefrorenen" Situation*

gehen, oder solche, die das Foto als Ausgangspunkt für eine nachfolgende Geschichte nahmen;

- *Blickbeziehungen: Beschreiben der Blickbeziehungen der auf einem Foto abgebildeten Personen: Wer denkt was über wen?*

Alltägliches, Vertrautes neu zu entdecken, eine Aufmerksamkeitshaltung für Details erkennen, für *Zwischen-Räume*, für die Dynamik von Übergängen: Die Fotografie als leicht handhabbares Medium ermöglicht, den Blick für den richtigen Augenblick zu schärfen und aus der alltäglichen „Blindheit" herauszutreten. Mit der Kamera in der Hand entwickelt man ein Gespür für eben diese Augenblicke, indem man sich in Situationen und Menschen hineinversetzt. Fotografie wird damit zu einem Medium einer bewussteren Aufmerksamkeitshaltung und des Kontakts.

Drei Fotos – eine Geschichte

Alle Gruppen bekommen drei Fotos oder suchen sich aus einem Fundus entsprechende Bilder aus. Das folgende Spektrum an arbeitsteilig zu bearbeitenden Aufgaben ermöglicht eine Differenzierung nach aufsteigender Schwierigkeit / Komplexität (vgl. Holzbrecher 2016b):

1. *In der Gruppe wird zu diesen Fotos in der Gruppe assoziiert (Brainstorming) und auf einem Flipchart/Poster werden die Schlüsselbegriffe notiert, ggf. erweitert in Form von Mindmaps;*
2. *Eine weitere Gruppe bekommt den Auftrag, zu den Einzel-Fotos und/oder zu der Dreier-Fotoserie mögliche Bildunterschriften zu finden und damit auch bewusst mit sich verändernden Bild-Bedeutungen zu spielen;*
3. *Ästhetische Übersetzung: Die Gruppe bekommt die Aufgabe, nach Musikstücken zu suchen, die die Stimmung der Fotos zum Ausdruck bringen;*
4. *Eine Geschichte (er)finden: Die auf Fotos dargestellte Situation kann als „eingefroren" verstanden werden, diese Gruppe bekommt den Auftrag, sie wieder „aufzutauen". Zunächst gilt es, sich auf einen groben Handlungsablauf zu verständigen, und danach eine (a) witzige, (b) tragische, (c) komische ... Geschichte dazu zu schreiben;*
5. *Sachtext/Bericht: Zunächst wie unter Punkt 4, der Text sollte dann als sachlicher Bericht geschrieben werden, wie er in einer Zeitung veröffentlicht werden könnte;*
6. *Sprechblasen: Die Gruppe einigt sich auf einen groben Handlungsablauf, jeder findet zunächst (Einzelarbeit) mögliche Sprechblasen bzw. Sätze, die – wie im Comic – den Handlungsablauf und die Personen charakterisieren. Eine mögliche Zusatzaufgabe könnte sein, vorher die Fotos selbst zu machen;*
7. *Gegen den Strich: Zunächst wird gearbeitet, wie in Aufgabe 3 beschrieben, mit dem Text ((a) Sachtext oder (b) fiktionaler Text) wird bewusst gegen die vermeintliche Bildaussage gearbeitet, d.h. die Fotos „gegen den Strich gebürstet";*
8. *Eine Szene machen: Die in einem (oder mehreren) Foto(s) „eingefrorene" Situation wird aufgetaut, indem sich eine Gruppe überlegt, was zu der abgelichteten Situation geführt haben könnte (Minuten vor dem Foto), eine andere Gruppe denkt sich aus, wie es weitergehen könnte (Situation nach dem Foto), und stellt diese Situationen szenisch (auf Französisch) dar.*

Die vielfältigen Möglichkeiten, zwischen Bild und Sprache Brücken zu schlagen, bieten sowohl Sprachanfängern als auch Fortgeschrittenen Erfolgserlebnisse. Mit einer Verknüpfung von Sprache, Bild und Ton bekommt eine Kompetenzaufgabe eine leicht „dosierbare" Komplexität und Problemtiefe. Fast jede der oben skizzierten Aufgaben kann so formuliert werden, dass daraus eine offene, selbstdifferenzierende Aufgabe wird und Lernende unterschiedlicher Sprachkompetenz bzw. Leistungsniveaus bis zu einem Mindeststandard kommen, jedoch auch in kreativer Weise weit darüber hinaus aktiv werden können.

Über diese didaktische Perspektive hinaus bietet der transmediale Brückenschlag zwischen den beiden semiotischen Systemen Bild und Sprache ein Aufgreifen, Thematisieren und spielerisches Bearbeiten so genannter „innerer Bilder", die stark emotional geprägt sind. Es ist davon auszugehen, dass diese eng mit Wünschen und Ängsten verknüpft sind und die Selbst- und Weltbilder beeinflussen. Sie gilt es zum Ausdruck zu bringen, mit kreativen Möglichkeiten und Alternativen zu spielen, um sie auf den Begriff bringen und begreifen zu können. Die Fotografie bietet sich als Medium in besonderer Weise an, das auszudrücken, was noch nicht durch Sprache ausgedrückt werden kann. Das Erlernen einer fremden Sprache wird damit zu persönlich bedeutsamem Lernen, das neugierig und offen für fremde Welten macht.

Bibliographie

Bohnsack, Ralf (2006): „Die dokumentarische Methode der Bildinterpretation in der Forschungspraxis". In: Marotzki, Winfried; Niesyto, Horst (Hrsg.): *Bildinterpretation und Bildverstehen. Methodische Ansätze aus sozialwissenschaftlicher, kunst- und medienpädagogischer Perspektive.* Wiesbaden: VS Verlag, S. 45–75.

Havighurst, Robert J. (1972): *Development Tasks and Education.* New York, London: Longman.

Holzbrecher, Alfred (2010): „Fotografie im interkulturell orientierten Französischunterricht." In: Caspari, Daniela; Küster, Lutz (Hrsg.): *Wege zu interkultureller Kompetenz. Fremdsprachendidaktische Aspekte der Text- und Medienarbeit.* Frankfurt a. M.: Peter Lang, S. 29–38.

Holzbrecher, Alfred (Hrsg) (2011): *Interkulturelle Schule. Eine Entwicklungsaufgabe.* Schwalbach: Wochenschau.

Holzbrecher, Alfred (2012): „Lesarten generieren. Zur Hermeneutik der Kinder- und Jugendfotografie". In: Oomen-Welke, Ingelore; Staiger, Michael (Hrsg.): *Bilder – in Medien, Literatur, Sprache, Deutschdidaktik.* Festschrift für Adalbert Wichert. Freiburg: Fillibach, S. 121–128.

Holzbrecher, Alfred (2016a): „Bildungsmedium Fotografie. Schüleraustausch als interkulturelles Projekt im Fremdsprachenunterricht". In: Michler, Christine; Reimann, Daniel (Hrsg.): *Sehverstehen im Fremdsprachenunterricht.* Tübingen: Narr Francke Attempto, S. 228–243.

Holzbrecher, Alfred (2016b): „Drei Fotos – eine Geschichte". In: Küster, Lutz (Hrsg.): *Individualisierung im Französischunterricht. Mit digitalen Medien differenzierend unterrichten.* Seelze: Kallmeyer Klett Friedrich Verlag, S. 75–78.

Holzbrecher, Alfred (2018): Blog „Reisefotografie interkulturell". Online: https://reisefotografieinterkulturell.wordpress.com

Oomen-Welke, Ingelore (2015): „Sprachen vergleichen, reflektieren, wertschätzen". In: Holzbrecher, Alfred; Over, Ulf (Hrsg.): *Handbuch Interkulturelle Schule.* Weinheim und Basel: Beltz, S. 138–146.

Panofsky, Erwin (1955): *Sinn und Deutung in der Bildenden Kunst.* Köln: DuMont.

Peez, Georg (2006): *Fotografien in pädagogischen Fallstudien. Sieben qualitativ-empirische Analyseverfahren zur ästhetischen Bildung – Theorie und Forschungspraxis.* München: kopaed.

Pilarczyk, Ulrike; Mietzner, Ulrike (2005): *Die seriell-ikonografische Fotoanalyse in den Erziehungs- und Sozialwissenschaften.* Bad Heilbrunn: Klinkhardt.

Wulf, Christoph (1999): „Bild und Phantasie. Zur historischen Anthropologie des Bildes". In: Schäfer, Gerd; Wulf, Christoph (Hrsg.): *Bild – Bilder – Bildung.* Weinheim: Beltz, S. 331–344.

DNS Jb. 8/9 für 2017/18 (2020): 95–106

Ulrike Shahar-Büchsel, Verena La Mela

Chinesisch in der Schule: Chancen und Entwicklungsräume

Zusammenfassung Deutsch

Die Studie[1] analysiert das Potenzial, die fachliche Positionierung von und die didaktischen Herausforderungen für Chinesisch als schulischer Fremdsprache. Dabei werden Entwicklungshemmnisse und Gelingensbedingungen identifiziert. Wir untersuchen zudem die Frage, welcher Bildungswert dem Chinesischen als distanter Fremdsprache im schulischen Kontext zukommen kann, und welche gesellschaftlichen und institutionellen Faktoren einen potentiellen Ausbau des Faches beeinflussen.

Zusammenfassung Englisch

In this study, we analyse the current situation of Chinese as school subject in Germany in terms of its potential, its positioning within the curriculum, and the challenges of establishing a „distant" foreign language in German high schools. We identify obstacles to be met as well as conditions for the subject's further development. We also ask how we can define the educational value of Chinese as school subject, and examine social and institutional factors affecting its expansion.

1. Einleitung

Der Aufstieg Chinas ist nicht mehr zu leugnen: Er zeigt sich in Bereichen wie Handel, Finanzen, Politik und Bildung.[2] Angesichts dieser Lage kommt dem Wissen um und dem Verstehen von China, seiner Gesellschaft und seiner Mentalität gesteigerte Bedeutung zu, sie sind unabdingbare Voraussetzung für jeden in Politik, Wirtschaft oder in den Medien Tätigen. Dieses Verständnis muss vermittelt werden, in unseren Universitäten, aber vor allem auch an unseren Schulen. Obwohl nun aber China bereits seit längerem begonnen hat, für die wirtschaftlichen, sozialen, politischen und kulturellen Entwicklungen Europas eine Schlüsselrolle zu spielen, ist die Möglichkeit der Begegnung mit China im Schulalltag von in Deutschland aufwachsenden Kindern immer noch stark eingeschränkt. Eine Zusammenarbeit und Auseinandersetzung mit der aufstrebenden Weltmacht China wird

---

1 Dieser Artikel ist eine Zusammenfassung der wichtigsten Ergebnisse. Die Langfassung der Studie ist erschienen als „Chinesisch als Schulfach in Deutschland: Potenzial und Gelingensbedingungen – Eine qualitative Studie zur Zukunft des schulischen Chinesischunterrichts". In: *CHUN-Chinesischunterricht* 34: 58–81.

2 Im Sinne der besseren Lesbarkeit schließen in diesem Text bei Bezeichnungen wie „Lehrer" und „Schüler" etc. die männlichen Formen die weiblichen, und umgekehrt bei weiblichen Gattungsbezeichnungen („die Lehrkraft") die weiblichen Formen die männlichen mit ein.

in Zukunft für jede Gesellschaft der Welt unvermeidlich werden. Um hier als ernstzunehmender Partner agieren zu können, sind adäquate Kenntnisse der Kultur, Geschichte und Sprache der 1,4 Milliarden Chinesen notwendig. Das Chinabild der deutschen Öffentlichkeit ist von Unwissen und Verallgemeinerungen geprägt, und chinesische Sprachkenntnisse sind in Deutschland bis auf wenige akademische Nischen fast nicht vorhanden. Um dies zu ändern und fundierte China-Kompetenz in unterschiedlichen Sektoren der Gesellschaft aufzubauen, müssen China und Chinesisch auch im deutschen Bildungswesen tiefer verankert werden. Schulischer Chinesischunterricht ist einer der wichtigsten – kürzlich in einer Studie des Mercator Institute for China Studies identifizierten – „Ausgangspunkte für den Ausbau von China-Kompetenz in Deutschland" (Stepan u. a. 2018: 1).

In diesem Artikel diskutieren wir, unter welchen Vorzeichen die weitere Verbreitung von Chinesisch als schulischer Fremdsprache zu sehen ist, wie Chinesisch als schulisches Unterrichtsfach definiert werden kann und welche Hindernisse einer weiteren Verbreitung im Weg stehen. Wir fragen nach dem Status quo an Schulen und identifizieren Problemfelder und Entwicklungspotenzial. Dabei stützen wir uns auf eine im Jahr 2015 durchgeführte Datensammlung, im Rahmen derer 26 semistrukturierte Interviews mit insgesamt 30 Fachvertretern und vier Fokusgruppen (zusammengesetzt aus Studierenden der neuen Lehramtsstudiengänge für Chinesisch) geführt wurden. Als Interviewpartner standen uns erfahrene Chinesischlehrer, Schulleiter, Vertreter sinologischer Institute der Universitäten und Praktiker aus der Erwachsenenbildung und Kulturvermittlung zur Verfügung. Ergänzt wird die Sammlung von Interviewmaterial durch eine, allerdings aufgrund der geringen Anzahl an Rückmeldungen nicht repräsentative, Umfrage unter Schulleitern in Deutschland.

2. Relevanz und Bildungswert von Chinesisch als schulischer Fremdsprache

Die Volksrepublik China ist noch vor den USA und den europäischen Nachbarländern Deutschlands wichtigster Handelspartner. Für die Volksrepublik ist Deutschland wiederum innerhalb Europas der wichtigste Wirtschaftspartner. Das Land hat in den vergangenen 40 Jahren einen beispiellosen wirtschaftlichen Aufstieg erlebt und ist inzwischen die zweitgrößte, gemessen an der Kaufkraft sogar die größte Volkswirtschaft der Welt. Abgesehen von Chinas wirtschaftlichem Aufstieg erleben wir gegenwärtig auch auf der Bühne der Weltpolitik eine drastische Verschiebung der Machtverhältnisse. Die von den USA dominierte Weltordnung der letzten Jahrzehnte verwandelt sich derzeit in ein multipolares System, in dem sich die Volksrepublik China als neue Weltmacht positioniert. Die Volksrepublik ist mit fast 1,4 Milliarden Einwohnern das bevölkerungsreichste Land der Erde, und Chinesisch (gemeint ist hier das moderne Standardchinesisch sowie dessen verwandte Dialekte) ist mit geschätzten 900 Millionen Muttersprachlern die Sprache mit den meisten Erst-Sprechern und mit 1,1 Milliarden Sprechern insgesamt die (nach dem Englischen) am zweithäufigsten gesprochene Sprache der Welt (vgl. SIL International o. J.). Eine tiefgreifende Auseinandersetzung mit diesem Land und seinen Menschen kann jedoch nur gelingen, wenn die dazu nötigen sprachlichen und kulturellen Kompetenzen gefördert werden. Wie vom Bundesministerium für Bildung und Forschung zuletzt betont und von vielen hier interviewten Experten bestätigt wurde, braucht Deutschland „echte China-Kompetenz“ (Informant W 2018) in Politik, Gesellschaft, Wirtschaft und Wissenschaft, um der Herausforderung durch Chinas Aufstieg differenziert und konstruktiv gerecht zu werden (vgl. Stepan u.a. 2018; Kultusministerkonferenz 2018). Ein wichtiger erster Schritt in diese Richtung ist es, einer breiteren Anzahl von jungen Menschen in Deutschland durch schulischen Chinesischunterricht einen „entspannteren Umgang“ (Informant W 2015) mit der chinesischen Sprache zu ermöglichen.

Chinesisch ernsthaft als schulische Fremdsprache zu etablieren bedeutet jedoch auch, über den Begriff der „Fremdsprache“ neu nachzudenken. Verbreitete Schul-„Fremdsprachen“ sind bisher ohne Ausnahme indogermanische, europäische Sprachen, die mit dem Deutschen sowohl linguistisch als auch hinsichtlich ihres kulturellen Referenzsystems mehr oder weniger eng verwandt sind (vgl. Guder 2005: 66ff.). Diese können uns jedoch, mit Ausnahme der Weltsprache Englisch, nur einen Teil der Welt erschließen; einen für Deutschland fraglos wichtigen Teil zwar, doch stellt sich die Frage, ob die eine überwiegende Beschränkung des schulischen Fremdsprachenunterrichts auf den europäisch-amerikanischen Kulturraum im Zeitalter der Globalisierung und angesichts der zunehmenden Bedeutung von Weltregionen wie China noch angemessen ist.

Chinesisch ist sowohl sprachtypologisch, kulturell, als auch im Hinblick auf das Schriftsystem von den europäischen Sprachen grundlegend verschieden. Das moderne Standardchinesisch ist eine Tonsprache mit einem für deutsche Muttersprachler fremden Lautsystem. Zudem wird die Sprache mit einem logographischen Schriftsystem verschriftlicht, für dessen alltagstaugliche Beherrschung mindestens etwa 3000 Schriftzeichen erlernt werden müssen. Und auch das Erlernen des kulturellen Referenzrahmens und der Pragmatik der chinesischen Sprache erfordert die Überbrückung größerer Distanzen, als dies bei europäischen Fremdsprachen der Fall ist. Dies hat für den schulischen Fremdsprachenunterricht pädagogische, didaktische und praktische Auswirkungen, die von einer aufzubauenden Fachdidaktik der distanten Fremdsprachen systematisch zu untersuchen sind (vgl. Informant W 2018). Zudem muss stärker als bislang der Blick darauf gelenkt werden, dass dem Erlernen einer distanten Fremdsprache in der Schule ein eigener und neu zu definierender Bildungswert zukommt.

Interviewpartner berichten aus der Praxis, dass man Schüler schlicht „glücklich machen“ (Informant U 2015) könne, indem man ihnen die Erfahrung ermögliche, so etwas Besonderes wie die chinesische Sprache zu erlernen. Dies steht im Einklang mit dem didaktischen Anspruch, durch die Beschäftigung mit einer distanten Fremdsprache wie dem Chinesischen generell „Freude an Sprache“ (Ministerium für Schule und Weiterbildung des Landes Nordrhein-Westfalen 2014b: 12) zu fördern. Interviewpartner berichten zudem, dass man Schüler darin unterstütze „Kompetenzen zu entwickeln, die sie bisher nicht in einem anderen Fach entwickeln konnten, indem sie einmal mit so etwas Andersartigem wie Chinesisch konfrontiert sind“ (Informant R 2015). Alle Schüler, nicht nur die leistungsstärkeren, könnten durch die Erfahrung, sich Kenntnisse einer außergewöhnlichen Sprache wie des Chinesischen anzueignen, in ihrem Selbstbewusstsein gestärkt werden. Die Überwindung von sprachlicher und kultureller Distanz wird so an sich als bereichernd empfunden. Chinesisch zu lernen fördere zudem wichtige Lernkompetenzen wie systematische Lernstrategien und Selbstregulierung, womit, gerade in differenzierenden Lernsettings, Chinesisch besonders geeignet sei, alle Schüler an ihre individuellen Grenzen zu führen (vgl. Informanten Z, U, R 2015).

Den Bildungswert von Chinesisch als distanter Fremdsprache rein auf den Spracherwerb und Lernkompetenzen zu beschränken greift jedoch zu kurz. Nicht umsonst betonen in den letzten Jahren verabschiedete Bildungspläne und Curricula den Erwerb von soziokulturellem Orientierungswissen und interkultureller kommunikativer Kompetenz im schulischen Chinesischunterricht (vgl. Ministerium für Kultus, Jugend und Sport des Landes Baden-Württemberg: 510; Ministerium für Schule und Weiterbildung des Landes Nordrhein-Westfalen 2014b: 21–23; dass. 2014a: 11). Die implizierte These ist hier: Wo eine große Distanz zu überbrücken ist, ist auch das Lernpotenzial hoch, wenn diese Überbrückung gelingt. Zudem ermöglicht die Beschäftigung mit einer distanten Kultur und Sprache die Entwicklung eines neuen Blicks auf das Eigene. Ein Interviewpartner formuliert:

> „[…] durch das Befassen mit China und Chinesisch lernen junge Europäer, ihre eigene Welt von sehr weit außen zu betrachten. Ich glaube, das ist ein ganz entscheidender Mehrwert dieser Sprachausbildung: Wir lernen über uns selbst nachzudenken. Damit ist es eigentlich ein humanistisches und philosophisches Fach im besten Sinne […]" (Informant W 2015)

Das Erlernen der distanten Fremdsprache Chinesisch und die Auseinandersetzung mit Chinas Kultur, Politik und Geschichte bildet wie kaum ein anderes Fach die „Fähigkeit zum Perspektivwechsel" (Guder 2009: 828) aus, die in der globalisierten Welt des 21. Jahrhunderts eine unerlässliche Kompetenz darstellt. In der Beschäftigung mit der chinesischen Sprache müssten „wir Europäer zunächst lernen, Vertrautes in Frage zu stellen" (ebd.) – eine wichtige Grundlage für die Entwicklung von kritischer Urteilsfähigkeit.

Eine systematische Konzeptualisierung und theoretische Fundierung der für das Fach Chinesisch hier postulierten interkulturellen Lernprozesse bleibt ebenfalls Aufgabe einer zukünftigen fachdidaktischen Forschung. Einen Ansatz könnte das Modell der transkulturellen kommunikativen Kompetenz darstellen. Transkulturelle kommunikative Kompetenz bezeichnet hier im Anschluss an den Begriff der Transdifferenz (vgl. Allolio-Näcke/Kalscheuer/Manzeschke 2005: 22) die Fähigkeit, sich über Differenzen hinweg zu verständigen, ohne diese zu nivellieren (vgl. Reimann 2015: 17). Sie geht insofern über interkulturelle kommunikative Kompetenz hinaus, als dass es nicht nur wie für diese Ziel ist, ein Fremd- und Selbstverstehen zu erreichen und dabei Unterschiede kontrastiv herauszuarbeiten. Vielmehr wird eine Ebene der Verständigung erreicht, die Differenzen anerkennt und gleichzeitig einen darüber hinausgehenden, offenen und wandelbaren Kommunikationsraum schafft. Da es im Chinesischunterricht in besonderem Maße zur Auseinandersetzung mit sprach- und kulturspezifischen Differenzen kommt, scheint ein solcher Ansatz geeignet, die besonderen inter- und transkulturellen Lernprozesse des Faches theoretisch zu untermauern.

3. Schulischer Chinesischunterricht in Deutschland heute

Im Schuljahr 2016/2017 lernten in Deutschland ca. 5.170 oder etwa 0,1 Prozent der Schüler an allgemeinbildenden Schulen Chinesisch (Stepan u.a. 2018: 47). Im Vergleich mit großen europäischen Partnerländern und den USA sind diese Zahlen sehr gering. In Frankreich wurde bereits 2006 auf nationaler Ebene der Posten eines „Generalinspektors für den Chinesischunterricht" (Ministère de l'Education Nationale et de la Jeunesse o.J.) geschaffen. Dieser konnte für das Schuljahr 2015/16 einen Anstieg der Schülerzahlen seit dem Jahr 2006 um ca. 400 % auf 44.227 Schüler vermelden (vgl. ebd.). Während in Deutschland zurzeit an 86 Schulen Chinesisch als Fremdsprache angeboten wird (vgl. Frenzel und Wassermann, o.J.), waren dies in Frankreich 2015/16 bereits 663 Schulen (vgl. Bellassen 2015). Aus Großbritannien und den USA gibt es ebenfalls Berichte über um ein Vielfaches höhere Schülerzahlen (vgl. „Chinese in UK Schools – BACS: The British Association for Chinese Studies" o.J.; Councils for International Education 2017). Allerdings handelt es sich hierbei häufig auch um Unterricht für Herkunftssprecher, der im anglo-amerikanischen Raum nicht unbedingt von tatsächlichem Fremdsprachenunterricht abgegrenzt wird, so dass die Anzahl der nicht-muttersprachlichen Chinesischlerner anhand der vorliegenden Zahlen nicht abgeschätzt werden kann.

In Deutschland ist die Verteilung der Schulen mit Chinesisch als Unterrichtsfach auf die Bundesländer sehr unausgewogen. Nordrhein-Westfalen nimmt im bundesdeutschen Vergleich die Rolle eines Spitzenreiters ein. Günstige politische und kulturelle Rahmenbedingungen haben hier im Zusammenspiel mit engagierten Einzelpersonen dafür gesorgt, dass etwa 36 % der insgesamt in Deutschland Chinesisch lernenden Schüler (ca. 1.800) an 24 Schulen in Nordrhein-Westfalen unterrichtet werden (vgl. Informanten W, F 2015; Stepan u. a. 2018: 42). Dies ist selbst angesichts der hohen Bevölkerungszahl Nordrhein-Westfalens deutlich überproportional. Die beiden südlichen Bundesländer Baden-Württemberg und Bayern nehmen mit 12 und 11 Schulen und ca. 500 bzw. ca. 800 Schülern eine Stellung im Mittelfeld ein, während in Hessen, Niedersachsen, Thüringen, Sachsen, Sachsen-Anhalt, Brandenburg sowie Schleswig-Holstein die Zahl der Schulen im einstelligen Bereich und die Zahl der Chinesisch lernenden Schüler etwa zwischen 50 und 250 liegt. Keinerlei Möglichkeiten, Chinesisch in der Sekundarstufe zu lernen, gibt es in Rheinland-Pfalz, dem Saarland und in Mecklenburg-Vorpommern. Mit Angeboten gut ausgestattet sind dagegen die Stadtstaaten Berlin, Hamburg und Bremen. Insbesondere Berlin nimmt hier mit 11 Schulen und ca. 750 Chinesischlernenden eine führende Position ein (vgl. Stepan u. a. 2018: 42). Jedoch kommt die Entwicklung auch in den bisher für Chinesisch engagierten Bundesländern seit einigen Jahren nicht voran. In der chronologischen Betrachtung verzeichnen Stepan u.a. nach einem starken Anstieg in den 2000er Jahren seit etwa 2012 ein Stagnieren der Schülerzahlen bei einem Wert von ca. 5.000 Schülerinnen und Schülern (vgl. ebd.: 47).

Auf der Grundlage dieser Zahlen kann, vielleicht mit Ausnahme Nordrhein-Westfalens und insbesondere des Ruhrgebiets, wo sich die meisten Schulen mit Chinesisch als Fremdsprache befinden (vgl. Fachverband Chinesisch e.V. 2018), in keinem Bundesland von einem flächendeckenden Angebot dieser Sprache an Sekundarschulen gesprochen werden. Vielmehr ist die Situation auf gesamtdeutscher Ebene von Fragmentierung und

Uneinheitlichkeit gekennzeichnet. Einige Informanten betonen, dass dies auch eine Hürde für den weiteren Ausbau des Faches darstelle. Schulen zögerten unter anderem auch deshalb, Chinesisch als Schulfach einzurichten, da Eltern und Schüler damit rechneten, dass das Fach bei einem Wechsel des Wohnorts nicht weiter belegt werden kann. Dies beeinträchtige die Einwahlen für Chinesisch als Fremdsprache (vgl. Informanten J, U, A 2015). Somit muss hier ein Teufelskreis durchbrochen werden: Der fehlende flächendeckende Ausbau des Faches verlangsamt insgesamt die Ausbaugeschwindigkeit.

4. Eine distante Sprache und eine fremde (politische) Kultur: Herausforderung oder Chance?

Wie oben betont müssen an das Erlernen von Chinesisch als distanter Fremdsprache andere Maßstäbe angelegt werden als wir dies für affine indoeuropäische Sprachen gewohnt sind. Die hier befragten Interviewpartner betonen immer wieder, dass es fraglos möglich sei, Chinesisch als „ganz normales Unterrichtsfach" (Informant A 2015) zu unterrichten, dass sie aber auch immer wieder Zweifel zerstreuen müssten, ob Chinesisch tatsächlich „lernbar" (Informant Z 2015) sei. Die pauschale Antwort auf diese Frage lautet: Ja, Chinesisch ist lernbar wie jede andere Sprache auch. Es erfordert für Muttersprachler einer indoeuropäischen Sprache jedoch im Ganzen mehr Zeit als dies etwa für Spanisch oder Französisch nötig ist. Dies gilt jedoch in unterschiedlichem Maße für die einzelnen Teilkompetenzen: Bei mündlichen, kommunikativen Kompetenzen ist eine schnellere Lernprogression erreichbar, die eher derjenigen in europäischen Fremdsprachen entspricht. Bei schriftlichen Kompetenzen ist dies aufgrund der Komplexität des Schriftsystems nicht ohne weiteres möglich (vgl. Fachverband Chinesisch e.V. 2012; Guder 2005: 67). Kommunikative Handlungsfähigkeit im Alltag kann jedoch auch ohne oder mit begrenztem Schriftzeichenerwerb erreicht werden (vgl. Gu und Meinhausen 2005), und digitale und computergestützte Ansätze versprechen einen leichteren Zugang auch zur chinesischen Schriftsprache. Zur Realisierung von inter- und transkulturellen Lernprozessen muss zudem eine größere kulturelle Distanz überbrückt und mehr Lernzeit in den Erwerb von soziokulturellem Orientierungswissen sowie pragmatischen und soziolinguistischen Kompetenzen investiert werden.

Die hier befragten Interviewpartner betonen, dass sie gute Erfahrungen bezüglich der möglichen sprachlichen und interkulturellen Lernfortschritte der Schüler machen. Wichtiges Stichwort ist hier die Kommunikationsorientierung (vgl. Informant AB 2015): Ziel des schulischen Chinesischunterrichts muss es zunächst sein, handlungsorientierte kommunikative Kompetenzen in Alltagssituationen zu erreichen (vgl. Informant F 2015). Insbesondere bei einer Einführung als 2. Fremdsprache und Fortführung in der Oberstufe seien dann jedoch – bei ausreichender Lernzeit – beeindruckende Lernergebnisse auch im Hinblick auf die Schriftsprache möglich:

> „Was dann als Ertrag rauskommt, das ist natürlich fantastisch; […] ich bin also *selber sehr beeindruckt*, was Schüler wirklich lernen können [nach 7 Jahren Chinesisch in der Schule] und entlasse sie also jetzt mit so fundierten Kenntnissen, nicht nur im Alltagschinesisch, sondern wir diskutieren ja wirklich über gesellschaftliche Phänomene; und die können schreiben, in Schriftzeichen, die lesen das alles – ja, es ist *wirklich* eine *Freude*, muss ich sagen!" (Informant U 2015)

Doch auch nach drei Jahren handlungsorientiertem Chinesischunterricht bei einer Wahl als spätbeginnende Fremdsprache in der Oberstufe können die Schüler gute alltagstaugliche und anwendbare kommunikative Kompetenzen erreichen, auf denen sie später aufbauen können (vgl. Informant F 2015). Wichtig ist die Anpassung der Erwartungen (und damit auch der standardisierten Kompetenzziele) an die Erfordernisse und Möglichkeiten des Schulunterrichts. Eine Interviewpartnerin berichtet,

> „[ein Hindernis ist natürlich die Vorstellung, dass] die Sprache zu schwer sein könnte, das liegt natürlich auch daran, dass die Leute sich vorstellen, man müsse jetzt alles in Schriftzeichen [schreiben]; was im schulischen Unterricht gar nicht der Fall ist, sondern die Progression bei Schriftzeichen ist da sehr wohl sehr angepasst. [...] Chinesisch ist lernbar." (Informant Z 2015)

Insgesamt können in der Erfahrung unserer Interviewpartner sehr gute Lernergebnisse im schulischen Chinesischunterricht erzielt werden, auch wenn in Teilkompetenzen die Progression an einen erhöhten Lernzeitbedarf angepasst werden muss. Wenn für die schriftliche Kommunikationsfähigkeit und inter- und transkulturelle kommunikative Kompetenzen im Chinesischen mehr Lernzeit aufgewendet werden muss, kann und sollte dies als Chance, und nicht als Hindernis begriffen werden, denn schließlich ist auch das Lernpotenzial ein entsprechend hohes.

Nicht nur die Distanz der Sprache, sondern auch in Deutschland verbreitete Vorstellungen über das Land werden von Interviewpartnern als Hindernis für die Verbreitung schulischen Chinesischunterrichts gesehen. Die Volksrepublik China ist zweifellos ein autoritärer, repressiver Einparteien-Staat und eine Weltmacht. Mit dieser Herausforderung muss sich der Westen auseinandersetzen, und dies wird nicht gelingen, indem man die Augen davor verschließt. Andererseits ist die Volksrepublik China nicht gleichzusetzen mit dem chinesischen Kulturkreis. 23 Millionen Chinesen leben in Taiwan, einem demokratisch verfassten Staat, der im Freiheitsindex 2018 der amerikanischen Nichtregierungsorganisation Freedom House 93 von 100 möglichen Punkten erreichte und damit noch vor traditionellen Demokratien wie Frankreich, Italien und den Vereinigten Staaten liegt (vgl. Freedom House 2018). Die ehemalige britische Kolonie Hongkong hat ebenfalls ein eigenes politisches und gesellschaftliches Klima und bewahrt sich unter dem Prinzip „Ein Land, zwei Systeme" einen gewissen Grad der Autonomie von Peking. In Singapur bilden Einwohner chinesischer Abstammung die größte ethnische Gruppe, und große chinesische Gemeinschaften existieren auch in weiteren südostasiatischen Staaten, den USA und Kanada. Auch europäische Länder werden zunehmend zu Einwanderungszielen für Menschen aus China. Und nicht zuletzt ist die Volksrepublik China selbst ein hochkomplexes Land, an dem man umso mehr Facetten entdeckt, je genauer man sich damit beschäftigt.

Dies bedeutet nicht, dass in der Schule auf unkritische Art und Weise mit China umgegangen werden soll und wird. Ein Interviewpartner berichtet, dass auch Schüler „das kritisch sehen" und den Standpunkt entwickelten, „dass man nicht mit allem, was in China läuft, einverstanden ist und auch nicht sein muss – und das sage jetzt ich: auch nicht sein darf" (Informant J 2015). Und doch könnten die Schüler hier „abstrahieren" und unterscheiden zwischen der Sprache auf der einen Seite und dem „politischen Klima in China" (ebd.) auf der anderen. Ein anderer Informant betont, dass gerade das höher gebildete

Elternklientel Vorbehalte bezüglich der Situation der Menschenrechte, der Umwelt und generell gegenüber dem Regierungssystem der Volksrepublik China habe. Er mahnt an, solche Gefühle ernst zu nehmen, sie „nicht vom Tisch zu wischen“ (Informant Z 2015) und mit sachlichen Argumenten und geduldiger Überzeugungsarbeit Bewusstsein dafür zu schaffen, dass die Auseinandersetzung mit China trotzdem (oder gerade deswegen) nötig und bereichernd ist und selbstverständlich nicht die Übernahme der volksrepublikanischen politischen Positionen bedeutet (vgl. ebd.).

Grundsätzlich muss sich jede Schule in Deutschland die Frage stellen, ob nicht gerade auch diejenigen Kulturkreise eine Herausforderung für den Bildungsauftrag der Schule darstellen, die sich in ihren Wertesystemen stärker von dem unsrigen unterscheiden. Hier ist das oben ausgeführte Konzept der transkulturellen kommunikativen Kompetenz von Bedeutung. Nur durch den sukzessiven Aufbau von Sprachkenntnissen, soziokulturellem Orientierungswissen und interkultureller kommunikativer Kompetenz kann nach diesem Ansatz eine Verständigungskompetenz über Differenzen hinweg geschaffen werden. Dabei geht es weder darum, Differenzen einebnend nach Einheit zu suchen (die immer einen hegemonialen Anspruch hätte), noch darum, Differenzen zu überhöhen und Kulturen künstlich als in sich geschlossene Einheiten zu konstruieren. Vielmehr soll die Fähigkeit zum Dialog und damit der einzige sinnvolle Weg gegenseitiger Wahrnehmung und Beeinflussung (auch zu dem, was hier als gut und besser erkannt wird) aufgebaut und gestärkt werden.

5. Entwicklungspotenzial und konkrete Ansätze zur Etablierung des Faches

„Chinesisch kann man nicht irgendwie ein bisschen machen, Chinesisch muss man richtig machen“ (Informant W 2015), so argumentiert ein Interviewpartner. Chinesisch bedarf als distante Fremdsprache sowohl auf institutioneller Ebene als auch auf der Ebene der Lernenden und Lehrenden Geduld und langfristiges Engagement. Die größere kulturelle und linguistische Distanz und die Komplexität der Sprache sind bei Planungen in Betracht zu ziehen, sonst bleibt Chinesisch „ein Feigenblatt“ (Informant U 2015) und für Lernende wie Lehrende unbefriedigend (vgl. ebd.). Gleichzeitig kann Chinesisch, wenn die Rahmenbedingungen stimmen, eine notwendige Ergänzung des bisher in weiten Teilen auf Europa und Amerika konzentrierten Fremdsprachenangebots darstellen und mit guten Erfolgen als normales Unterrichtsfach etabliert werden.

Viele von uns befragte Gesprächspartner empfehlen, Chinesisch vorzugsweise als 2. Fremdsprache oder aber in der Oberstufe einzuführen. Informanten berichten von Erfahrungen mit Chinesisch als 2. im Vergleich zur spätbeginnenden Fremdsprache und heben hervor, dass besonders das Hörvermögen bei jüngeren Schülerinnen und Schülern noch besser ausgebildet sei: „[…] Wir sprechen vor, und die Schüler können das nachsprechen, die hören sofort die Tonunterschiede […]“ (Informant U 2015). Natürlich könnten auch ältere Lerner die Aussprache und Tonalität des Chinesischen noch meistern, doch „was die Aussprache anbelangt“ sei es deutlich „einfacher, wenn man mit 12 oder 13 anfängt“ (ebd.). Weitere Gesprächspartner betonen, dass sich im Hinblick auf

Lernmotivation und Wahlverhalten erfahrungsgemäß entweder ein früher Beginn (als 2. Fremdsprache in der 6./7. Klasse) oder ein späterer Beginn (als spätbeginnende Fremdsprache in der 10./11. Klasse) als sinnvoll erwiesen haben (vgl. Informant Z 2015). Solche bisher nur anekdotisch vorliegenden Hinweise und Erfahrungswerte, wann der Beginn des Spracherwerbs am besten anzusetzen ist und welche Lernfortschritte in welchen Klassenstufen zu erwarten sind, sollten von der fachdidaktischen Forschung untersucht und empirisch hinterfragt werden.

Des Weiteren müssen die angestrebten Kompetenzziele für Chinesisch an die Eigenheiten einer distanten Fremdsprache angepasst und geeignete Lehrmethoden entwickelt werden. Eine Anpassung und Entwicklung von spezifischen Kompetenzzielen ist für Chinesisch besonders in vier Bereichen nötig: hinsichtlich des Beherrschens der Schriftsprache, hinsichtlich der Phonetik der chinesischen Sprache, hinsichtlich der Pragmatik und Sprachverwendung, sowie – dies zieht sich durch alle anderen Bereiche hindurch, geht aber auch über sie hinaus – hinsichtlich inter- und transkultureller kommunikativer Kompetenzen und soziokulturellen Orientierungswissens. Hier gibt es bereits viele innovative Ansätze, die durch die Fachdidaktik erforscht und weiterentwickelt werden können. Diskutiert wird beispielsweise derzeit im Bereich der Schriftzeichenproblematik eine verstärkte Einbindung von digitalen Medien und computergestütztem Schreiben in den Unterricht, da dies das Erreichen von schriftsprachlicher Kommunikationsfähigkeit für die Schüler deutlich erleichtern kann (vgl. Informant F 2015, Guder (2019)). Solche und viele weitere Ansätze müssen systematisiert, durch empirische Unterrichtsforschung untersucht und in standardisierte Kompetenzziele, Lehrmethoden und Lehrmaterialien überführt werden.

Ob es gelingen wird, Chinesisch flächendeckend als schulische Fremdsprache zu etablieren, ist abhängig von einem Netz von interagierenden Prozessen und Akteuren auf verschiedenen Ebenen. Auf der Grundlage der hier geführten Interviews können vier große Bereiche identifiziert werden, in denen Veränderungen notwendig und Initiativen gefragt sind: Schulen, Universitäten und Lehrerbildungseinrichtungen, Behörden und Bildungspolitik sowie die breitere Öffentlichkeit.

Auf der Ebene der individuellen Schulen müssen Chinesischlehrer, Schulleitung, Kollegium und die gesamte Schulgemeinschaft zusammenwirken, um das Gelingen des Schulfaches zu ermöglichen. Schulleiter sind der „Dreh- und Angelpunkt" (Informant F 2015) zwischen Behörden, Kollegium und Schulöffentlichkeit, denn ohne Engagement und kontinuierliche Unterstützung der Schulleitung ist die Etablierung des Schulfaches nicht möglich (vgl. Informanten F, U, Z, AB 2015). Bei Schulen, die Chinesisch erfolgreich als Schulfach eingeführt haben, geht dies in der Regel auf eine Initiative und das dauerhafte Engagement des Schulleiters im Zusammenspiel mit einer Chinesischlehrkraft zurück (vgl. Informanten F, U, Z 2015). Nicht zuletzt müssen schließlich Eltern und Schüler in den Prozess mit eingebunden, umfassend informiert, überzeugt und in ihren Bedenken ernst genommen werden (vgl. Informanten A, Z 2015).

Die Lehrerbildung an Universitäten, Pädagogischen Hochschulen und an den Ausbildungsseminaren und Fortbildungsinstituten macht den zweiten großen Entwicklungsbereich aus, denn ohne eine Professionalisierung der schulischen Chinesischlehrer und eine kontinuierliche Entwicklung der Unterrichtsqualität durch Aus- und Fortbildung kann Chinesisch als Schulfach nicht gelingen. Eine forschungsbasierte Fachdidaktik muss aufgebaut, und an den Universitäten und Einrichtungen langfristig mit entsprechenden Stellen für Lehre und Forschung etabliert werden.[3]

Die Rahmenbedingungen von Schulen und Lehrerausbildung werden von Schulbehörden und Bildungspolitik maßgeblich gestaltet. Ohne politische Unterstützung und behördliches Wohlwollen sei eine erfolgreiche Einführung des Faches nicht möglich oder zumindest wesentlich erschwert, betonen die Gesprächspartner (vgl. Informanten F, Z, X 2015). Sie berichten, dass eine erfolgreiche Etablierung des Faches oft von Einzelpersonen in Behörden abhänge und nur funktioniere, wenn diese dem Anliegen wohlwollend gegenüberstehen (vgl. Informanten W, Z 2015). Genehmigungsprozesse sollten erleichtert, bürokratische Hürden abgebaut, und der notwendige Ausbau des Faches an Schulen, Seminaren und Universitäten muss, vor allem durch Schaffung von langfristigen Stellen, finanziert werden (vgl. Informanten R, W, Z 2015).

Alle bisher angesprochenen Faktoren und Akteure sind in ein weiteres gesellschaftliches Umfeld und seine Diskurse und Wertvorstellungen eingebunden, in dem ein differenzierter Blick auf China und fundierte China-Kompetenz derzeit noch wenig verbreitet sind (vgl. Heinrich-Böll Stiftung 2010). China-Kompetenz stärken heißt, einen differenzierteren Blick auf China durch Wissen und Austausch überhaupt erst zu ermöglichen. Chinesisch als Schulfach kann hierzu einen entscheidenden Beitrag leisten; sein Ausbau wird jedoch oft von eben jenem fehlenden Bewusstsein und eben jener fehlenden Offenheit für China verhindert, denen das Fach Abhilfe schaffen möchte. Vorgefertigte Meinungen über China dienen häufig nicht dazu, Lust auf und Interesse für das Land zu wecken. Genau die Distanz, die viele als abschreckend wahrnehmen, einerseits durch bessere Kulturvermittlung und Kommunikation zu mindern, andererseits aber auch als Lern- und Entwicklungschance zu begreifen, ist eine gesamtgesellschaftliche Aufgabe. Medien und meinungsbildende Institutionen und Verbände sind hier gefragt, sich stärker zu engagieren, wie dies Stiftungen und einzelne Institutionen bereits erfolgreich tun.[4] Es wird klar, dass Akteure und Institutionen aus allen vier Bereichen – Schulen, Lehrerbildung, Behörden und Politik sowie aus Medien, privaten Initiativen und Öffentlichkeit – zusammenwirken müssen, um Chinesisch als Schulfach voranzutreiben und erfolgreich zu etablieren.

---

[3] Die im Erscheinen begriffene, ausführlichere Auswertung des hier gesammelten Datenmaterials befasst sich eingehend mit Potenzial und Problemfeldern der Lehramtsausbildung für Chinesisch (vgl. Shahar-Büchsel mit La Mela (2019)). Aus Platzgründen wurden diese Themenfelder, genauso wie auch die Analyse der vorhandenen Curricula und die Fragen bezüglich der Etablierung einer fachdidaktischen Forschung hier nicht berücksichtigt.

[4] Als Vorbild können etwa Initiativen wie die kürzlich von deutschen und chinesischen Experten mit der Förderung der Robert Bosch Stiftung, der Universität Heidelberg und des dortigen Konfuzius-Instituts gemeinsam erarbeiteten „Handlungsempfehlungen für ein besseres gegenseitiges Verständnis" dienen (Rudyak und Konfuzius-Institut an der Universität Heidelberg: 2018).

Bibliographie

Allolio-Näcke, Lars; Kalscheuer, Britta; Manzeschke, Arne (Hrsg.) (2005): *Differenzen anders denken: Bausteine zu einer Kulturtheorie der Transdifferenz*. Frankfurt am Main: Campus-Verl.

American Councils for International Education (2017): „National K-12 Foreign Language Enrollment Report“. Online: https://www.americancouncils.org/sites/default/files/FLE-report-June17.pdf.

Bellassen, Joël (2015): „Le chinois, langue émergente. Etat de l’enseignement du chinois en 2015–2016“. Association des Établissements Scolaires enseignant des langues de l’Asie Orientale. Online: https://fcae.fr/pdf/Etat-du-chinois-DEC2015.pdf.

Fachverband Chinesisch e. V. (2012): „Acht Thesen zur Etablierung des Schulfachs Chinesisch im Bildungssystem der Bundesrepublik Deutschland“. Online: https://www.fachverband-chinesisch.de/fileadmin/user_upload/Der_Verband/Offizielle_Statements/thesen_zu_chinesisch_an_schulen_2012.pdf.

Fachverband Chinesisch e. V. (2018): „Sekundarschulen in Deutschland mit Chinesischangebot“. Online: https://www.fachverband-chinesisch.de/fileadmin/user_upload/Chinesisch_als_Fremdsprache/Chinesisch_an_Schulen/180818_ChaFSekundarschulen.pdf.

Freedom House (2018): „Freedom in the World 2018. Table of Country Scores“. Online: https://freedomhouse.org/report/freedom-world-2018-table-country-scores.

Frenzel, Andrea; Wassermann, Lena (o. J.): „Chinesischunterricht an deutschen Schulen. Viel Bewegung, aber auch viele Baustellen“. *Mercator Institute for China Studies: Merics China Mapping*. Online: https://www.merics.org/de/china-mapping/chinesisch-unterricht-deutschen-schulen.

Gu, Wen; Meinhausen Frank (2005): *Umgangschinesisch Effektiv. Ein Crashkurs der Chinesischen Umgangssprache*. Stuttgart: Schmetterling.

Guder, Andreas (2005): „‘Kann man das überhaupt lernen?’ Zur Vermittlung von Chinesisch als distanter Fremdsprache“. In: *Lebende Sprachen: Zeitschrift Für Fremde Sprachen in Wissenschaft Und Praxis* 2 (50): 61–68.

Guder, Andreas (2009): „Hat der Westen gewonnen? Chinesisch als Fremdsprache im Deutschen Bildungssystem“. In: *Forschung und Lehre* 11: 828–829.

Guder, Andreas (2019): „Weg von der Strichfolge, hin zur schriftlichen Kommunikation: Zum Verhältnis zwischen Wortschatz und Schriftzeichen und zu Möglichkeiten einer Digitalisierung des Chinesischunterrichts“. In: *CHUN-Chinesischunterricht* 34: 32–57.

Heinrich-Böll-Stiftung (2010): *Die China-Berichterstattung in den deutschen Medien*. Berlin.

Kultusministerkonferenz (2018): „Bund und Länder wollen die China-Kompetenz fördern“. Online: https://www.kmk.org/aktuelles/artikelansicht/bund-und-laender-wollen-die-china-kompetenz-foerdern.html.

Ministère de l’Èducation Nationale et de la Jeunesse (o. J): „Développement de l’enseignement du chinois“. *Education. gouv.fr.* Online: http://www.education.gouv.fr/cid866/developpement-de-l-enseignement-du-chinois.html.

Ministerium für Kultus, Jugend und Sport des Landes Baden-Württemberg (o. J.): „Bildungsplan 2004 Allgemein Bildendes Gymnasium: Chinesisch (Spät beginnende Fremdsprache)“. Online: http://www.bildungsplaene-bw.de/site/bildungsplan/get/documents/lsbw/Bildungsplaene/Bildungsplaene2004/Bildungsstandards/Gymnasium_Bildungsplan_Gesamt.pdf.

Ministerium für Schule und Weiterbildung des Landes Nordrhein-Westfalen (2014a): „Kernlehrplan für die Sekundarstufe I Gymnasium in Nordrhein-Westfalen: Chinesisch“.

Ministerium für Schule und Weiterbildung des Landes Nordrhein-Westfalen (2014b): „Kernlehrplan für die Sekundarstufe II Gymnasium/Gesamtschule in Nordrhein-Westfalen: Chinesisch“.

Reimann, Daniel (2015): „Inter- und transkulturelle kommunikative Kompetenz“. *ProDaZ – Kompetenzzentrum der Universität Duisburg-Essen*. Online: https://www.uni-due.de/imperia/md/content/prodaz/reimann_intertranskulturelle_kompetenz.pdf.

Rudyak, Marina; Konfuzius Institut an der Universität Heidelberg (Hrsg.) (2018): *Dein Bild in meinem Auge. China in der deutschen Öffentlichkeit, Deutschland in der chinesischen Öffentlichkeit*. Heidelberg, Berlin.

Shahar-Büchsel, Ulrike mit La Mela, Verena (2019). „Chinesisch als Schulfach in Deutschland: Potenzial und Gelingensbedingungen – Eine qualitative Studie zur Zukunft des schulischen Chinesischunterrichts“. In: *CHUN-Chinesischunterricht* 34: 58–81.

SIL International (o. J.): „Summary by language size“. *Ethnologue*. Online: https://www.ethnologue.com/statistics/size.

Stepan, Matthias; Frenzel, Andrea; Ives, Jaqueline; Hoffmann, Marie (2018): *China Kennen, China Können. Ausgangspunkte für den Ausbau von China-Kompetenz in Deutschland*. Berlin: MERICS Mercator Institute for China Studies.

The British Association for Chinese Studies (2018): „Chinese in UK Schools“. Online: http://bacsuk.org.uk/chinese-in-uk-schools.

DNS Jb. 8/9 für 2017/18 (2020): 107–118

Christiane Fäcke

Mehrsprachige Texte im fremdsprachlichen Literaturunterricht

Zusammenfassung Deutsch

Gegenstand des Beitrags ist die Analyse von drei mehrsprachigen literarischen Texten für den fremdsprachlichen Literaturunterricht. Diskurse der Mehrsprachigkeit werden mit literaturdidaktischen Perspektiven verknüpft. In den Textbeispielen geht es um die Verknüpfung von Sprache und Identität, um die Problematik einer babylonischen Sprachenvielfalt und um den Aufbruch in eine sprachliche und kulturelle Vielfalt.

Zusammenfassung Englisch
This paper analyses three texts of plurilingual literature for foreign language education. Discourses of plurilingualism are linked to didactical perspectives of teaching literature. The text examples address the connection of language and identity, difficulties with a Babylonian diversity of languages and the departure into a linguistic and cultural diversity.

1. Einleitung

Mehrsprachigkeitsdidaktik und Interkomprehension werden in der Fremdsprachendidaktik und besonders in der Didaktik der romanischen Sprachen seit Jahren erforscht. Die Diskussionen beziehen sich vorwiegend auf sprachwissenschaftliche und sprachlerntheoretische Fragen, literaturdidaktische Perspektiven sind bislang jedoch eher wenig berücksichtigt.

Ausgehend von dieser Einschätzung geht es im Folgenden um das Potenzial der Mehrsprachigkeit in literarischen Texten. Im Mittelpunkt steht die Analyse ausgewählter mehrsprachiger literarischer Texte, d. h. Texte der Migrationsliteratur des 20. Jahrhunderts oder der Pop- und Rockmusik, die im Blick auf ihr Potenzial für den Fremdsprachenunterricht reflektiert werden.

2. Mehrsprachigkeitsdidaktik und Interkomprehension: Fokus auf Sprachenlernen

In der Fremdsprachendidaktik wird Mehrsprachigkeit seit Jahren thematisiert. Dabei geht es beispielsweise um Sprachlernprozesse und Sprachpraktiken monolingualer, bilingualer oder mehrsprachiger Sprecher oder um Fragen zur Sprachenpolitik z. B. auf der Ebene des Europarats oder nationaler Schulsysteme.

Mario Wandruszka unterstreicht bereits 1979, dass auch scheinbar monolinguale Menschen eigentlich mehrsprachig seien, da jedes Kind von Geburt an mit den Idiolekten der eigenen Eltern konfrontiert werde. Sprachliche Varietäten seien auf dialektaler und soziolektaler Ebene ebenso relevant wie auf regionaler und nationaler Ebene. Ebenfalls schon in den 1970er Jahren reflektiert Fritz Abel das Thema Mehrsprachigkeit, und zwar in Bezug auf das Potenzial einer romanischen Sprache für den Sprachlernprozess einer anderen romanischen Sprache (vgl. Abel 1971).

Die Mehrsprachigkeitsdidaktik (vgl. Meißner/Reinfried 1998; Königs 2002; Meißner 2002) wird seit den 1990er Jahren entwickelt. Vor allem in der Didaktik der romanischen Sprachen liegt der Fokus auf Interkomprehension, auf der Nähe bestimmter Sprachen zueinander und auf daraus resultierenden motivationalen und lernstrategischen Vorteilen zum Erwerb einer weiteren Sprache. So geht es z. B. im EuroCom-Projekt (vgl. Klein/Stegmann 2000) um rezeptive Mehrsprachigkeit, Sprachbewusstheit, *language awareness* (vgl. Gnutzmann 1997) und Sprachlernmotivation. Ausgehend von Vielsprachigkeit als gesellschaftliche Selbstverständlichkeit in Europa wird die Förderung individueller Mehrsprachigkeit angestrebt.

Politische und sprachenpolitische Perspektiven werden ebenfalls diskutiert, so z. B. mit Blick auf die Sprachenvielfalt in Europa, auf die offiziellen Sprachen in einzelnen Staaten, das Verbot der Diskriminierung u. a. wegen der Sprache sowie den Schutz und die Bewahrung kultureller und sprachlicher Vielfalt (vgl. die Charta der Grundrechte, Europäische Union 2000). Auch der Europarat vertritt eine Politik der Förderung von Mehrsprachigkeit in Europa, die sich u. a. im *Gemeinsamen Europäischen Referenzrahmen für Sprachen* (Europarat 2001) oder im *Volume Complémentaire* (Conseil de l'Europe 2018) manifestiert. Die Realität der Mehrsprachigkeit in Europa ist jedoch sehr heterogen (vgl. Fäcke 2008), was u. a. auch vom Status der Sprachen, d. h. Verkehrssprachen, offizielle Staatssprachen, Migrationssprachen oder autochthone Minderheitensprachen, sowie vom Sprachenprestige abhängt.

Vor diesem Hintergrund wird der monolinguale Habitus der deutschen Schule (vgl. Gogolin 1994) in den 1990er Jahren zum Gegenstand der Diskussion gemacht. In der Zweitspracherwerbsforschung und in Deutsch als Fremd- und Zweitsprache kommen u. a. Positionen von Jim Cummins (vgl. 1984; 2000) und seine Interdependenzhypothese zum Tragen, und es werden wiederholt auch Anforderungen an die Sprachkompetenzen der Lehrkräfte und ihre Möglichkeiten zur Evaluation der Mehrsprachigkeit der Lernenden diskutiert.

3. Mehrsprachigkeit in literarischen Texten

Neben den genannten linguistischen, sprachlerntheoretischen und sprachenpolitischen Perspektiven spielen literaturdidaktische Fragestellungen in der Mehrsprachigkeitsdidaktik bislang keine bzw. kaum eine Rolle. Dennoch führen global bestehende und regional unterschiedlich realisierte Ausprägungen von Viel- und Mehrsprachigkeit auch zu Auswirkungen auf die Produktion und den Umgang mit literarischen Texten.

In der Literaturwissenschaft wird literarische Mehrsprachigkeit seit den 1990er Jahren diskutiert (vgl. Kremnitz/Tanzmeister 1995). Die Forschung beschäftigt sich mit Autoren, die biografisch durch mehrere Sprachen, Kulturen und Nationen geprägt sind (z. B. Borges und Pessoa) oder die sogar ihre Werke nicht in ihrer Erstsprache verfassen (z. B. Beckett, Canetti, Conrad und Nabokov). Die literaturwissenschaftliche Analyse dieser Sprachenwahl erfolgt mit Bezug auf die Biografien der Autoren und auf mehrsprachige Lesegewohnheiten der Leserschaft, soziokulturelle und politische Konnotationen sowie genuin literarische Faktoren. Im Einzelnen werden Hierarchien zwischen den Schreibsprachen diskutiert, z. B. die Sprachenwahl literarischer Texte in Katalonien, in Belgien, im frankophonen Kanada, im Elsass oder in ehemaligen Kolonialstaaten. Neben den sprachenpolitischen Faktoren spielen Fragen nach den sprachlichen Kompetenzen der Leserschaft ebenso eine Rolle wie der Faktor einer kleinen Sprache und Sprecherzahl an sich.

Darüber hinaus wird auch multilinguale Literatur thematisiert, die von Sprachenmischung im Text selbst gekennzeichnet ist (vgl. z. B. Schmeling/Schmitz-Emans 2002). Gerade im Bereich der Dichtung gehören dazu Texte mit fremdsprachlichen Einsprengseln (z. B. makkaronische Dichtung[1] seit 15. Jh.), innovatorische und experimentelle Dichtung mit Bruch der Sprachgrenzen (z. B. Ernst Jandl) oder polyglotte Texte, die mit Polyphonie der Stimmen im Werk und mit Verfremdung operieren (z. B. im Dadaismus, Futurismus) sowie Texte, die von der sprachlichen Hybridität der Kreolsprachen geprägt sind. Die Analyse fokussiert das Phänomen der Mehrsprachigkeit zwischen babylonischer Bedrohung und beglückender Herausforderung sowie im Kontext der Identitätssuche einzelner Autoren oder Hybridität als Folge von Migration (z. B. Eugene Jolas) oder in gemischtsprachigen Ländern und Regionen.

Beispielhaft seien für das 20. Jahrhundert weitere mehrsprachige Texte genannt, deren Autoren durch ihre eigene Mehrsprachigkeit und erlebte Vielsprachigkeit z. B. in Migrationskontexten literarische Texte in mehreren Sprachen verfassen. Dazu gehören vor allem Autoren der Migrationsliteratur wie z. B. der in den 1960er Jahren als Kind spanischer Gastarbeiter in Deutschland geborene José F. A. Oliver (vgl. Oliver 1991) oder der italo-kanadische, aus Québec stammende Autor Antonio D'Alfonso (vgl. D'Alfonso 1986/1988). Zu nennen ist auch die umfangreiche Chicano-Literatur in den USA (vgl. z. B. Anzaldúa 2016).

Einige der in Deutschland beheimateten Autoren der Migrationsliteratur werden seit Jahren in der Deutschdidaktik rezipiert und als Lektüre für den Unterricht vorgeschlagen (vgl. z.B. Rösch 1995; Schenk 2004; Oliver 2013). In der Fremdsprachendidaktik sind mehrsprachige Texte der in Deutschland verfassten Migrationsliteratur bislang kaum beachtet. Der Fokus fällt hier stärker auf Migrationsliteratur im Zielsprachenland, d. h. im Fall von Frankreich kommen Autoren der *littérature francophone*, der *littérature maghrébine* oder der *littérature beur* in den Blick, z. B. Tahar ben Jelloun oder Azouz Begag.

Darüber hinaus finden sich mehrsprachige Texte in der zeitgenössischen Popmusik, u. a. in englisch-spanischsprachigen Texten von Gloria Estefan, Luis Fonsi/Demi Lovato (*Échame la culpa*), im Hit des Jahres 2017 *Despacito* oder beispielsweise auch bei dem Schweizer Musiker Stephan Eicher, der Deutsch, Französisch, Italienisch oder Englisch singt. Auch in neueren Hollywood-Filmproduktionen werden mehrere Sprachen der Pro-

[1] Makkaronische Dichtung (vgl. lat. *macaronicus*, it. *macaronico*, *maccheronico*) wird frühneuhochdeutsch auch als Nudelverse bezeichnet. In dieser komischen und burlesken Dichtung sind zwei Sprachen vermischt, um komische oder parodistische Effekte zu erzielen. Dies erfolgt oft durch Übertragung von Morphologie und Syntax einer Sprache, meist Latein, auf den Wortschatz einer anderen Sprache, meist Volkssprache oder Dialekt.

tagonisten berücksichtigt und z.T. in den mehrsprachigen Originalversionen nicht übersetzt.

3.1 Mehrsprachige Texte: Spiel mit Sprache und Identität

Die literarische Verarbeitung von Vielsprachigkeit oder eigener Mehrsprachigkeit beinhaltet u. a. die Auseinandersetzung mit Identität unter den Bedingungen von Mehrsprachigkeit. Fragen der Identität bilden einen Schwerpunkt im Bereich der Migrationsliteratur, was ich im Folgenden am Beispiel eines Gedichts von José F. A. Oliver verdeutlichen möchte.

Skurrile begegnung

Mein wörterbuch
Hat eselsohren:
Die spanische sprache
Kennt einen anderen plural
Und
Erlebt mindestens
Zwei begreifbare ausdrücke
Im lieben
Amar y querer
Die spanische sprache
Kennt einen anderen plural
Und hegt
In ihrem wortschatz
Die nuancen der esel
Soy poeta
Por eso soy burro
Soy europeo
Por eso soy asno
Soy peruano
Por eso soy mula

José F. A. Oliver 1991 (vgl. Rösch 1995: 91)

Der in Deutschland aufgewachsene Autor ist Sohn andalusischer Gastarbeiter und bildet durch seine Biografie ein Beispiel für Mehrsprachigkeit durch Migration. In seinem Fall handelt es sich um die Sprachen Deutsch, Alemannisch und andalusisches Spanisch. In seinen Gedichten verarbeitet er daraus resultierende autobiografische Lebenserfahrungen und setzt sich in diesem Text mit dem Spanischen und dem Deutschen auseinander. Er reflektiert über die beiden Sprachen und verbalisiert seinen Sprachvergleich in einem Gedicht. Gegenstand sind Dimensionen der Grammatik – der vom Deutschen abweichende Plural im Spanischen – und Dimensionen des Wortschatzes am Beispiel der Wörter für *lieben* und der Nuancen der Bezeichnungen für *Esel*.

Dieser Text wurde für den Deutschunterricht bereits diskutiert (vgl. Rösch 1995: 91), für den Spanischunterricht hingegen noch nicht. Dabei bietet sich der zweisprachige Text gerade für eine Zielgruppe an, die beide Sprachen versteht und damit die im Gedicht angesprochene Sprachreflexion besser erfassen kann als eine Lerngruppe ohne Spanischkenntnisse. Während *burro* die Bedeutungen *Esel, Packesel* und *Arbeitstier* umfasst, jedoch auch *Trottel, dumm, stur, störrisch* oder *Starrkopf* bedeuten kann, bezeichnet das Wort *asno* lediglich den Esel als Tier. Das Wort *mula* umfasst ebenfalls ein breites semantisches Spektrum: *Maultier* oder *Maulesel*, jedoch auch *Drogenkurier* oder *zäher Mensch*. Die Bedeutungsnuancen werden in diesem Gedicht nicht nur gegeneinander abgegrenzt, sondern auch mit der Identität als Poet, Europäer und Peruaner verknüpft.

Das Spiel mit Sprache und Identität funktioniert in diesem Fall konstitutiv über die Verwendung von zwei Sprachen und wäre ohne den Bezug auf Deutsch und Spanisch weniger subtil und differenziert. Letztlich setzt es Kenntnisse seiner Leserschaft in beiden Sprachen weitgehend voraus.

3.2 Mehrsprachige Texte: Babylonische Sprachenvielfalt

Der italo-kanadische Schriftsteller Antonio D'Alfonso setzt sich ebenfalls mit seinen Lebenserfahrungen literarisch auseinander. Der 1953 als Sohn italienischer Einwanderer in Montreal geborene D'Alfonso wächst dreisprachig mit Italienisch, Englisch und Französisch auf. Nach einem Studium gründet er den zweisprachigen Verlag Guernica Editions und publiziert nicht nur Werke englisch- und französischsprachiger Autoren, sondern auch Schriftsteller ethnischer Minderheiten, insbesondere mit italienischem Migrationshintergrund. Darüber hinaus ist er selbst als Schriftsteller aktiv und übersetzt seine eigenen Werke von Englisch nach Französisch oder umgekehrt. Der Autor lebte in Mexico D. F. (Mexiko-Stadt), Rom und Toronto.

In einem seiner Gedichte (vgl. dazu Bartoli Kucher 2019) stellt er seine vielsprachige Umwelt und die eigene Mehrsprachigkeit explizit dar:

Babel

Nativo di Montreal
élevé comme Québécois
forced to learn the tongue of power
viví en México como alternativa
figlio del sole e della campagna
par les franc-parleurs aimé
finding thousands like me suffering
me casé y divorcié en terra fria
nipote di Guglionesi
parlant politique malgré moi
steeled in the school of Old Aquinas
queriendo luchar con mis amigos latinos
Dio where shall I be demain
(trop vif) qué puedo saber yo
Spero che la terra be mine.

(D'Alfonso 1986/1988: 57)

In diesem Gedicht werden nicht nur zwei Sprachen verwendet wie in dem Text von Oliver, sondern gleich vier: Italienisch, Französisch, Englisch und Spanisch – in dieser Reihenfolge drei Mal hintereinander in den Verszeilen 1–4, 5–8 und 9–12. In den letzten drei Verszeilen tauchen diese Sprachen wieder auf, jedoch wird nun der Sprachenwechsel auch innerhalb eines Verses vollzogen. Formal erinnert dies im Ansatz an ein Sonett. Der Autor verfestigt darin seine eigene Biografie in ihrer mehrsprachigen Vielfalt auf literarischer Ebene. Italienisch ist seine Erstsprache und die seiner Vorfahren, Französisch die unmittelbare Umgebungssprache in Québec, Englisch die dominante Sprache in Kanada (und den USA), die Zugang zu Geld und Macht repräsentiert, und Spanisch ist schließlich die Fluchtsprache des Autors. Neben namentlichen Zuordnungen – *Montreal, Québécois, México, Guglionesi* und *Old Aquinas* – finden sich explizite Hinweise auf die eigene Biografie – *nativo di ..., élevé comme ..., viví en ...* – sowie politische Aussagen: *forced to learn the tongue of power, México como alternativa, thousands like me suffering*. Damit wird die sprachenpolitische Dominanz des Englischen ebenso thematisiert wie die eigene Entscheidung für Mexiko und das Spanische als Gegenkultur.

Der Titel des Gedichts, *Babel*, verweist auf eine bestimmte Konnotierung dieser erlebten Vielsprachigkeit der Umgebung und der eigenen Mehrsprachigkeit. Damit sind der Turmbau zu Babel und die babylonische Sprachenverwirrung angesprochen: Der Bau eines in den Himmel reichenden Turms wird als Zeichen menschlicher Hybris gedeutet, auf die Gott mit einem friedlichen Mittel reagiert, insofern er die Menschheit nicht zerstört – wie noch in der Sintflut. Vielmehr macht er den Menschen ihre Sprachen einander unverständlich und verunmöglicht damit Kommunikation als Grundlage für den Bau des Turms. Auch das Gedicht *Babel* zeugt von einer Problematisierung der Sprachenvielfalt in einer einzigen Biografie, die sich in vielen anderen Biografien – *thousands like me suffering* – spiegelt. Mehrsprachigkeit wird dadurch nicht glorifiziert, sondern eher problematisiert.

3.3 Mehrsprachige Texte: Ausbruch und Aufbruch in sprachliche und kulturelle Vielfalt

Während in der Migrationsliteratur Ambivalenzen, Brüche und Schwierigkeiten thematisiert werden, findet sich in der modernen Popmusik vor allem ein positiver Zugang zu Viel- und Mehrsprachigkeit. Ein Beispiel neben anderen (z. B. in der spanisch-englischsprachigen Musik) bietet der Schweizer Rock und Chansonsänger Stephan Eicher, der seit den 1980er Jahren auf Französisch, Deutsch, Englisch, Italienisch und Berndeutsch singt. 2003 realisiert er das Projekt *Von Hamburg bis Palermo, eine musikalische Reise durch die Kulturen*. Den Titelsong – *Taxi Europa* – singt Eicher (2012) zusammen mit Herbert Grönemeyer und dem italienischen Popsänger und Songwriter Max Gazzè:

Taxi Europa

Vers quelle vérité courir?
Vers quel but se diriger?
Jour après jour
Nuit après nuit

Sto capendo com'è facile
Succhiare il dolce della vita
Le hasard éclaire la route
Comme le sang éclaire nos vies

Bin zulange unterwegs
Bin so weit von mir entfernt
Helle Nächte
Dunkle Tage

Sto capendo com'è facile
Succhiare il dolce della vita
Le hasard éclaire la route
Comme le sang éclaire nos vies
Tre, Due, Uno
Via della strada
Fate largo, non ho freni
Tre, Due, Uno
Tieni duro
Altrimenti vaffanculo!

Fino all'ultima goccia
Accetando con fermezza
L'opinione di uno
Ed il parere dell'altro
Mach den Weg frei hab Keine Bremsen
Mach den Weg frei hab Keine Bremsen
Le hasard éclaire la route
Comme le sang éclaire nos vies

Tre, Due, Uno
Via della strada
Fate largo, non ho freni
Tre, Due, Uno
Tieni duro
Altrimenti vaffanculo!

Dieser Songtext ist in drei Sprachen verfasst und enthält mehrfachen Sprachenwechsel zwischen Französisch, Italienisch und Deutsch. Themen sind die Frage nach dem Sinn des Lebens und nach möglichen Zielen sowie die Ziel- und Rastlosigkeit auf dem Lebensweg, der bis zur Selbstentfremdung führt. Die in den ersten Strophen formulierte Melancholie wird im Refrain in einen positiven Imperativ gewendet, insofern als ein Genießen des Lebens an sich in Gelassenheit und Sich-Einlassen auf den Zufall besteht. Indem sich der Sänger oder die Sänger ihren Weg freimachen und ohne zu zögern bzw. zu bremsen auf ihren Weg begeben, erfüllt sich für sie der Sinn ihres Lebens. Dieser Weg ist jedoch kein völlig egoistischer Roadtrip einsamer Motorradfahrer, sondern verbunden mit dem Anspruch, ohne Kompromisse die Meinungen und Sichtweisen anderer zu akzeptieren. Hier wird der Vielfalt von Menschen und Kulturen das Wort geredet und dies darüber hinaus durch Code-Switching im Text sprachlich zum Ausdruck gebracht.

Insgesamt illustriert dieser Text den Ausbruch aus der eigenen Kultur bzw. Welt, aus dem eigenen begrenzten Leben sowie den Aufbruch in eine Welt sprachlicher und kultureller Vielfalt. Das Projekt einer musikalischen Reise durch die Kulturen von Hamburg nach Palermo unterstreicht die positive Seite von Mehrsprachigkeit und Mehrkulturalität als Möglichkeit des offenen und verständnisvollen Miteinanders für andere Menschen, Kulturen und Welten.

4. Möglichkeiten und Grenzen mehrsprachiger Literatur

Literarische Texte, die von Code-Switching (vgl. Milroy/Muysken 1995), Translanguaging[2] (vgl. García/Wei 2014) und der Verwendung mehrerer Sprachen geprägt sind, bilden eher eine – wenn auch nicht allzu seltene – Ausnahme in der Literaturlandschaft. Ihre Autoren wenden sich zur überwiegenden Mehrheit an eine Sprachgemeinschaft bzw. eine Leserschaft, die den Text in nur einer bestimmten Sprache lesen möchte oder kann.

Die Verwendung mehrerer Sprachen eröffnet Möglichkeiten, die monolinguale Texte nicht bieten. Zunächst einmal stellt der Sprachenwechsel in den Texten eine Spiegelung der vielsprachigen Umgebung und Verhältnisse dar. Auf diese Art und Weise wird Vielsprachigkeit sichtbar gemacht und als konstitutives Element der jeweiligen Gesellschaft oder der Subkultur und gesellschaftlichen Gruppe aufgenommen. Darin könnte ein Merkmal der jeweiligen Kultur gesehen werden oder auch der Ausdruck einer Hoffnung darauf, Vielsprachigkeit als Selbstverständlichkeit sichtbar zu machen.

Daraus leitet sich ein sprachenpolitisches Statement mit Aufforderungscharakter ab. Literatur kann damit als Beitrag zu einer Veränderung von Einstellungen zu Viel- und Mehrsprachigkeit betrachtet werden, insofern als eben jene Viel- und Mehrsprachigkeit nicht mehr nur als Ausdruck von Defiziten oder Problemen aufgefasst wird, sondern als selbstverständlicher und oft bereichernder Teil der Realität.

---

2 Translanguaging bezeichnet den Prozess der integrierten Nutzung mehrerer Sprachen durch mehrsprachige Sprecher. Dieser Ansatz umfasst ein Verständnis der Erweiterung des Konzepts der Sprache und der diskursiven mehrsprachigen Praktiken in Gestalt eines dynamischen Prozesses. Vermutlich wurde der Begriff erstmals 1994 in Walisisch (*trawsieithu*) von Cen Williams geprägt und wird in aktuellen Debatten der Mehrsprachigkeit genutzt (García/Li 2014).

Auf individueller Ebene drücken Texte wie die oben genannten Beispiele die Mehrsprachigkeit des jeweiligen Autors aus, der darin seine Migrationsgeschichte, sein vielsprachiges Umfeld und daraus resultierende Konsequenzen literarisch verarbeitet. Damit zeigt sich die persönliche Lebensgeschichte in ihrer sprachlichen Vielfalt, in ihren biografischen Brüchen und Chancen sowie in allen Facetten der daraus resultierenden Ambivalenzen. Auch der Liedtext spiegelt die mehrsprachigen Bezüge des Sängers und seines Publikums wider.

Ein mehrsprachiges Gedicht stellt damit eine sprachliche wie gedankliche Herausforderung an seine Leserschaft dar. Leserinnen und Leser müssen zunächst ein Verstehen mehrerer Sprachen entwickeln, um ein Gedicht wie *Babel* in allen Facetten lesen und erfassen zu können. Darüber hinaus sind Kenntnisse über die involvierten Städte, Länder und Nationen ebenso erforderlich wie Wissen über politische, wirtschaftliche und soziale Beziehungen zwischen den Ländern. Auch sprachenpolitische Dimensionen, die im Text angesprochen werden, lassen sich letztlich nur mit Vorkenntnissen über die jeweiligen Sprachen bzw. Sprachgebiete nachvollziehen.

Damit stellt ein solcher Text eine Illustration und Interpretation von Interkulturalität und Transkulturalität dar. Wenn das Verstehen eines literarischen Textes im Sinn der Rezeptionsästhetik als Interaktion zwischen Text und Leser gesehen wird, dann sind hier zwingend interkulturelle und u. U. auch transkulturelle Dimensionen im Spiel. Denn welche interkulturellen Kompetenzen sind auf Seiten der Leserschaft nun gefragt? Neben den bereits oben benannten *savoirs* (vgl. Byram 1997), d. h. den Kenntnissen über Land und Leute, ist *savoir faire*, also Handlungswissen oder performatives Wissen, ebenfalls gefragt, insofern als auch der Umgang mit dem literarischen Ich eine Rolle spielt. Wie begegne ich dem Autor, dem mehrsprachigen und mehrkulturellen Menschen, und seinen Lebenserfahrungen, wie gehe ich damit um? Wie gehe ich im realen Leben mit den in den Texten angesprochenen Lebenserfahrungen um? Hier sind mehrere Handlungsszenarien vorstellbar. Schließlich spielt auch *savoir être*, also die Einstellungen der Leserinnen und Leser, eine Rolle. Wie stehe ich zu Mehrsprachigkeit und Mehrkulturalität, wie zu Migration und zu Migranten? Die Vielzahl von Antworten, die in der Gesellschaft kursieren, zeugt von dem breiten Spektrum möglicher Einstellungen zu diesen Fragen. Darüber hinaus gilt es auch, unterschiedliche Dimensionen der Mehrsprachigkeit und Mehrkulturalität je nach Perspektive der Beteiligten zu bedenken. So ist leicht nachvollziehbar, dass ein Autor wie Antonio D'Alfonso infolge seiner Migrationsgeschichte Mehrsprachigkeit eher als *Babel* bezeichnet und damit verbundene Schwierigkeiten hervorhebt, während ein Sänger wie Stephan Eicher die freiwillige Reise von Hamburg nach Palermo positiv als Ausbruch in die sprachliche und kulturelle Vielfalt konnotiert. Interkulturalität zeigt sich je nach Perspektive jeweils mit anderem Gesicht. Eine Reise vom Süden in den Norden stellt etwas völlig anderes dar als eine Reise vom Norden in den Süden. Hier stehen Flucht oder Arbeitsmigration, dort Tourismus und individuelle und ggf. hedonistische Selbstentfaltung. Das *savoir être* beeinflusst in der Folge auch das *savoir s'engager*, d. h. mein wie auch immer geartetes Engagement für oder gegen eine Sache.

Die bislang genannten Überlegungen beziehen sich auf einen einzigen Leser eines solchen Gedichts, auf seine Kenntnisse, sein Verhalten, seine Einstellungen und seine möglichen Reaktionen. Wenn dieses Gedicht nun nicht allein gelesen, sondern in einer Gruppe rezipiert wird, müssen auch mögliche Interaktionen einer *interpretive community* (vgl.

Fish 1980) mitgedacht werden. Somit kann ein solches Gedicht im Fremdsprachenunterricht noch weitere Prozesse zwischen verschiedenen Lesern und Leserinnen zur Auseinandersetzung mit dem Text freisetzen.

Zusammengefasst ermöglicht die Lektüre mehrsprachiger literarischer Texte viele Optionen. Gegenstand der oben angeführten Gedichte sind Migration und daraus entstehende Identitätsproblematiken, das Verhältnis zur Schreibsprache und zu den Schreibsprachen (*la langue d'écriture*), die Pluralität einer Viel- und Mehrsprachigkeit und der daraus entstehenden pluralen oder pluralistischen Identität sowie schließlich Hybridität, Vermischung der Kulturen und Inter- bzw. Transkulturalität. Gegenstand des Liedtextes ist die individuelle Entfaltung im Sinne einer Befreiung aus dem als eng erlebten Korsett der eigenen, kleinen Welt und der als positiv erlebte Aufbruch in die weite Welt, die von Viel- und Mehrsprachigkeit geprägt ist. Die Auseinandersetzung mit diesen Fragen und Themen eröffnet anregende Reflexionen.

5. Potenzial mehrsprachiger literarischer Texte für den Fremdsprachenunterricht

Blicken wir abschließend auf bereits bestehende Umsetzungen mit mehrsprachigen literarischen Texten im Fremdsprachenunterricht. Ein Blick in aktuelle Lehrmaterialien zeigt, dass mehrsprachige Texte bislang nicht oder allenfalls in wenigen Ausnahmen berücksichtigt werden.

In Spanischlehrwerken finden sich marginale Hinweise auf die in Spanien bestehende Mehrsprachigkeit, kurze Hinweise auf *catalán, gallego* oder *euskera/vasco* werden aufgenommen (vgl. z.B. Martos Villa u.a. 2007: 47, Barquero u.a. 2010: 78). Darüber hinaus wird die in den USA bestehende Mehrsprachigkeit und damit das Englische in Kombination mit dem Spanischen aufgenommen und thematisiert. Auch literarische Texte wie *Caperucita in Manhattan* (vgl. Martín Gaite 1990) werden im Spanischunterricht rezipiert, ebenso der breite Bereich der spanisch-englischsprachigen Popmusik in den USA, so z. B. Gloria Estefán, Luis Fonsi/Demi Lovato: Échame la culpa u. a. Mehrsprachigkeit in hispanoamerikanischen Ländern mit Verweisen auf indigene Sprachen und Kulturen (vgl. z. B. in Bezug auf Mexiko: Arriagada Espinoza u. a. 2013: 11) wird ebenfalls erwähnt.

In Französischlehrwerken kommt Mehrsprachigkeit ebenfalls nur marginal vor. So finden sich vereinzelte Hinweise auf Kreolsprachen (vgl. z. B. Bartel u. a. 2006: 80) oder auf Besonderheiten verschiedener frankophoner Varietäten (vgl. z. B. Ballin u. a. 2017: 73). Minderheitensprachen in Frankreich wie Elsässisch oder Bretonisch sind ebenso selten Gegenstand deutscher Französischlehrwerke wie die komplexe Vielsprachigkeit in frankophonen Ländern (vgl. exemplarisch den Fokus auf das Französische in der Frankophonie: Herzog u. a. 2015: 88). Auch die Mehrsprachigkeit der Bewohner der Zielsprachenkultur, d.h. Minderheitenangehörige mit Migrationshintergrund, wird in den Lehrwerken nicht zur Sprache gebracht.

Vermutlich ist diese vorwiegend einsprachige Ausrichtung der Lehrmaterialien dem Verständnis des Fremdsprachenunterrichts zur Vermittlung jeweils einer einzigen Sprache geschuldet. Vor diesem Hintergrund stellt sich grundsätzlich die Frage danach, in welchem Ausmaß Fremdsprachenunterricht auf eine einzige Sprache konzentriert sein sollte oder inwieweit Perspektiven der Mehrsprachigkeit berücksichtigt werden könnten. Gerade vor dem Hintergrund vielfältiger ethnischer und kultureller Bezugsrahmen der heterogenen Schülerschaft ist die Frage nach dem Aufbrechen und der Ausweitung der im Sprachunterricht behandelten Perspektiven und Sprachen von Bedeutung.

Darüber hinaus finden sich in vielen curricularen Texten Aussagen zu Mehrsprachigkeit und Mehrkulturalität. Da werden Spanisch und Französisch als große Verkehrssprachen beschrieben, die in vielen Ländern als Staatssprache oder Verkehrssprache verwendet werden. Über den Charakter einer *lingua franca* hinaus wird die Mehrsprachigkeit ebenfalls als Kriterium zur Begründung des Lernens dieser Sprache herangezogen, darüber hinaus auch Globalisierung und Migration. Ein Gesamtsprachencurriculum, das diese Zusammenhänge explizit berücksichtigt, wird in der Bildungs- und Sprachenpolitik jedoch noch nicht vertreten.

Neben diesen Überlegungen zu Mehrsprachigkeit als gesellschaftspolitischem Rahmen des Lehrens und Lernens von Sprachen besteht die Frage nach dem Gehalt mehrsprachiger lyrischer Texte als Gegenstand im Fremdsprachenunterricht (vgl. Noel Aziz Hanna/Seláf 2017). Geht man davon aus, dass Lyrik u. a. über ihren Fokus auf Innerlichkeit und Emotionen definiert wird, liegt die Auseinandersetzung mit mehrsprachigen lyrischen Texten nahe: Hier wird die Binnenperspektive eines Menschen mit Migrationshintergrund formuliert, wie das Beispiel des Gedichts *Babel* von D'Alfonso zeigt, oder es werden Gefühle, Wünsche und Sehnsüchte im Kontext inter-/transkultureller Grenzüberschreitungen formuliert, wie im Chanson Stephan Eichers. Im Sprachenwechsel wird die inhaltliche Dimension des Gedichts noch einmal hervorgehoben.

Gleichzeitig gilt es Schwächen dieser Argumentation zu diskutieren. Dazu gehören die marginalisierte Stellung mehrsprachiger Lyrik in der Literatur, die damit wenig repräsentativ für die Literatur als solche ist und im Unterricht nicht übergewichtet werden sollte. Darüber hinaus ist der Fremdsprachenunterricht als Einzelsprachenunterricht konzipiert, was Normierungen seiner Gestaltung impliziert. Schließlich stellt sich die Frage nach dem Lernziel bei der Lektüre des mehrsprachigen Gedichts: Inwiefern sollten welche Inhalte auf sprachlicher oder inhaltlicher Ebene thematisiert und vermittelt werden? Ein weiteres Problem resultiert aus den begrenzten Sprachenkenntnissen in der Lerngruppe, denn nicht alle Schülerinnen und Schüler verstehen zwingend alle in einem mehrsprachigen Gedicht verwendeten Sprachen.

6. Ausblick

Trotz dieser offenen Fragen liegt in mehrsprachigen Texten ein innovatives Potenzial für den Fremdsprachenunterricht. Die Auseinandersetzung mit ihnen eröffnet nicht nur Möglichkeiten des Sprachvergleichs, der Förderung einer rezeptiven Mehrsprachigkeit im Sinne der Interkomprehension oder der Sprachbewusstheit, es öffnen sich auch literaturdidaktische Perspektiven, etwa in Form des vertieften Einlassens auf die Inhalte literarischer Texte, die eben auch durch Code-Switching und Sprachenwechsel zum Ausdruck kommen können.

Bibliographie

Abel, Fritz (1971): „Die Vermittlung passiver Spanisch- und Italienischkenntnisse im Rahmen des Französisch-Unterrichts". In: *Die Neueren Sprachen* 70, S. 355–359.

Anzaldúa, Gloria (2016): *Borderlands*. Madrid: Capitán Swing.

Arriagada Espinoza, Melanie; Berger, Stephanie; de Günther, Gabriela Farah; Görrissen, Margarita; Mailand, Britta; Mailand, Steffen (2013): *México. Sociedad, economiá, historia y cultura. Spanisch für die Oberstufe*. Stuttgart: Klett.

Ballin, Susanne; Bruckmayer, Birgit; Durchholz, Manfred; Fischer, Grégoire; Herr, Silke; Husemann, Veit; Lange, Ulrike C.; Lenz, Hanns-Christoph; Mischke, Christopher; Obeling, Steffen (2017): *Horizons*. Stuttgart, Leipzig: Klett.

Barquero, Antonio; Collado Revestido, Cristina; Corpas, Jaime; Dienhoff, Oliver; Domínguez, Yolanda; Kuhlmann, Erika; Navarro, Javier; Reiter, Claudia (2010*): ¡Adelante! Nivel elemental*. Stuttgart, Leipzig: Klett.

Bartel, Nicole; Boßler-Beaulieu, Anne; Diedrigkeit, Isa; Feist, Katrin; Gerber, Regina; Reif, Anja; Stucky, Marie-Hélène; Weißert, Sandra; Willma, Antje (2006): *Tout va bien. Lehrwerk für den Französischunterricht*. Bd. 4. Braunschweig: Bildungshaus Schulbuchverlage/Diesterweg.

Bartoli Kucher, Simona (2019): *Integrative Sprach-, Literatur- und Filmdidaktik. Didaktisch-methodische Ansätze für den Unterricht romanischer Sprachen, mit besonderer Berücksichtigung von Italienisch als Fremdsprache sowie transkultureller Migrationskontexte*. (Habilitationsschrift, eingereicht an der Universität Augsburg).

Byram, Michael (1997): *Teaching and Assessing Intercultural Communicative Competence*. Clevedon u. a.: Multilingual Matters.

Conseil de l'Europe (2018): *Cadre Européen Commun de Référence pour les Langues : Apprendre, Enseigner, Évaluer. Volume Complémentaire avec de Nouveaux Descripteurs*. Abgerufen am 27.05.2019 von https://rm.coe.int/cecr-volume-complementaire-avec-de-nouveaux-descripteurs/16807875d5.

Cummins, Jim (1984): *Bilingualism and special education*. Clevedon: Multilingual Matters.

Cummins, Jim (2000): *Language, Power and Pedagogy*. Clevedon: Multilingual Matters.

D'Alfonso, Antonio (1986/1988): *The other shore*. Montréal (Québec): Guernica Editions.

Eicher, Stephan (2012): *Taxi Europa (clip officiel)*. Universal Music France. Abgerufen am 27.05.2019 von https://www.youtube.com/watch?v=jdF0vhXWsis.

Europäische Union (2000): „Charta der Grundrechte der Europäischen Union". In: *Amtsblatt der Europäischen Gemeinschaften* C 364/1 vom 18.12.2000. Abgerufen am 27.05.2019 von www.europarl.europa.eu/charter/pdf/text_de.pdf.

Europarat (Hrsg.) (2001): *Gemeinsamer europäischer Referenzrahmen für Sprachen: Lernen, lehren, beurteilen*. München, Berlin: Langenscheidt.

Fäcke, Christiane (2008): „Mehrsprachigkeit im Kontext europäischer Sprachenpolitik". In: Frings, Michael; Vetter, Eva (Hrsg.): *Mehrsprachigkeit als Schlüsselkompetenz: Theorie und Praxis in Lehr- und Lernkontexten. Akten zur gleichnamigen Sektion des XXX. Deutschen Romanistentages an der Universität Wien (22.–27. September 2007)*. Stuttgart: ibidem (Romanische Sprachen und ihre Didaktik; 17), S. 11–26.

Fish, Stanley Eugene (1980): *Is There a Text in This Class? The Authority of Interpretive Communities*. Cambridge, Mass. u. a.: Harvard University Press.

García, Ofelia; Wei, Li (2014): *Translanguaging: Language, bilingualism and education*. New York: Palgrave Macmillan.

Gnutzmann, Claus (1997): „Language Awareness. Geschichte, Grundlagen, Anwendungen". In: *Praxis des Neusprachlichen Unterrichts*, 44 (3), S. 227–236.

Gogolin, Ingrid (1994): *Der monolinguale Habitus der polylingualen Schule*. Münster: Waxmann.

Herzog, Walpurga; Kaiser, Ines; Leist, Friederike; Mann-Grabowski, Catherine; Mertens, Jürgen; Schubert, Stefanie; Wagner, Erik; Winz, Peter (2015): À toi! Lehrwerk für den Französischunterricht. Bd. 4. Berlin: Cornelsen.

Klein, Horst G.; Stegmann, Tilbert Dídac (2000): *EuroComRom – die sieben Siebe. Romanische Sprachen sofort lesen können; [français – català – español – italiano – português – română].* Aachen: Shaker.

Königs, Frank G. (2002): „Mehrsprachigkeit? Ja, aber … Lernpsychologische, curriculare und fremdsprachenpolitische Gedanken zu einem aktuellen Thema der Fremdsprachendidaktik". In: *französisch heute* 33 (1), S. 22–33.

Kremnitz, Georg; Tanzmeister, Robert (Hrsg.) (1995): *Literarische Mehrsprachigkeit. Multilinguisme littéraire. Zur Sprachwahl bei mehrsprachigen Autoren. Soziale, psychische und sprachliche Aspekte.* Wien: Internationales Forschungszentrum Kulturwissenschaften. (IFK Materialien 1/96).

Martín Gaite, Carmen (1990): *Caperucita en Manhattan.* Madrid: Ediciones Siruela.

Martos Villa, Pilar; Menzel, Wolfgang; Nilsson, Torsten; Rohde; Ada; Schuckay, Doris (2007): *¿Qué pasa? Für Klasse 6 und 7 an Gymnasien und Gesamtschulen.* Braunschweig: Diesterweg.

Meißner, Franz-Joseph; Reinfried, Marcus (1998): *Mehrsprachigkeitsdidaktik. Konzepte, Analysen, Lehrerfahrungen mit romanischen Fremdsprachen.* Tübingen: Narr.

Meißner, Franz-Joseph (2002): „La didactique du plurilinguisme – réponse didactique au contexte d'apprentissage européen. Où en sommes-nous ?". In: *französisch heute* 33 (1), S. 8–21.

Milroy, Lesley; Muysken, Pieter (Hrsg.) (1995): *One Speaker, two Languages: Crossdisciplinary Perspectives on Code-Switching.* Cambridge, New York: Cambridge University Press.

Noel Aziz Hanna, Patrizia; Seláf, Levente (Hrsg.) (2017): *The Poetics of Multilingualism – La Poétique du Plurilinguisme.* Cambridge: Cambridge Scholars Publishing.

Oliver, José F. A. (1991): *Vater unser in Lima: Gedichte.* Tübingen: heliopolis.

Oliver, José F. A. (2013): *Lyrisches Schreiben im Unterricht. Vom Wort in die Verdichtung.* Seelze: Klett/Kallmeyer.

Rösch, Heidi (1995): *Interkulturell unterrichten mit Gedichten. Zur Didaktik der Migrationsforschung.* Frankfurt am Main: Verlag für Interkulturelle Kommunikation.

Schenk, Klaus (2004): *Migrationsliteratur. Schreibweisen einer interkulturellen Moderne.* Tübingen u. a.: Francke.

Schmeling, Manfred; Schmitz-Emans, Monika (Hrsg.) (2002): *Multilinguale Literatur im 20. Jahrhundert.* Würzburg: Königshausen & Neumann.

Wandruszka, Mario (1979): *Die Mehrsprachigkeit des Menschen.* München: Piper.

DNS Jb. 8/9 für 2017/18 (2020): 119–121

Christoph Oliver Mayer, Jochen Plikat, Katharina Wieland

Tagungsbericht: Welche Zielsetzungen sind für Französisch, Spanisch, Russisch & Co. (noch) zeitgemäß?

Europa ist ein vielsprachiger Kontinent – hier werden ca. 90 Sprachen gesprochen, von denen 24 Amtssprachen sind. Ein wichtiges Bildungsziel des Europarats lautet daher, dass alle Bürgerinnen und Bürger Europas neben ihrer Muttersprach-e möglichst zwei Fremdsprachen sprechen sollten. Dass eine dieser Fremdsprachen Englisch sein sollte, stellt aktuell aufgrund seiner überragenden Bedeutung als Weltsprache niemand ernsthaft in Frage. Wie steht es allerdings um die Sprachen, die in Deutschland in aller Regel als zweite (bzw. dritte) Fremdsprachen gelernt werden? Und wie ändern sich die Bedingungen für diese Sprachen in Zeiten, in denen zwei Faktoren zunehmend an Bedeutung gewinnen, nämlich *Global English* sowie gratis verfügbare Übersetzungssoftware? Diesen Fragen war eine interdisziplinäre Tagung gewidmet, die am 4. und 5. April 2019 unter dem Titel *Welche Zielsetzungen sind für Französisch, Spanisch, Russisch & Co. (noch) zeitgemäß? Zu Perspektiven der weiteren Schulfremdsprachen im Zeitalter von* Global English *und Digitalisierung* an der Fakultät Sprach-, Literatur- und Kulturwissenschaften der Technischen Universität Dresden stattfand. 21 Wissenschaftlerinnen und Wissenschaftler aus Deutschland, der Schweiz, Luxemburg und Russland, Vertreterinnen und Vertreter des Sächsischen Lehrerverbandes und der sächsischen Bildungsverwaltung sowie zahlreiche Lehrkräfte und Gäste beschäftigten sich in zwölf Einzelvorträgen, drei Keynotes und einer Podiumsdiskussion mit der vielschichtigen Thematik.

Organisiert wurde die Veranstaltung von Jun.-Prof. Dr. Jochen Plikat (Institut für Romanistik der TU Dresden) sowie von seinen Fachkollegen Prof. Dr. Anka Bergmann (Institut für Slawistik und Hungarologie der HU Berlin) und Prof. Dr. Christoph Oliver Mayer (Institut für Romanistik der HU Berlin).

Der Plenarvortrag von Dr. Almut Küppers (Frankfurt am Main) war ein Plädoyer für die stärkere Berücksichtigung der Herkunftssprachen. Während viele Herkunftssprachen bislang im Unterricht der häufigsten Schulfremdsprachen oft nur marginal berücksichtigt werden, stehen für die Herkunftssprachen Russisch und Polnisch im entsprechenden Fremdsprachenunterricht mittlerweile einige konkrete Umsetzungsbeispiele zur Verfügung. Auch Prof. Dr. Grit Mehlhorn (Leipzig) ging in ihrem Beitrag auf diese Gruppe von Lernenden ein und stellte ein Forschungsprojekt zu Sprachbiographien sowie die Ergebnisse von Unterrichtsforschung zu Vermittlungsprinzipien im Fremdsprachenunterricht mit Herkunftssprechern vor.

Aus Sicht der romanischen Sprachen ist das problematische Abwahlverhalten der Lernenden am Ende der Sekundarstufe I ein zentrales Thema – vor allem Englisch wird in der

Oberstufe als Fremdsprache weitergeführt. Dies erstaunt angesichts des hohen instrumentellen Wertes der Fremdsprache Englisch nicht. Die zweiten und dritten modernen Fremdsprachen verfügen hingegen stärker über einen bildenden Wert, z. B. als Motoren für lebenslanges Sprachenlernen und die Entwicklung der Mehrsprachigkeit bei den Lernenden, so Prof. Dr. Andrea Rössler (Hannover). In ihren Beiträgen plädierten sie und Prof. Dr. Daniel Caspari (FU Berlin) daher für ein bildungspolitisches Umdenken in Bezug auf den Latein- und Englischunterricht. Latein etwa wäre ebenso als Teil des gesellschaftswissenschaftlichen Fächerkanons vorstellbar, und der Englischunterricht könnte bereits in Klasse 10 enden und nur noch als bilingualer Sachfachunterricht weitergeführt werden; so könnten Freiräume für weitere Fremdsprachen geschaffen werden.

Prof. Dr. Josef van Genabith, Direktor des Deutschen Forschungszentrums für Künstliche Intelligenz an der Universität des Saarlandes, erläuterte in seinem Plenarvortrag, dass die Möglichkeiten im Bereich der digitalen Sprachverarbeitung zwar rasant zunehmen und automatische Übersetzungen immer besser werden. Gleichwohl verlangten diese aber weiterhin nach Expertinnen und Experten, welche jene Bereiche kontrollierten, die vom Computer nicht so gut gelöst werden können, wie z. B. die Idiomatik. Auch das Ideal der europäischen Vielfalt wurde thematisiert, etwa von Prof. Dr. Adelheid Hu und Stephanie Hofmann von der Universität Luxemburg. Diese sei beispielsweise dann bedroht, wenn Studierende wie in Luxemburg ihre Dissertationen vermehrt auf Englisch verfassten.

Nach einem Beitrag von Nina Skacheva (Krasnojarsk), welcher die Situation des Deutschlernens in Sibirien beleuchtete, lieferten die Beiträge von Dr. Sybille Heinzmann und Robert Hilbe (St. Gallen) sowie von Katharina Karges (Zürich) weitere Einblicke in ein Nachbarland, nämlich die Schweiz. Die St. Gallener Forscher untersuchten die Veränderungen der Sprachlernmotivation bei kurzen Austauschen zwischen Lernenden des Deutschen und des Französischen aus der West- und Ostschweiz und konnten dabei positive Effekte des Austauschprogramms für die Sprechkompetenz der Lernenden nachweisen. Katharina Karges nahm die Frage der Fremdsprachenreihenfolge in der deutschsprachigen Schweiz in den Blick. Sie testete in vergleichbaren Lernszenarien Lernende der 9. Klasse, welche unterschiedlich mit Englisch oder Französisch als erste Fremdsprache begonnen und die jeweils andere Sprache dann als zweite Fremdsprache hinzugenommen hatten. Die Ergebnisse zeigen, dass die Lernenden in beiden Sprachen rezeptiv gleich gut abschneiden und produktiv im Englischen etwas besser sind als im Französischen – unabhängig davon, welche ihre erste Fremdsprache war und trotz des dadurch sehr unterschiedlichen Unterrichtsumfangs. Französisch als erste Fremdsprache schadete bei den untersuchten Lernenden also dem Englischlernen nicht.

Ebenfalls Anregungen und Materialien aus der Schweiz greifen Prof. Dr. Steffi Morkötter, Anna Schröder-Sura (beide Rostock) und Prof. Dr. Christiane Neveling (Leipzig) in einem aktuellen Projekt auf, um mehrsprachigkeitsdidaktische Ansätze im Anfangsunterricht Französisch zu stärken. Mit engem Bezug auf die im Unterricht verwendeten Lehrwerke entwickeln sie Material, mit welchem Lernende und Lehrende die Brücke zwischen vorgelernten Sprachen und dem Französischen schlagen können.

Neben diesen unmittelbar fremdsprachenpolitisch motivierten Beiträgen enthielt das Tagungsprogramm weitere Vorträge, die sich mit inhaltlichen und damit nicht minder zukunftsweisenden Fragestellungen des Fremdsprachenunterrichts auseinandersetzten. Prof. Dr. Christiane Fäcke (Augsburg) stellte eine Untersuchung von Fremdsprachenlehrwerken im Hinblick auf deren Funktion als Medium der politischen Bildung vor. Dr. Benjamin Inal (Marburg) widmete sich in seiner Präsentation der Rolle der Europabildung und Friedenspädagogik in einem modernen Französisch- und Spanischunterricht. Ausgehend vom Fach Deutsch als Fremd- und Zweitsprache ging Dr. Michael Dobstadt (Dresden) der Frage nach, welche Rolle die dort verankerte Ausbildung von Literarizität auch für den Unterricht von Schulfremdsprachen spielen könnte.

In der Veranstaltung wurde auch ein spezifischer Blick auf Sachsen geworfen. Dr. Karin Schöne (Dresden) ging in ihrem Vortrag auf das unternehmensorientierte Interesse an den Nachbarsprachen Polnisch und Tschechisch ein. Die daraus entstehenden spezifischen Bedarfe werden von ihr im Projekt JASNE (TU Dresden) analysiert. Sie erläuterte, wie auf der Basis von Sprachbedarfsermittlungen sprachliche Handlungsfelder am Arbeitsplatz identifiziert werden und diese bei der bedarfsgerechten und anwendungsnahen Kurs- und Materialgestaltung in der Erwachsenenbildung helfen.

In der abschließenden Diskussion saßen Vertreterinnen und Vertreter verschiedener sächsischer Bildungseinrichtungen auf dem Podium: Robert Mintchev (Referent für Lehreraus- und Lehrerweiterbildung am Landesamt für Schule und Bildung Dresden), Anja Taschenberger (Schulreferentin Gymnasien, Landesamt für Schule und Bildung Dresden), Martin Arndt (Referent für Digitalisierung und Medienbildung am Sächsischen Ministerium für Kultus) sowie Susanne Ludwigs (Sächsischer Lehrerverband, Französischlehrerin und Personalrätin an der Oberschule Dippoldiswalde). Es zeigte sich, dass erheblicher Diskussionsbedarf in Bezug auf zwei bildungspolitische Entscheidungen in Sachsen besteht: Im schulischen Fremdsprachenunterricht wurde hier nicht nur die Belegpflicht für zwei Fremdsprachen in der gymnasialen Oberstufe bereits abgeschafft, sondern wird auch ab dem Schuljahr 2019/2020 in der Sekundarstufe I die Stundentafel für die zweite Fremdsprache auf die deutschlandweit geringste Stundenzahl gekürzt. Anja Taschenberger vertrat in diesem Zusammenhang die Position, dass die in Sachsen gesunkenen Lernendenzahlen die Interessen der hiesigen Schülerinnen und Schüler widerspiegele und dies kein strukturelles Problem sei. Die Mehrheit der anwesenden Expertinnen und Experten war allerdings der Ansicht, dass nur durch kluge Weichenstellungen auf der politischen Ebene die Chancen erhöht werden können, dass sowohl in Sachsen als auch in ganz Deutschland wieder mehr Menschen das EU-Sprachenziel „Muttersprache plus zwei" erreichen. Dies zeigt, wie viele konzertierte Aktionen der Fremdsprachendidaktcrinnen und -didaktiker, der Lehrkräfte, der Sprachenverbände sowie nicht zuletzt der Schüler- und Elternvertretungen noch nötig sein werden.

DNS Jb. 8/9 für 2017/18 (2020): 122–124

Konrad Schröder

Die Matthias-Kramer-Gesellschaft, ein Verein zur Erforschung der Geschichte des Fremdsprachenerwerbs und der Mehrsprachigkeit

Immer wieder findet sich in der Fachliteratur der Hinweis darauf, dass Didaktiker und Methodiker die Geschichte ihrer Fächer zu wenig kennen, um ihr eigenes fachliches Handeln historisch begreifen und einordnen zu können. Sie kennen die Ideengeschichte und die politischen Verflechtungen ihrer Fächer allenfalls in Umrissen, und so können sie nicht ergründen, welche Ideologien welches fachliche Handeln über Lehrergenerationen hinweg auf ganz bestimmte Weisen beeinflusst haben, z. B. den Umgang mit der Grammatik, die Angst vor dem Einbezug der Muttersprache, den Glauben an bestimmte Lern- und Übungsformen, die Kategorisierung von „leichten" und „schweren" Fehlern. Manche Fachvertreter glauben gar, dass Didaktik und Methodik geprägt seien von einem linearen Erkenntnisfortschritt, der die Lehrerschaft zu immer effektiverer Unterweisung und die Schülerinnen und Schüler zu zunehmend effizientem Lernen geführt habe. Der Irrglauben erzeugt eine trügerische Geborgenheit, die den kritischen Abstand zum eigenen Tun untergräbt.

Wenn man die Fremdsprachenpädagogik von der Renaissance bis heute betrachtet, so zeigt sie sich als ein Hort des Ideenreichtums, wobei viele gute Ideen irgendwann auch wieder vergessen wurden (Beispiele: gestufte Mehrsprachigkeit und rezeptives Sprachenlernen als Zielsetzung seit dem 17. Jahrhundert, kommunikative Kompetenz als übergeordnete Zielsetzung im 18. Jahrhundert). Der Fremdsprachenunterricht ist aber nicht immer von Fortschritt geprägt, eher schon von politischen Großwetterlagen (Konversationskultur des 18. Jahrhunderts), von politischen Katastrophen (Napoleon, Erster Weltkrieg), von geistigen Strömungen und Moden (Gestaltpsychologie, Behaviorismus), ja sogar von zeittypischer (und mitunter falscher) Metaphorik (der postromantische Lehrer „vertieft", wo er „vernetzen" sollte; er tut es bis heute). Das aber, und auch die Tatsache, dass alte Fehler nach jeweils einigen Jahrzehnten immer wieder von neuem gemacht wurden und werden, bemerkt man nur, wenn man sich mit der Historie der Mehrsprachigkeit und der Fremdsprachen-unterweisung befasst.

Gleichzeitig ist die Frage, *wer wem wann* und *wo* (und vor allem) *aus welchem Grund* eine moderne Fremdsprache beigebracht hat, und wer aus welchen Gründen eine Fremdsprache lernen wollte bzw. musste, eine Kernfrage der europäischen Kulturgeschichte. Mehrsprachigkeit selbst ist ein Phänomen, das – historisch noch weitgehend unerforscht – das menschliche Dasein, die menschlichen Kulturen und das menschliche Miteinander auf das Engste berührt. Endlich rücken die Kommunikationsstrategien, die Sprache und die Sprachen (im Plural) und damit die Kulturen – nach zwei Jahrhunderten einer zu breiten und einseitigen Fokussierung auf die *Belles Lettres* – wieder ins Zentrum geisteswissenschaftlichen Interesses, und auch die Geschichtswissenschaft öffnet sich zunehmend der Frage, wie denn Menschen in der Vergangenheit miteinander kommuniziert haben und welche Folgen das hatte.

Geschichte des Fremdsprachenerwerbs und der Mehrsprachigkeit ist keine bloße Kunde von Vergangenem mit eingestreuten *Wow*-Effekten, die Befassung mit diesen Themen ist vielmehr eine Grundvoraussetzung für das Verständnis gegenwärtigen Handelns und sinnvoller Zukunftsplanung im Lehr- und Lernbereich Neuere Sprachen. Zugleich ist die Befassung mit der Thematik Teil der politischen Zukunftsbewältigung in plurilingualen Gesellschaften mit mehrsprachigen Individuen, jedoch ohne offizielle Leitsprache, wie beispielsweise in der Europäischen Union.

Vor dem hier skizzierten Hintergrund haben im September 2013 der germanistische Sprachwissenschaftler und Fachvertreter für Deutsch als Fremdsprache Helmut Glück, der Historiker (Frühe Neuzeit) Mark Häberlein (beide Universität Bamberg) und der Fremdsprachendidaktiker Konrad Schröder (Universität Augsburg) die Matthias-Kramer-Gesellschaft zur Erforschung der Geschichte des Fremdsprachenerwerbs und der Mehrsprachigkeit gegründet. Sie trägt den Namen des wohl bedeutendsten und produktivsten deutschen Sprachmeisters und Fachdidaktikers des ausgehenden 17. und beginnenden 18. Jahrhunderts, Matthias Cramer oder Kramer (1640–1727). Er war gebürtiger Kölner und wirkte in Nürnberg, Heidelberg, Straßburg und Regensburg.

Die Gesellschaft hat sich zum Ziel gesetzt, Untersuchungen zur Geschichte des Erwerbs und des Unterrichts von Fremdsprachen, zu den historischen Erscheinungsformen von Mehrsprachigkeit und zur Geschichte der Kontakte von Sprachen und Kulturen zu fördern. Gleichzeitig sollen ideen- und ideologiegeschichtliches Wissen im Bereich der neusprachlichen Fächer verbreitet werden und die Kenntnis der Sozialgeschichte der neusprachlichen Lehrerschaft über annähernd fünf Jahrhunderte Bestandteil neusprachlicher Berufsidentität werden. Als wissenschaftliche Fachgesellschaft wird die Matthias-Kramer-Gesellschaft Forschungen zur Geschichte des Erwerbs, des Unterrichtens und der praktischen Verwendung von Fremdsprachen in den deutschsprachigen Ländern und ihren Nachbarländern koordinieren und begleiten. Der Ansatz ist dabei interdisziplinär: Die Einzelphilologien, die zugehörigen Fachdidaktiken und die historischen Disziplinen arbeiten und tagen gemeinsam.

Die Gesellschaft verfügt über eine eigene Schriftenreihe. Zwei Bände sind erschienen, ein dritter ist in Vorbereitung:

Häberlein, M. (Hg.): *Sprachmeister. Sozial- und Kulturgeschichte eines prekären Berufsstandes.* Bamberg: Univ. of Bamberg Press 2015.

Glück, H. (Hg.): *Die Sprache des Nachbarn. Die Fremdsprache Deutsch bei Italienern vom Mittelalter bis 1918.* Bamberg (wie oben) 2018.

Balode, I. / Dubova, A. / Schröder, K. (Hg.): *Sprach- und Kulturkontakte im Ostseeraum, Sprachenlernen und Spracherwerb* (Arbeitstitel). Bamberg (wie oben), voraussichtlich 2020.

Zwei weitere Buchpublikationen sind in Kooperation mit den Franckeschen Stiftungen in Halle und mit der Herzog August Bibliothek in Wolfenbüttel erschienen:

Häberlein, M. / Zaunstöck, H. (Hg.): *Halle als Zentrum der Mehrsprachigkeit im langen 18. Jahrhundert.* Halle: Verlag der Franckeschen Stiftungen 2017.

Glück, H. / Häberlein, M. / Flurschütz da Cruz, A. (Hg.): *Adel und Mehrsprachigkeit in der Frühen Neuzeit. Ziele, Formen und Praktiken des Erwerbs und Gebrauchs von Fremdsprachen.* Wolfenbüttel: Herzog August Bibliothek 2019.

Die Matthias-Kramer-Gesellschaft hat bisher die folgenden Tagungen durchgeführt: Bamberg (Universität) 2014, Halle (Franckesche Stiftungen) 2015, Wolfenbüttel (Herzog August Bibliothek) 2016, Bamberg (Universität) 2017, Riga (Universität) 2018, Wien (Landesverteidigungsakademie, Sprachinstitut des Bundesheeres) 2019.

Im Jahr 2020 wird unsere Tagung an der Universität Białystok, Polen, stattfinden, vom 24. bis 26. September. Thema ist die Mehrsprachigkeit im Schulwesen der Frühen Neuzeit.

Interessierte Kolleginnen und Kollegen sind herzlich eingeladen, Mitglied zu werden. Der Jahresbeitrag beträgt € 30,00. Kontakt: Prof. Dr. Mark Häberlein, Fischstr. 5/7, 96047 Bamberg, Tel. (0951) 863-2356, E-Mail: mark.haeberlein@uni-bamberg.de

Nachstehend drucken wir die Gegendarstellung des GMF-Vorstands zum „Mot du président“ in der VdF-Zeitschrift „Französisch heute“, Jg. 2020, Heft 1 ab. Zum besseren Verständnis des Textes ist die vorliegende Version für die Leserschaft des DNS-Jahrbuchs mit erläuternden Fußnoten versehen. Die Fußnoten sind nicht Bestandteil der Gegendarstellung.

Für die Redaktion des DNS-Jahrbuchs
Konrad Schröder

Gegendarstellung zum „Mot du président“ in *französisch heute* Jg. 2020, Heft 1

In der Rubrik *Mot du président* des 51. Jahrgangs 2020 (Heft 1) der Zeitschrift *französisch heute* befasst sich der VdF-Vorsitzende u. a. mit dem Austritt der Vereinigung der Französischlehrerinnen und -lehrer aus dem Dachverband der Fremdsprachenlehrer Deutschlands, dem Gesamtverband Moderne Fremdsprachen GMF. Er tut dies mit den Worten:

„Bedauerlicherweise gestaltete sich die Zusammenarbeit mit anderen deutschen Fremdsprachenlehrerverbänden in den letzten Jahren nicht so erfolgreich. Mit dem Beginn des Jahres 2020 wird der einstimmige Beschluss der Mitgliederversammlung der VdF aus dem Jahr 2018 wirksam, die Mitgliedschaft im Gesamtverband Moderne Fremdsprachen (GMF) zu beenden. Die Diskussionen der Mitgliederversammlungen der letzten Jahre hinterfragten immer wieder kritisch die Arbeit des Dachverbandes …“

Als Argumente für den Austritt werden von der VdF-Führung das unregelmäßige und verspätete Erscheinen der Verbandszeitschrift DNSJb genannt sowie die Absage des Kongresses in Karlsruhe 2018 und das Nichtzustandekommen verbandsübergreifender Arbeitsgruppen. Außerdem stellt die VdF-Führung die Behauptung auf, dass „im Sinne der Vertretung der Interessen der Fremdsprachen im schulischen Kontext … vom GMF nur marginale Impulse“ ausgegangen seien.

Die VdF-Führung übersieht wichtige Details. Gleichzeitig lässt sie erkennen, dass sie die Funktion des GMF als Selbsthilfeorganisation monolingualer Sprachlehrerverbände auf der Basis gleicher Rechte und Pflichten für alle Mitglieder nicht verstanden hat. Daher ist ihre Argumentation verkürzt.

Richtig sind folgende Fakten:

- Der GMF wurde 2006 als ein Verband der Verbände gegründet, mit dem Ziel, den Fremdsprachenunterricht in Deutschland in einer Zeit des Rückgangs und der Reduktion auf Englisch qualitativ und quantitativ voranzubringen.[1] Die Jahre 2006 bis 2012 waren zwischen den monolingualen Verbänden des GMF eine Phase der diskursiven Konsolidierung. Immerhin hatte man sich vorher jahrzehntelang gegenseitig bekriegt oder zumindest einander nicht zur Kenntnis genommen. Seit 2010 erscheint das Jahrbuch „Die Neueren Sprachen" (DNSJb) als Verbandszeitschrift, mit einer Auflage von 7.500 Exemplaren größte fremdsprachendidaktische Zeitschrift Deutschlands und damit ein sprachenpolitisches und -didaktisches Instrument ersten Ranges und ein Element der sprachenübergreifenden Kontinuität zwischen FMF und GMF.[2]

1 Bereits in den 1990er Jahren hatte es regelmäßige informelle Gespräche zwischen dem FMF-Vorsitzenden Konrad Schröder und dem VdF-Vorsitzenden Jürgen Olbert zu allen Fragen beiderseitigen Interesses gegeben, um die festgefahrene Situation zwischen den beiden in offener Feindschaft lebenden Verbänden, die beide Französischlehrer vertraten, zu überwinden. Die Gespräche hatten in Stuttgart stattgefunden; hinsichtlich ihrer Ergebnisse war Stillschweigen vereinbart worden. Gleichzeitig waren von Seiten des FMF Gespräche mit dem nordrhein-westfälischen Russischlehrerverband und mit führenden Mitgliedern einiger anderer Landesverbände geführt worden. Während die Gespräche mit der VdF zumindest ein besseres Kennenlernen der jeweils anderen Position, mehr gegenseitiges Verständnis und eine vage Perspektive mit sich brachten, blieben die Gespräche mit den Russischlehrern in Westdeutschland ergebnislos. Hingegen zeichneten sich in den neuen Bundesländern Anknüpfungspunkte für gemeinsames Handeln ab. Auf der Basis derartiger Vorarbeiten wurden um die Jahrhundertwende Sondierungsgespräche zwischen dem Vorsitzenden des DSV Walther Bernecker – der DSV war damals als eigene Fachgruppe im FMF organisiert – sowie Franz Josef Meissner (dem neuen VdF-Vorsitzenden) und Konrad Schröder (von Seiten des FMF) geführt mit dem Ziel, zu einer gemeinsamen Plattform aller Fremdsprachenlehrer Deutschlands zu gelangen. Hinsichtlich der Gestalt einer solchen Plattform herrschten allerdings von Anfang an unterschiedliche Vorstellungen: Sollte die Plattform ein geeinter Verband der in monolingualen Sektionen zusammengeschlossenen Mitglieder der teilnehmenden Verbände sein (Position des FMF) oder ein Dachverband autonomer Verbände (Position des DSV und der VdF)? Die Auseinandersetzungen zu dieser Grundfrage wurden mit großer Vehemenz geführt und hätten das Projekt 2006 fast zum Scheitern gebracht. Erst die – schmerzhafte – Selbstauflösung des FMF auf Bundesebene ermöglichte schließlich die Dachverbandslösung, wobei zwei der 16 Landesverbände des FMF, Niedersachsen und Mecklenburg-Vorpommern, die Selbstauflösung nicht mitgetragen haben und bis heute autonom fortbestehen. Auf diese Weise war sichergestellt, dass es im neuen Dachverband neben monolingualen Verbänden keinen multilingualen Verband (FMF) geben würde und die Französischlehrer exklusiv durch die VdF vertreten sein würden. Insofern hat der FMF mit Abstand die schwerste Last des Übergangs getragen, und die VdF hat von dieser Vorleistung mit Abstand am meisten profitiert. Niemand aus dem Kreis der Gründer des Jahres 2006 konnte die Kooperationsverweigerung der VdF in den letzten Jahren vorhersehen. Aus dem FMF entstand als neuer Englischlehrerverband innerhalb des GMF der Verband Englisch und Mehrsprachigkeit E&M. Eine Parallelgründung, zunächst in den neuen Bundesländern, wurde – ebenfalls als Mitgliedsverband des GMF – Russisch und Mehrsprachigkeit R&M.

2 Der FMF hatte seit 1965 eine auf Mehrsprachigkeit ausgerichtete, national und international beachtete Zeitschrift *Neusprachliche Mitteilungen aus Wissenschaft und Praxis – NM* herausgegeben, die vierteljährlich erschienen war (Auflage: 4.000 Exemplare). Zuvor, in den Jahren 1893 bis 1943, war die von Wilhelm Viëtor mitgegründete Zeitschrift *Die Neueren Sprachen – DNS* das inoffizielle Organ des Allgemeinen Deutschen Neuphilologenverbandes ADNV gewesen, der Vorgänger-Organisation des FMF. Da diese Zeitschrift nach dem Krieg zunächst mit einem Publikationsverbot belegt war (der ADNV war 1937 im Nationalsozialistischen Lehrerbund gleichgeschaltet worden; damit wurde *DNS* nationalsozialistisch infiltriert), brachte der ADNV seit 1948 ein eigenes *Mitteilungsblatt des ADNV* heraus, das 1965 in NM aufging. Die Zeitschrift *DNS* (Auflage zuletzt: 3.000 Exemplare), die weltweit Abonnenten hatte, wurde 1996 nach dem Verkauf des Verlages Diesterweg an eine Investorengruppe eingestellt. Konrad Schröder war von 1973 bis 1992, als er FMF-Vorsitzender wurde, Mitherausgeber der Zeitschrift gewesen. 1996 schenkte ihm Dietrich Herbst, der Inhaber des Familienunternehmens Diesterweg, die Rechte am Titel der Zeitschrift. Als der Diesterweg-Verlag nach der Jahrhundertwende als Teil der Bildungshaus-Verlage neu firmierte, bot sich die Gelegenheit, an neusprachliche Traditionen anzuknüpfen und *DNS* in Form eines Jahrbuchs zum Organ des GMF zu machen. Um wieder in den Besitz des Titels der Zeitschrift zu gelangen, machte der Verlag nach 2006 dem GMF ein großzügiges finanzielles Angebot, auf das das GMF-Gründungspräsidium und Konrad Schröder als Inhaber der Rechte eingingen. So erhielt der GMF seine Zeitschrift zu einem erschwinglichen Preis; die Einsparungen für den GMF beliefen sich bis zur erneuten Umstrukturierung des Diesterweg-Verlags im zweiten Jahrzehnt des 21. Jahrhunderts, nun als Teil der Westermann-Gruppe, auf etwa € 30.000. Seit 2017 gibt der GMF das *DNS-Jahrbuch* im Selbstverlag heraus. Die Rechte am Titel liegen heute beim GMF.

Seit 2018 leistete die VdF keinerlei Mitarbeit am DNSJb mehr. Die Verweigerung trug mit dazu bei, dass sich Erscheinungstermine verzögerten. Im Rahmen einer GMF-Sitzung an der Universität Göttingen auf die mangelnde Mitarbeit angesprochen, ließ die VdF-Führung verlauten, man sei an der Zeitschrift nicht wirklich interessiert, da sie sich auf die *vielen* Sprachen beziehe: Man lese nur den Französischteil und vielleicht noch ein bisschen Spanisch.

- In den Jahren 2009 bis 2012 setzten Mitglieder der Führungsebenen von E&M und VdF (damit aber des GMF) im Auftrag der KMK gemeinsam einen grundlegenden Impuls zur Reform des Fremdsprachenunterrichts: Sie wurden Mitautoren der KMK-Bildungsstandards von 2012.[3]
- 2012 erwirkte Mario Oesterreicher (E&M) als damaliger GMF-Präsident bei der KMK die formale Anerkennung des GMF als einzigen Ansprechpartner in allen Belangen des modernen Fremdsprachenunterrichts. Damit gelang es, erstmals seit 1945, in offizieller Weise länder- und bundespolitisch in Entscheidungsfindungen für die modernen Fremdsprachen eingebunden zu werden.
- Die Absage des Bundeskongresses 2018 erfolgte sechs Wochen vor dem Termin – ein durchaus üblicher Vorgang, wenn strukturelle organisatorische Probleme erkennbar werden und nicht angemessen behoben werden können. Das Engagement von Referenten und Verlagen wurde zwar hinfällig – auch weil kein Ersatztermin gefunden werden konnte –, allerdings hatte dies keinen Einfluss auf die Glaubwürdigkeit der Arbeit der Fremdsprachenlehrerverbände. Vielmehr konnte durch ein erhebliches Engagement des GMF-Präsidiums in zahlreichen Einzelgesprächen bei den meisten, wohlwollend eingestellten Beteiligten ein Verständnis für die Absage erreicht werden.
- Bei der Aufstellung transversaler Gruppen im Jahr 2018 versprach die damals neu gewählte VdF-Führung zwar Unterstützung, eine Kandidatennennung erfolgte jedoch nicht.

Fraglich erscheint, ob die Mitgliederversammlung in Hamburg, mit einer Repräsentanz von unter 5 % der VdF-Mitglieder, wirklich den Willen Ihrer Mitglieder repräsentiert. Gleiches gilt für die im fh-Text angesprochene VdF-Mitgliederversammlung von 2018.

Prof. Dr. Olivier Mentz, Präsident des GMF
Dr. Mario Oesterreicher, Vizepräsident des GMF
Prof. Dr. Konrad Schröder, Schatzmeister des GMF

[3] Der KMK-Arbeitsgruppe zur Erstellung der *Bildungsstandards für die fortgeführte Fremdsprache (Englisch/Französisch) für die Allgemeine Hochschulreife* gehörten aus der Vorstandschaft des GMF Franz-Joseph Meissner (VdF) und Konrad Schröder (E&M) an. Die Berufungen in die Arbeitsgruppe waren ad personam erfolgt, doch arbeiteten die Vertreter der beiden GMF-Mitgliedsverbände über mehr als drei Jahre vertrauensvoll und mit vorzeigbaren Ergebnissen zusammen.

Kontaktadressen der Autorinnen und Autoren

Die angegebenen Adressen und E-Mail-Adressen dürfen ausschließlich für die Kontaktaufnahme in Zusammenhang mit dem in dieser Ausgabe von DNS abgedruckten Beitrag verwendet werden. Insbesondere ist die Verwendung für Newsletter, Werbung etc. nicht gestattet.

Bergmann, Prof. Dr. Anka, Humboldt-Universität zu Berlin, Institut für Slawistik und Hungarologie, Unter den Linden 6, 10099 Berlin, anka.bergmann@hu-berlin.de

Böhmer, Jule, Universität Hamburg, Fakultät für Erziehungswissenschaft, FB 4, Didaktik der deutschen Sprache und ästhetischen Fächer/Fachdidaktik der Einwanderungssprachen (Russisch / Türkisch), Von-Melle-Park 8, 20146 Hamburg, boehmer.schule@gmail.com

Junghanns, Christine, Landesinstitut für Schule und Medien Berlin-Brandenburg, 14974 Ludwigsfelde-Struveshof, christine.junghanns@lisum.berlin-brandenburg.de

Fäcke, Prof. Dr. Christiane, Universität Augsburg, Philologisch-Historische Fakultät, Universitätsstraße 10, 86159 Augsburg, christiane.faecke@philhist.uni-augsburg.de

Holzbrecher, Prof. Dr. Alfred, Gerbertstr.3, 79117 Freiburg, holzbrecher@ph-freiburg.de

La Mela, Verena, M.A., Universität Zürich, Sozialanthropologie und Empirische Kulturwissenschaft, Ethnologie, Andreasstrasse 15, CH-8050 Zürich, verena.lamela@uzh.ch

Oesterreicher, Dr. Mario, Sprachenzentrum der Friedrich-Alexander-Universität Erlangen-Nürnberg, Lange Gasse 20, 90403 Nürnberg, mario.oesterreicher@fau.de

Pfützner, Oliver, Astrid Lindgren Schule mit dem Förderschwerpunkt geistige Entwicklung, 01169 Dresden, oliver.pfuetzner@gmx.de

Plikat, Jun.-Prof. Dr. Jochen, Technische Universität Dresden, Fakultät Sprach-, Literatur- und Kulturwissenschaften, Institut für Romanistik, 01062 Dresden, jochen.plikat@tu-dresden.de

Raum, Dr. Kristian, Technische Universität Dresden, Zentrum für Lehrerbildung, Schul- und Berufsbildungsforschung, 01062 Dresden, kristian.raum@tu-dresden.de

Schinschke, Dr. Andrea, Landesinstitut für Schule und Medien Berlin-Brandenburg (LISUM), 14974 Ludwigsfelde-Struveshof, andrea.schinschke@lisum.berlin-brandenburg.de

Schröder, Prof. Dr. Konrad, Marconistr. 30 B, 86179 Augsburg, konrad.schroeder@phil.uni-augsburg.de

Shahar-Büchsel, Ulrike, M.A., Ruprecht-Karls-Universität Heidelberg, Centre for Asian and Transcultural Studies, Zentrum für Ostasienwissenschaften, Institut für Sinologie, Voßstraße 2, 69115 Heidelberg, ulrike.buechsel@zo.uni-heidelberg.de

Wieland, Dr. Katharina, Humboldt-Universität zu Berlin, Institut für Romanistik, Unter den Linden 6, 10099 Berlin, katharina.wieland@hu-berlin.de